NAPOLE

PUTEREA DE CONVINGERE

Ediţia a II-a

Traducere din limba engleză de
IRINA-MARGARETA NISTOR

Curtea veche

BUCUREŞTI, 2012

Descrierea CIP a Bibliotecii Naționale
HILL, NAPOLEON
Puterea de convingere / Napoleon Hill ; trad.: Irina-Margareta Nistor. - Ed. a 2-a. - București : Curtea Veche Publishing, 2012
ISBN 978-606-588-303-1

I. Nistor, Irina-Margareta (trad.)

159.923.2

Design copertă: GRIFFON AND SWANS
www.griffon.ro

NAPOLEON HILL
Succeed and Grow Rich Through Persuasion

ISBN 978-606-588-303-1

COLECȚIA
CĂRȚI CHEIE

Napoleon Hill (1883–1970) a fost un celebru autor american de literatură motivațională. A trecut de la jurnalistică la Drept, a lucrat pentru Andrew Carnegie și, evoluând rapid, a ajuns consilier pentru oameni de afaceri, lideri politici și președinți, precum: Woodrow Wilson, Franklin D. Roosevelt, Mahatma Gandhi, Thomas Edison, Henry Ford.

Preocupările lui Hill au vizat convingerile personale ale individului și rolul lor în atingerea succesului. Ca rezultat al cercetărilor întreprinse în calitate de reporter, dar și la imboldul lui Andrew Carnegie, autorul a formulat „filozofia împlinirii", reluată în multe dintre cărțile sale, cu scopul de a dezvălui calea spre îmbogățire, formula prin care orice om se poate realiza atât în plan material, cât și spiritual. Deși concepute cu mult timp în urmă, ideile lui Napoleon Hill sunt, în continuare, fundamentale pentru dezvoltarea personală.

Cea mai celebră lucrare a lui Napoleon Hill, *De la idee la bani*, este, totodată, una dintre cele mai bine vândute cărți din toate timpurile. Alături de acest titlu, la Curtea Veche Publishing au mai apărut, de același autor, *Secretul bogățiilor* (2007), *Calea spre succes* (2011) și *Secretul libertății* (2012).

PREFAȚĂ

Această lucrare a fost pentru mine o provocare cu adevărat interesantă. Misiunea mea era să actualizez clasicul Napoleon Hill, folosind exemple contemporane de persoane care au reușit în viață, pornind de la succesele înregistrate de cei care au apărut în prima ediție a cărții. Evident, era necesar ca toate acestea să fie făcute în așa fel încât să se păstreze stilul specific al lui Napoleon Hill.

De-a lungul anilor, am avut norocul să lucrez cu Fundația Napoleon Hill la mai multe proiecte, fiind încurajat și sprijinit de W. Clement Stone, președintele fundației, care mi-a sugerat să scriu propria mea carte despre principiile succesului. Știam că se poate și, bazându-mă pe eforturile anterioare, chiar m-am așteptat să-mi facă plăcere această nouă experiență.

De câte ori am redactat scrierile doctorului Hill, am avut ce învăța. Generozitatea sa extraordinară și înțelepciunea profundă de care a dat dovadă cu aproape o jumătate de secol în urmă continuă să fie remarcabile. Vremurile s-au schimbat enorm în anii care au urmat, iar între timp Napoleon Hill ne-a părăsit definitiv, dar ne-a lăsat o moștenire care astăzi este la fel de vie și plină de emoție ca și atunci când au fost scrise rândurile respective. Cei care aplică principiile reușitei în viață descoperă că ele sunt la fel de eficiente acum ca și pe vremea când Andrew Carnegie și-a edificat enormul imperiu al oțelului și i-a propus tânărului Hill să aprofundeze principiile sale de succes pentru ca ele să fie transmise de la o generație la alta. Unul dintre cei care au aplicat aceste principii în vremea noastră a aflat despre ele încă din copilărie. Delford Smith a găsit un exemplar din cartea lui Napoleon Hill, uitat într-unul dintre orfelinatele în care a crescut. A aplicat cu atâta succes principiile, încât a reușit să pună bazele unei companii private de un miliard de dolari, Evergreen International Aviation, devenind la rândul său multimilionar. Cel mai important este faptul că pe parcurs a ajutat o mulțime de alți oameni.

Familia sa, prietenii și angajații au câte o poveste preferată de-a lui Del Smith. Firul care leagă toate aceste povești denotă felul în care Smith le-a oferit o șansă și i-a încurajat să îndeplinească lucruri ce li se păreau mai presus de orice închipuire. Generozitatea sa, de care nu făcea prea mult caz, i-a ajutat pe foarte mulți oameni, care nici măcar nu au aflat cine a fost binefăcătorul lor.

Nu trebuie să înțelegeți din aceasta că Smith ar fi fost un tip foarte blând. Departe de adevăr așa ceva. El este un negociator îndârjit și un șef exigent, dar pentru cei care reușesc să-i împărtășească valorile fundamentale, devine un mentor neobosit. Convingerile sale se regăsesc în afacerile pe care le face, în modul de viață al familiei sale și în felul în care își petrece timpul liber. Sunt atât de strâns legate, încât este greu de spus unde se termină una și unde încep celelalte.

În cinica lume a afacerilor, nu ai de-a face cu mulți Del Smith. Prima mea reacție a fost: „Oare chiar e cu putință una ca asta? Nimeni nu poate să reușească atât de bine în viață și să rămână atât de amabil." Și totuși el așa era. Unul dintre acele personaje rare cu care avem ocazia să ne întâlnim cel mult o dată în viață. Povestea lui Smith începe la pagina 183.

Veți observa că în text se folosește foarte mult genul masculin. Nu trebuie să deduceți din asta că Napoleon Hill ar fi fost șovin. Nu era. Nu făcea nici un fel de discriminări de rasă sau sex. Dar acesta era stilul în care se scria pe atunci. Singura slăbiciune a lui Hill o reprezenta pasiunea sa pentru oamenii pe care-i întâlnea, în dorința ca fiecare să reușească în funcție de capacitatea sa personală — independent de rasă, credință sau naționalitate.

Această speranță este cultivată în continuare de organizația care îi poartă numele. Fundația Napoleon Hill editează cărți ca aceasta, disponibile pentru a fi publicate, astfel încât oricare dintre noi să aibă ocazia să se realizeze la cel mai înalt potențial, respectând principiile reușitei.

Dr. Hill ne-a învățat că orice concepem sau credem poate fi și dobândit. Eu cred în acest lucru și cred că și voi sunteți de aceeași părere, cu condiția să vă găsiți răgazul pentru a citi și pentru a studia această carte.

Samuel A. Cypert

INTRODUCERE

Cu toții suntem un fel de agenți de vânzări. Aceia dintre noi care ne-am făcut o profesie din a merge din casă în casă pentru a vinde un produs sau anumite servicii facem evident parte din această categorie, dar, de fapt, fiecare vinde câte ceva — o idee, un vis sau un punct de vedere.

Cel căruia i-a trecut prin minte acest gând a fost Wally Armbruster, un specialist în publicitate, care a ajuns în vârful piramidei profesiunii sale și a conceput campanii care au intrat în lexiconul american. Armbruster a primit nenumărate premii pentru creativitatea sa și deține titluri impresionante. Dar pasiunea sa a rămas vânzarea. În cartea sa *Where Have All the Salesmen Gone? (Unde au dispărut toți comis-voiajorii?)*, el scrie: „Arta de a vinde cred că și-a câștigat un loc bine meritat alături de celelalte arte. Sigur că este o artă *practică*. Dar poate că de fapt este forma cea mai înaltă de strădanie umană." Dacă nu aveți nimic de vândut, spunea Armbruster, luați-vă repede pulsul, pentru că probabil ați murit.

Merită să fii perseverent

Mi-am început cariera de comis-voiajor la 6 ani, vânzând ziare și făcându-mi reclamă în același timp — cât mă țineau plămânii — într-un cartier rău famat din Chicago. Nu era o treabă pentru o persoană prea blândă. De multe ori se zbiera la mine și eram chiar amenințat de băieții mai mari și mai puternici decât mine, care doreau să ia în stăpânire colțurile de stradă foarte aglomerate.

Deși pe atunci nu-mi dădeam seama, în acea vreme am prins înțelesul uneia dintre frazele favorite ale lui Napoleon Hill: „În orice dezavantaj există sâmburele unui avantaj echivalent sau chiar mai mare. Nevoia te învață."

După câteva altercații cu băieții mai mari, m-am gândit că trebuie să existe și o soluție mai bună de a-mi vinde ziarele. Nu departe de colțul în care încercam eu să vând — și aveam mereu probleme cu concurența agresivă — se afla restaurantul lui Hoelle. Părea ceva înspăimântător pentru un puști de 6 ani, totuși am intrat și am început să îmi laud marfa, adică ziarele.

Proprietarul m-a dat repede afară, dar apucasem să vând trei ziare. Când dl Hoelle se uita în altă parte, am intrat înapoi și am mai vândut câteva, ba chiar am primit și o monedă bacșiș din partea unui client amabil, căruia se pare că i-a plăcut că eram așa de hotărât. A treia oară când am reușit iar să intru, clienții i-au spus patronului să mă lase în pace. El i-a ascultat și am rămas să îmi vând toate ziarele.

A doua zi, m-am dus iarăși la Hoelle și m-a dat din nou afară, dar când m-am întors încă o dată, a ridicat mâinile spre cer disperat și a zis: „Ce rost mai are?"

În final, ne-am împrietenit și de atunci încolo mi-am vândut ziarele în restaurantul lui.

Din această experiență am învățat că, atunci când îți propui să vinzi o anumită cantitate din ceva, se poate. Singura cale pentru a-ți atinge scopul este să-l fixezi și să nu te dai bătut până nu ajungi la el. Această lecție mi-a fost permanent reîntărită de situațiile din viață.

Am folosit aceleași tehnici pe care le-am învățat vânzând ziare pentru a mă lansa în cariera mea în asigurări. Am ajuns să mă ocup cu vânzările de asigurări contra accidentelor cu totul întâmplător. Când să intru la liceu, mama a intrat în afacerile cu asigurări, amanetându-și singurele două diamante pe care le avea pentru a deschide o agenție de asigurări în Detroit. Eu am făcut liceul la Chicago și îmi petreceam doar verile cu ea. Atunci am început să-mi cultiv propriile tehnici de vânzare.

În prima zi de slujbă, am studiat politica pe care urma să o aplic celor din Detroit, care încă nu știau ce-i așteaptă. Instrucțiunile mele constau în a cutreiera cu conștiinciozitate fiecare colț din clădirea Dime Bank, mergând din birou în birou, în afară de cel principal. Când m-am apucat de treabă, eram cam speriat, dar mi-am amintit regula pe care mi-o impusesem ca vânzător de ziare: *Când îți propui să faci ceva, nu renunța până când nu reușești.*

Pe parcurs, m-au sfătuit mulți — unii de bine, alții doar bine intenționați —, iar din aceste sfaturi și din propria mea experiență am început treptat să-mi cultiv un sistem care n-a dat greș niciodată.

În primul rând am mers acolo unde erau mai multe șanse. Am început cu clădirile mari, în care puteam să întâlnesc de două ori mai multă lume într-un timp mai scurt. Această tehnică am învățat-o când aveam 6 ani și vindeam ziare în restaurantul lui Hoelle.

Evident că eram speriat și nesigur, pentru că de fapt eram un adolescent care se adresa unor oameni de afaceri ce reușiseră în viață și acum stăteau în birouri luxoase. Când mă aflam în fața ușii biroului, neștiind ce se află dincolo de ea, încercam să găsesc tot felul de argumente pentru a intra. Căutându-le, până la urmă le găseam. Îmi spuneam: *De reușit nu reușesc decât cei care încearcă. Când nu ai nimic de pierdut și totul de câștigat încercând — trebuie neapărat să încerci!*

Ideea aceasta mi se părea logică, totuși nu reușea să anuleze reținerea care mă împiedica să intru, riscând să fiu refuzat de un om total necunoscut. Din fericire pentru mine, am dat peste un tip expert în automotivare, de la care am preluat îndemnul: *Acționează acum!* Astfel mi-am cultivat acest imbold din două cuvinte, care a devenit parte integrantă din mine. Toți cei care mă cunosc știu aceste cuvinte și poate că m-au auzit folosindu-le de nenumărate ori.

Valoarea entuziasmului

În acești primi ani, am mai învățat încă ceva: valoarea entuziasmului. Am aflat că pentru a face pe cineva să cumpere ceva de la mine trebuia să fiu atât de convingător, încât eu să-mi pot vinde până și mie însumi produsul. Trebuia să fiu convins că le vând ceva de care au nevoie, la un preț rezonabil. Trebuia să-i tentez în privința produsului meu sau al serviciului printr-un entuziasm molipsitor.

Ralph Waldo Emerson spunea: „Nimic din ceea ce este măreț pe această lume nu s-a înfăptuit fără entuziasm." Andrew Carnegie cunoștea prea bine valoarea entuziasmului. El i-a spus lui Napoleon Hill că motivul pentru care i-a dat lui Charles Schwab un milion de dolari pe an pentru a-i conduce companiile de oțel a fost tocmai capacitatea lui Schwab de a trezi entuziasmul muncitorilor. Chiar Schwab spunea: „Omul poate reuși aproape în orice direcție față de care are un entuziasm nelimitat."

Descoperirea mea personală în privința entuziasmului constă în faptul că el poate fi învățat. Oricine poate afla care este metoda proprie de declanșare a entuziasmului în interiorul său. De fapt, definiția presupune că totul trebuie să vină din interior. Cuvântul în sine provine din termenii grecești *theos* (Dumnezeu) și *en* (interior). Mulți dintre noi suntem timizi din naștere, sentiment care trebuie depășit înainte de a reuși în vânzări. Am constatat că singura cale prin care aș putea depăși acest sentiment înfricoșător ar fi să dețin controlul asupra vocii mele. După care, am descoperit că această stăpânire a vocii este cheia întregului proces de cultivare a entuziasmului.

Am constatat că nici un presupus client nu-și poate da seama că eu transpir și tremur tot în interior, atâta vreme cât tonul vocii mele este puternic și entuziast. Această constatare m-a făcut să îmi formez cinci reguli, pe care le-am folosit mereu de atunci încoace și pe care le-am transmis multor mii de oameni spre a le folosi în marele lor avantaj.

1. *Vorbește tare.* Vorbește astfel încât ceilalți să te poată auzi și să înțeleagă bine că în fața ochilor au o persoană sigură pe sine.
2. *Exprimă-te rapid și concentrează-te asupra subiectului.* Păstrează contactul vizual cu cel căruia i te

adresezi, pentru a-i insufla încredere și a-ți păstra ordine în gânduri.

3. *Fă pauze și subliniază anumite lucruri.* Respiră adânc acolo unde apare o virgulă sau o pauză firească și subliniază cuvintele importante.
4. *Păstrează-ți zâmbetul în voce.* Un ton dezinteresat, care dă impresia unei simple flecăreli sau care este neprietenos omoară orice urmă de entuziasm. Te poți convinge pe tine însuți că ești vesel atâta vreme cât îți păstrezi zâmbetul.
5. *Modulează-ți vocea.* O voce monotonă este plicticoasă și antipatică. Din când în când, lasă-ți vocea un ton mai jos, astfel încât cel care te ascultă să se concentreze mai bine, iar apoi ridică brusc vocea când ajungi la cuvintele-cheie, înainte de a reveni la tonul normal.

Deși acestea sunt reguli simple, ele se folosesc de un principiu psihologic bine cunoscut: emoțiile pot fi stăpânite prin acțiuni.

Poți fi entuziast în legătură cu ceea ce faci. Când dai mâna cu cineva, fă-o cu entuziasm. Când vorbești la telefon, concentrează-te asupra unui gând frumos și vesel. Transmite un sentiment de vitalitate prin intermediul liniilor telefonice pentru a o face pe persoana aflată la celălalt capăt al firului să se simtă mai bine din simplul motiv că ai vorbit cu ea.

Entuziasmul este ca o pompă. Întâi trebuie s-o umpli, dar de îndată ce începe să curgă, nu se mai oprește. Practică această metodă de entuziasmare și urmărește cu atenție cum entuziasmul se poate transmite ca prin farmec și la alții.

Trebuie să umpli pompa,
Trebuie să ai încredere,
Trebuie să te dăruiești,
Căci meriți să primești.
Bea apă cât poți,
Spală-te pe față,
Răcorește-ți picioarele,
Dar lasă sticla plină și pentru ceilalți.
Mulțumescu-ți frumos,
Pete Sihastrul.
(dintr-o melodie populară, „Pete Sihastrul")

Puterea subconștientului

Chiar dacă nu mi-am dat seama pe de-a-ntregul, încă de pe atunci începusem practic să folosesc tehnicile de autosugestie pentru a mă pune pe treabă. Cuvintele înseamnă mult mai mult decât o simplă adunătură de litere; ele sunt simbolurile unor idei. Atunci când le auzi și le înțelegi, devii robul puterii de sugestie. Când le folosești, îți utilizezi puterea conștientă de autosugestie.

De exemplu, atunci când îți spui ceva negativ, cum ar fi „Nu pot", continuă imediat cu o altă negație, cum ar fi „Nu se poate să dau greș!" În acel moment, folosești autosugestia pentru a-ți cultiva o atitudine mentală pozitivă, pentru că una dublu negativă devine pozitivă.

Atunci când auzi sugestii care îți dăunează, pune imediat la îndoială vorbele pe care le-ai ascultat. Fă-ți un obicei din asta. Folosește un gând pozitiv, chiar dacă s-ar putea să nu-l exprimi verbal. De exemplu, când cineva spune: „Nu ești în stare", gândește-te: „Poate tu nu ești în stare, dar eu pot. S-ar putea să nu știu încă în acest moment cum, dar pot și voi găsi o cale." Astfel poți îndepărta sugestiile negative prin aplicarea autosugestiei pozitive.

Mi-am cultivat un întreg inventar de expresii automotivatoare, care au devenit în așa măsură parte integrantă din ființa mea, încât răspunsul este instantaneu și automat — de exemplu, pentru a neutraliza frica... pentru a înfrunta deschis problemele... pentru a transforma dezavantajele în avantaje... pentru o reușită mai mare... pentru a rezolva o problemă gravă... sau pentru a-mi stăpâni emoțiile. Când apare o asemenea nevoie, folosesc una dintre expresiile mele preferate:

- Dumnezeu este întotdeauna un Dumnezeu bun.
- Ai o problemă... Asta e bine!
- În fiecare dezavantaj există sâmburele unui avantaj echivalent sau chiar mai mare.
- Orice concepem sau credem poate fi dobândit.
- Găsește o idee bună care funcționează și folosește-o!
- Acționează acum!
- Pentru a fi entuziast... poartă-te cu entuziasm!

Chiar și în timp ce dormi, subconștientul muncește din greu. Dacă te-ai trezit vreodată în toiul nopții cu o idee genială sau cu o soluție la o problemă, asta înseamnă că subconștientul a lucrat. Câtă vreme conștientul s-a odihnit, subconștientul a rezolvat problema. Poți în mod deliberat să folosești această resursă în avantajul tău. Aprovizionându-ți mintea cu gânduri pozitive, practic te autodetermini să reușești.

Când vizualizezi un scop pe care plănuiești să-l atingi, te convingi singur prin intermediul subconștientului că până la urmă îl vei atinge. Când îți repeți ceva suficient de des, subconștientul acceptă în final ideea ca pe o realitate. Dacă îți fixezi un scop rezonabil și posibil de atins, asta nu înseamnă că încalci legile divine sau drepturile aproapelui, iar subconștientul te va ajuta să reușești.

De exemplu, să zicem că-ți dorești să vinzi anul acesta proprietăți în valoare de 1 milion de dolari. În fiecare dimineață, privește-te în oglindă și spune cu voce tare: „Anul acesta am să vând proprietăți de 1 milion de dolari. Am să vând o proprietate de 100 000 de dolari luna aceasta. (Folosește celelalte două luni pentru vacanță, studiu și perfecționarea capacităților deja formate.) Repetă-ți acest scop de 50 de ori în fiecare dimineață și în fiecare noapte. Roagă-te la Dumnezeu să te călăuzească.

Evident că trebuie să faci tot ceea ce este necesar pentru a-ți atinge scopul. Trebuie să prospectezi piața, să dai telefoane, să analizezi atent situația și să pui în practică toate celelalte tehnici de vânzare ușor de învățat. Subconștientul te va ajuta să-ți transformi dorințele în realitate.

Napoleon Hill mi-a spus odată o poveste care ilustrează eficiența utilizării autosugestiei: când și-a terminat manuscrisul la cea de-a doua carte a sa, i-a dat un titlu de lucru: *13 pași spre îmbogățire*. Editorul însă a vrut un titlu mai captivant pentru a-l atrage pe viitorul cumpărător. L-a sunat zilnic pe Hill ca să-i dea alt titlu, dar deși acesta s-a tot străduit și i-a oferit 600 de variante, nici una n-a părut potrivită.

Într-o zi, editorul l-a sunat și i-a spus: „Până mâine îmi trebuie titlul. Dacă nu găsești nici unul, am să găsesc eu și o să fie o grozăvie de genul: *Pune-ți tărtăcuța la contribuție și găsește o soluție.*"

„Mă nenorocești. Titlul ăsta e caraghios", a țipat Hill.

„Asta e. Dacă nu-ți convine, găsește altul mai bun până mâine-dimineață", a răspuns editorul.

În noaptea aceea, Hill s-a adresat subconștientului său: „Noi doi ne cunoaștem de multă vreme. Ai făcut o grămadă de lucruri pentru mine, dar mi-ai adus și multe neajunsuri. Îmi trebuie neapărat un titlu de milioane, și asta chiar astă-seară. Pricepi?" Vreme de câteva ore s-a tot gândit, după care s-a dus la culcare.

Pe la ora 2 dimineața, s-a trezit de parcă cineva l-ar fi scuturat zdravăn. Pe măsură ce își revenea din somn, dintr-odată i-a străfulgerat în minte un titlu. S-a repezit la mașina de scris și l-a așternut pe hârtie. A înșfăcat repede telefonul și l-a sunat pe editor. „Am găsit titlul de milioane!", a strigat el. Și a avut dreptate. *De la idee la bani.* Devenit un titlu clasic în automotivare, s-a vândut în peste 30 de milioane de exemplare în ultimii 50 de ani.

Poți folosi aceeași tehnică pentru a canaliza forțele ascunse ale propriului subconștient.

Fii pregătit!

Pentru a-ți canaliza forțele de care dispui, așa cum a făcut-o Napoleon Hill, trebuie mai întâi să fii pregătit să accepți și să soliciți informațiile necesare. Dacă vei considera că principiile reușitei vor funcționa și pentru tine ca și pentru ceilalți independent de experiența trecutului, de lipsa de studii, de mediul din care provii ori de sănătatea fizică, atunci așa va fi. În schimb, dacă vei considera că ești sortit eșecului și că nu poți face nimic, cu siguranță că vei da greș.

Mintea are acea capacitate extraordinară de a transforma gândurile în practică. Dacă îi îngădui să zăbovească prea mult asupra unor gânduri care presupun sărăcie și eșec, cu siguranță că soarta te va conduce pe acest drum. În schimb, dacă te concentrezi asupra unor gânduri pozitive și începi să ai încredere în tine, căutând ocaziile propice, vei cunoaște reușita. Așa cum spuneam eu și Napoleon Hill în toate scrierile noastre: „Orice concepem sau credem poate fi dobândit."

Ca om, ești, de fapt, produsul eredității, al mediului în care te dezvolți, al corpului fizic, al conștientului și subconștientului, al experienței de gândire și acțiune, al situației în care te afli, precum și al direcției în spațiu și timp, dar și a ceva în plus... inclusiv al acelor forțe știute și neștiute pe care le deții.

Pentru existența ta, ești ființa cea mai importantă de pe lumea aceasta. Ai forța potențială de a influența, folosi, controla și armoniza toate aceste date. Poți realiza toate acestea pentru că ai un creier și un sistem nervos prin intermediul cărora îți poți cultiva obiceiul de a-ți duce la capăt propriile acțiuni, aplicând ceea ce ai învățat în mod conștient și influențându-ți astfel subconștientul.

De fapt, ești o minte cu un trup. Mintea constă într-o forță potențială dublă, invizibilă — conștientul și subconștientul; acestea au puteri imense atunci când sunt folosite așa cum se cuvine. Puterea creată de mintea conștientă îndrumând subconștientul este aproape fără limite.

Vechiul proverb „Cunoașterea înseamnă putere" este doar în parte corect. Cunoașterea este doar o putere potențială. Ea devine putere propriu-zisă doar atunci când o folosești ca pe benzină — ea nu este decât o putere potențială atâta vreme cât nu dai drumul la motor ca să pornești mașina. Când conștientul și subconștientul lucrează în armonie, ele se pot influența, folosi, controla sau se pot armoniza cu forțele știute și neștiute.

Îți poți dubla productivitatea prin utilizarea acestei forțe. Oare îți poți imagina că ai putea reuși să faci de două ori mai multe lucruri în același interval de timp? Ce ar presupune asta? Notează pe o hârtie: „Mâine voi face..."

Acum destinde-te 15 minute și lasă-ți mintea să fie cât mai deschisă în privința felului în care îți vei atinge obiectivele scrise. Notează-ți ideile așa cum îți vin, la întâmplare și nu te strădui să le pui într-o formă logică sau să stabilești priorități. Încearcă să păstrezi un flux permanent de idei. El s-ar putea să te ajute să vizualizezi „porțile logice" ale minții tale. Concentrează-te asupra acestor porți deschise, lăsând astfel ideile să iasă la suprafață din subconștient.

Dacă după 30 de minute de eliberare a fluxului de gânduri hârtia este un amestec eterogen de idei mâzgălite la întâmplare, apucă-te să le așezi într-o ordine logică. Dacă încă nu ți-ai făcut o idee despre cum ai putea să-ți dublezi productivitatea, mai încearcă. Unele persoane au nevoie de mai multe săptămâni de exercițiu zilnic înainte de a stăpâni acest procedeu. Eu nu mă culc niciodată înainte de a-mi face puțin timp pentru meditație, studiu și planificare. Aș recomanda tuturor să-și cultive acest obicei. Este absolut esențial pentru a profita la maximum de capacitățile proprii.

Puterea rugăciunii

Există o sursă zilnică de putere, pe care marea majoritate nu o înțelegem suficient, ci doar superficial. Știm că undeva există o sursă de energie la care căminele noastre sunt conectate într-un anume fel și de care ne folosim atunci când utilizăm aparatura electronică sau calculatoarele. Cu aceste ustensile putem să prelucrăm cuvintele, dar și hrana, putem să facem calcule matematice complexe și să spălăm hainele.

Dacă ar trebui să demonstrăm forța curentului electric — sau măcar faptul că el există — probabil că n-am reuși nici măcar cu ajutorul unui inginer profesionist. Nu putem vedea curentul electric; putem doar să constatăm rezultatul.

Același lucru este valabil și în cazul rugăciunilor. Nu le putem măsura sau cuantifica puterea. Putem doar să vedem rezultatul. Nu se poate dovedi științific că rugăciunea are puterea de a schimba cursul civilizației, de a preîntâmpina războaiele, de a vindeca boli fizice sau mentale, de a transforma ratările în reușite și de a-i face pe oameni mai productivi. Și totuși, am văzut rugăciuni care s-au adeverit, lucru demonstrat de nenumărate ori de-a lungul istoriei. Este o chestiune bine cunoscută.

Am avut ocazia să studiez aceste lucruri mulți ani de zile și să discut acest subiect cu mulți gânditori de frunte. Cu cât am studiat mai mult, cu atât am aflat mai multe și cu cât am studiat mai mult viața oamenilor care au reușit, cu atât m-am convins mai tare că cea mai mare forță a noastră constă în puterea rugăciunii. Mi s-a demonstrat acest lucru de nenumărate ori.

De-a lungul anilor, am primit enorm de multe scrisori din partea celor care mi-au citit cărțile, articolele și cronicile. Mulți chiar mi-au spus că scrierile mele i-au inspirat sau i-au motivat în obținerea unor lucruri ce li se păreau până atunci imposibile. Aceste scrisori sunt într-adevăr o mare răsplată, dar cel mai mult le prețuiesc pe cele venite de la cititorii care au fost suficient de motivați să revină la credință, la biserică, să caute călăuza divină care să le salveze viața, să utilizeze cu succes rugăciunea pentru a-și recăpăta sănătatea fizică, mentală sau morală.

De fapt, nici nu este important să înțelegem cum funcționează o rugăciune — contează doar faptul că ea funcționează. În cosmos sunt multe mistere pe care nu le vom pricepe niciodată, dar știm că există anumite legi universale care se aplică de fiecare dată. Prin puterea rugăciunii putem folosi aceste legi universale pentru a ne direcționa viața, canalizând-o spre chestiunile pozitive și productive. Nimeni pe lumea asta nu ne poate sta în cale.

Însă nu trebuie să uităm că rugăciunea este o formulă care presupune o participare directă, și nu una pasivă. Nu este suficient să te rogi pentru a fi călăuzit, trebuie să treci la fapte. Orice lucru pentru care merită să te rogi merită și să te zbați să-l obții. Ciclul reușitei constă în rugăciune... faptă... muncă. Poți îndeplini orice scop îți propui respectând acest ciclu.

Fiecare dintre noi are un moment preferat pentru a se ruga. Eu aș recomanda să vă rugați atât dimineața cât și seara, când atmosfera este mai liniștită, dar în general orice moment este bun, atâta vreme cât vă găsiți răgaz pentru o rugăciune pioasă. Avem ce învăța și de la alte culturi, care își iau mai în serios rugăciunile decât afacerile de orice fel și-și găsesc timp să se roage în fiecare zi lucrătoare. Pacea interioară și armonia care sunt urmarea unei rugăciuni zilnice merită din plin efortul.

Am constatat că pe lângă rugăciunile învățate pe dinafară nu e rău să urmăm tipul de abordare al celui mai înțelept conducător american — Benjamin Franklin — și să ne rugăm pentru înțelepciune. Concentrați-vă asupra idealurilor și trăsăturilor ce vă vor da puterea să fiți mereu în cea mai bună formă. Și rugați-vă și pentru alții, inclusiv pentru fiecare membru al familiei.

Când vă rugați, respectați această regulă: rugați-vă ca și cum totul ar depinde doar de Dumnezeu, iar apoi acționați ca și cum totul ar depinde doar de voi. Dacă veți proceda astfel, veți reuși să canalizați cea mai puternică forță a omenirii — forța rugăciunii.

Credeți în voi înșivă

După ce v-ați gândit în ce zonă doriți să reușiți și ce trebuie făcut pentru a vă atinge scopul, trebuie să *credeți* că acel lucru poate fi realizat — chiar de către voi. Acest lucru ar putea fi ceva mai dificil.

O asemenea convingere presupune autodisciplină și încredere în sine. Psihologul M. Scott Peck spune în cartea sa *Drumul către tine însuți** că autodisciplina înseamnă mai multă grijă față de tine. „Dacă ne considerăm pe noi înșine prețioși, atunci și timpul nostru va deveni prețios, iar în acest caz vom dori să-l utilizăm cât mai bine."

Peck consideră că acest sentiment al valorii personale este piatra de temelie a autodisciplinei și este rezultatul nemijlocit al iubirii părintești. „O astfel de convingere trebuie formată încă din copilărie; este extrem de greu s-o mai dobândești la vârsta adultă", spune el. „În schimb, când copilul învață prin iubirea părinților să se simtă valoros, este aproape imposibil ca vicisitudinile vârstei adulte să distrugă în vreun fel acest spirit deja insuflat."

Știu că Peck are dreptate pentru că am avut o mamă foarte iubitoare, care m-a învățat ce înseamnă respectul de sine. Acest lucru a stat la baza reușitei mele. Dacă nu

* Publicată de Editura Curtea Veche în anul 2001. (*N. red.*)

ați avut însă norocul unei asemenea educații, nu este totuși prea târziu. Puteți învăța cum să aveți o părere bună despre sine, citind cărți de autocunoaștere și automotivare, precum este cea de față, dar și multe altele.

Odată ce veți stăpâni capacitatea de a face proiecte și de a crede, veți *putea* să vă dublați productivitatea. Eu am reușit și veți reuși și voi. S-ar putea să nu se întâmple imediat, dar vă spun că atunci când am utilizat acest procedeu mi-am dublat vânzările și apoi le-am dublat iar și iar.

M-am întrebat: „De ce să nu vând într-o zi cât aș putea vinde într-o săptămână? De ce nu?" Și am făcut-o. După care, am hotărât să vând într-o săptămână cât vând alții într-o lună. Iar în final, am vândut într-o lună cât alții într-un an.

Formula R2A2

Pe vremea când formam agenți de vânzări, am încercat în permanență să îmi fac o regulă foarte strictă: să nu le spun *ce* să facă, dacă nu pot să le spun și *cum* să facă. Aceeași regulă m-a călăuzit și în scrierile mele. Dacă sunteți gata să urmați aceste principii, iată două care vă vor garanta reușita:

1. Recunoașteți, Relaționați, Asimilați și Aplicați principiile, sistemele, tehnicile și metodele în funcție de ceea ce vedeți, auziți, citiți și trăiți, astfel încât să vă fie de ajutor în împlinirea dorințelor și atingerea scopurilor. Asta este ceea ce eu numesc Formula R2A2. Cum probabil că deja v-ați dat seama, R2 înseamnă *Recunoaște și Relaționează,* iar A2 — *Asimilează și Aplică.*

2. Invocați forța subconștientului pentru a vă direcționa gândurile, pentru a vă stăpâni emoțiile și pentru a vă predestina soarta, motivându-vă atât pe voi, cât și pe alții pentru a atinge scopuri importante.

Pentru a folosi această formulă trebuie să vă concentrați permanent asupra scopurilor și să fiți *gata* să acceptați informațiile utile. Atunci când aveți o dorință arzătoare să atingeți scopul pe care vi l-ați propus, veți percepe lumea înconjurătoare în funcție de scopurile voastre. Tot ceea ce veți învăța, din orice domeniu și orice veți face va însemna un nou pas către scopul vostru sau dimpotrivă. Atunci când în minte există un scop bine fixat, hotărârile prioritare se pot lua cu mai multă ușurință și vă puteți concentra asupra a ceea ce este important pentru voi.

De exemplu, atunci când citiți o carte de dezvoltare personală, concentrați-vă asupra sensurilor, ideilor și cuvintelor de acolo prin prisma propriilor voastre scopuri. Citiți ca și cum autorul ar fi un prieten apropiat care a scris doar pentru voi.

Citiți *întreaga* carte — dedicația, introducerea, până și indicele și bibliografia, precum și fiecare pagină așa cum urmează ele. Dacă este cartea voastră, *subliniați* sau *evidențiați* propozițiile sau pasajele care vi se par importante, mai ales pe cele pe care doriți să le învățați pe dinafară.

Puneți semne de întrebare în dreptul afirmațiilor pe care nu le înțelegeți. Faceți scurte adnotări și adunați într-un caiețel ideile care vă inspiră sau potențialele soluții la probleme care vi se ivesc în gând ca urmare a citirii cărții respective.

Un alt exemplu de concentrare ar fi ascultarea unui curs, a unei predici sau a unui expert motivațional. Cum ideile vin adesea de unde te aștepți mai puțin, e foarte important să aveți un carnețel la îndemână. Orice lucru interesant (o inspirație de moment sau o soluție la o problemă) trebuie trecut pe hârtie.

E foarte important să vă concentrați în timp ce ascultați un vorbitor, pentru a vă întreba permanent: „Ce înseamnă asta pentru mine?" Având niște idei foarte precise în minte, puteți aborda apoi vorbitorul cu întrebări ce au ca țintă R2A2.

Cea de-a doua parte a formulei este cea mai importantă, numai că majoritatea o evită sau fac comentarii răuvoitoare la adresa ei. Asemenea oameni pot fi identificați rapid, pentru că sunt cei care veșnic își găsesc tot felul de justificări.

Nu s-a întâmplat nimic

Acum câțiva ani, la mine la birou a sunat telefonul și Linda, secretara mea pe probleme administrative, a răspuns. „Vreau să vorbesc cu dl Stone", a cerut imperios și furios o femeie. Linda i-a spus: „Dl Stone este plecat din oraș. Vă pot fi eu de folos cu ceva?"

În timpul conversației, cea care sunase i-a dezvăluit faptul că se certase cu soțul ei pentru banii „irosiți" pe două dintre cărțile mele — *Success Through a Positive Mental Attitude (Reușita datorată unei atitudini mentale pozitive)* și *The Success System That Never Fails (Sistemul succesului care nu dă greș niciodată)*. Femeia i-a spus Lindei că citise ambele mele cărți și nu se întâmplase nimic.

„Soțul meu este în continuare șomer", a spus ea, „iar eu continui să îmi rup oasele stând câte zece ore pe zi în picioare în nenorocitul ăla de restaurant! Dl Stone scria: «De câte ori mintea omului poate să pună la cale ceva și crede în ceea ce a pus la cale, atunci poate și să reușească.» Promisiunea e promisiune și înțelegerea e înțelegere, nu?" „Dar dvs. ce-ați făcut ca urmare a faptului că ați citit cărțile dlui Stone?", a chestionat-o Linda pe femeia respectivă.

S-a așternut o pauză lungă și apoi a urmat răspunsul: „Am așteptat."

Linda i-a spus femeii ceea ce auzise adesea de la mine: „Cel ce scrie literatură de dezvoltare personală își poate judeca opera prin prisma acțiunilor pe care cititorii le întreprind ca urmare directă a ceea ce au aflat din cărțile respective. De ce nu citiți cărțile încă o dată? Nu vă așteptați ca totul să se rezolve ca prin farmec. Căutați principiul sau ideea care poate avea un anumit impact asupra problemelor dvs. Apoi urmați-l sau urmați-o prin *fapte*."

Au mai stat puțin de vorbă și Linda i-a oferit câteva sugestii precise pentru a depăși momentul. Conversația s-a încheiat pe o notă plăcută.

Câteva luni mai târziu, femeia a sunat din nou. „Probabil că nu mă mai țineți minte", i-a spus ea Lindei, „dar sunt cea care v-a sunat acum câteva luni; mi-ați sugerat atunci să recitesc cărțile dlui Stone și să trec la fapte. Astfel că trebuia să vă sun și să vă spun ce *s-a* întâmplat."

Interlocutoarea i-a povestit Lindei că ea și soțul său au recitit cărțile, de astă dată împreună, fiind motivați de ideea că trebuie să treacă la fapte. Ea a hotărât să urmeze și niște cursuri de afaceri la o școală serală. Chiar dacă pentru o vreme, lucrând mai puțin la restaurant, a câștigat mai puțini bani, a investit practic în viitorul ei. Pentru momentul la care avea să termine școala serală, i se propuseseră deja trei slujbe și un salariu dublu față de ceea ce câștiga ca simplă chelneriță.

„Încă mai avem un drum lung de parcurs", a spus ea, „dar suntem pe drumul cel bun. Am vrut neapărat să sun și să vă mulțumesc. Ați avut dreptate. Răspunsurile se găseau în cărți, dar de mine depindea totul."

N-am mai auzit nimic de femeia aceea, dar dacă ar fi să fac speculații în această direcție, aș putea spune că în mod clar o duce foarte bine. Atunci când a început să pună în practică ceea ce a învățat, viața ei s-a schimbat în bine.

Omul de afaceri Del Smith a obținut o extraordinară reușită cu compania aviatică pe care a înființat-o, Evengreen, pornind de la premisa că „realizarea este singurul lucru care contează". Și cred că acesta este un excelent motto pentru oricine este dispus să îl adopte. Ideile bune sunt asemeni intențiilor bune. Ele își pierd valoarea dacă nu sunt puse în practică.

Deși partea practică a formulei este cea mai importantă, ea nu va putea funcționa fără prima parte. Pentru a reuși să *Recunoașteți* și să *Relaționați* o idee, trebuie s-o descoperiți și să o aplicați la propria situație sau la nevoile voastre. Apoi trebuie s-o asimilați astfel încât să devină o idee proprie.

Ideile pot fi greu de asimilat. De obicei, aceasta presupune un proces în trei faze:

1. Înțelegerea — ceea ce înseamnă că sesizați ideea cu toate implicațiile și ramificațiile sale. Dacă o înțelegeți cu adevărat, veți reuși să o explicați și altora.
2. Testarea — încercarea ideii pentru a vedea dacă vă convine. Să zicem, de exemplu, că ați aplicat partea R2 din formulă folosind motivarea de sine.

Puteți s-o testați, rostind un imbold motivator cum ar fi „Acționează chiar acum!" și respectându-l vreme de câteva zile pentru a vedea cum funcționează și pentru a-i determina poziția în stilul personal.

3. Recunoașterea — este mărturisirea faptului că „da, această idee sau metodă intră în modul meu personal de abordare a vieții" și transformarea sa într-o obișnuință.

Ca orice formulă, R2A2 are două funcții, una descriptivă și una prescriptivă. Bineînțeles, aspectul descriptiv poate aduce unele satisfacții, dar este un drum lung de la înțelegerea sensului formulei $E = mc^2$ până la folosirea ei în fabricarea reactorului nuclear. Același lucru este valabil și pentru R2A2; cei care înțeleg principiul dar nu știu să-l pună în practică vor rămâne în afara jocului, vor constitui categoria celor care reușesc doar în teorie și își găsesc refugiul în tot felul de justificări.

A trece la fapte presupune, evident, și riscuri, dar acestea pot fi reduse printr-o analizare atentă a faptelor și prin invocarea forței subconștientului; este nevoie să vă folosiți toate capacitățile de care dispuneți pentru a vă asigura succesul.

Ingredientul magic

Pe măsură ce am început să planific ceea ce urma să scriu în introducere, am reflectat la scrierile concepute împreună cu Napoleon Hill și am căutat prin vechile dosare ale lucrărilor noastre comune. Mi-am amintit ce încântați fusesem de descoperirile din 1955, în legătură cu vitaminele.

Am hotărât să publicăm propria noastră descoperire, pe care am numit-o vitamina I. Până acum, ați aflat destule lucruri despre vitaminele A, B, B_1, B Complex, C, D, E și K, dar încă n-ați auzit de vitamina I. Lăsați-mă să vă dezvolt puțin subiectul. Vitamina I este „vitamina inspirației".

Cu toții știm că organismul nu absoarbe decât acea cantitate de vitamine pe care o poate folosi. Ceea ce nu poate fi utilizat este eliminat ca reziduu. De-a lungul unei vieți, cheltuim sume mari pentru a consuma alimente cu vitamine și suplimente nutritive, deoarece sursa de vitamine a organismului nu trebuie să scadă.

Pe de altă parte, vitamina I poate fi preluată mereu din aceleași surse, fără a reduce rezerva. Ea poate fi generată din interior și poate fi stimulată din afară prin selectarea influențelor exterioare benefice, care vă vor ajuta să obțineți inspirația pe care o căutați.

Subconștientul reacționează la factorii externi, care devin astfel o sursă de inspirație, dacă este supus acestora suficient de des și de mult timp. Selectați acele influențe din jur care vă determină să reacționați cu o atenție la fel de mare ca și aceea cu care alegeți alimentele și vitaminele necesare organismului. Cum subconștientul reacționează mai rapid și cu o mai mare eficiență la gândurile pline de inspirație decât la influența exterioară — formulați-vă în gând idei mobilizatoare.

Așa cum vitaminele trebuie consumate în mod regulat pentru a avea un corp sănătos, vitamina I trebuie consumată pentru a avea o minte sănătoasă. Inspirația fără fapte este frumoasă, dar fără valoare. Are o durată scurtă de viață și se stinge ca o flacără, adesea fără să se mai aprindă vreodată. Într-o anumită măsură, mintea este afectată de condiția fizică a corpului, dar organismul este mult mai afectat de condiția mentală. Selectați-vă doza zilnică de vitamina I.

Arta automotivării

Cea mai mare putere pe care o avem noi, oamenii, este aceea de a alege. Pentru a alege trebuie să luăm o hotărâre. Deciziile sunt uneori dureroase și adesea dificile. Cei care au studiat tiparele comportamentale și modalitățile de convingere a oamenilor pentru a-și schimba purtarea spre binele lor au ajuns la niște concluzii inevitabile. Una dintre regulile fundamentale este următoarea: fiecare dintre noi a moștenit instincte, emoții, sentimente și înclinații. Manifestăm diferite stări, obiceiuri și impulsuri. Chiar și cei mai raționali dintre noi nu acționează doar în virtutea rațiunii. Reacționăm atât pe baza emoțiilor și a sentimentelor, cât și din motive raționale.

Unul dintre cele mai grozave lucruri de care dau dovadă sistemul nostru nervos și fantasticul nostru creier este acela că putem folosi atât emoția, cât și rațiunea pentru a ne motiva după cum dorim. Însă pentru a face aceasta se presupune că trebuie să avem încredere. Trebuie să acceptăm că există forțe cunoscute și necunoscute pe care le putem folosi în avantajul nostru — forțe care ne motivează.

Motivația, ca să o definim în mod simplu, este ceea ce ne împinge la acțiune și ne determină alegerea. Este aceea care ne furnizează un motiv. Motivele sunt nevoi interioare personale. Sunt ceea ce există în voi și vă determină să treceți la fapte, cum ar fi o idee, o emoție, o dorință sau un impuls. Porniți la acțiune mânați de speranță sau de o altă forță, așteptându-vă să obțineți anumite rezultate.

S-a scris mult despre contradicția fundamentală care se pare că există în fiecare dintre noi. Bătălia dintre bine și rău stă atât la baza dramelor importante, cât și a literaturii ușoare și uneori recunoaștem aceleași conflicte în încercarea noastră de a ne automotiva. Cu toții avem emoții greu de înțeles și adesea contradictorii. Dar oamenii care reușesc sunt aceia care au învățat să le stăpânească. Ei depășesc acea tendință firească de a da greș, motivându-se să facă un lucru nefiresc — să reușească!

Dacă veți înțelege cum funcționează pentru voi motivarea, veți putea face mari progrese în a-i înțelege și pe alții. Atunci când puteți distinge clar ce-i motivează pe alții, veți fi un mai bun conducător, pentru că vă veți inspira angajații să-și fixeze și să-și atingă scopuri tot mai importante. De asemenea, veți fi niște părinți mai buni, pentru că veți fi mai bine pregătiți să vă ajutați copiii să-și folosească întregul potențial, iar dacă veți înțelege ce anume îl motivează pe un posibil cumpărător, atunci îi veți putea vinde ideile, produsele sau serviciile voastre.

Un tribut adus unui adevărat maestru al motivației

Acum câțiva ani, am fost surprins să constat felul în care a fost „descoperit" Napoleon Hill de către o revistă. Articolul era intitulat „Napoleon Care?" și, deși lucrările lui Hill nu erau cunoscute suficient de către persoanele respective, se ajungea la concluzia că *Law of Success (Legea succesului)* ar trebui citită de toți întreprinzătorii.

Ce m-a surprins cu adevărat a fost faptul că articolul eticheta scrierile lui Hill drept ale unui „clasic clandestin". După părerea mea, lucrurile stăteau exact invers.

Ce poate fi mai celebru decât poziționarea ta pe lista celor cel mai bine vândute cărți, girată de Asociația Editorilor Americani? În acel timp, volumul *De la idee la bani** se afla în fruntea listei care cuprindea cărți de management. Puțini scriitori se pot lăuda cu un grup de adepți atât de puțin unitar cum a avut Hill. Inventatorul Thomas Edison, magnatul automobilelor Henry Ford și superstarul Michael Jackson se numără printre marii lui admiratori. F. W. Woolworth, ale cărui idei au revoluționat sistemul vânzărilor cu amănuntul, susținea că întreaga sa rețea de afaceri a avut ca bază principiile reușitei expuse de Hill. El declara: „Nu e nici o exagerare când spun că Woolworth Building poate fi considerat un adevărat monument dedicat înțelepciunii acestor principii." Interesul lui Michael Jackson pentru Hill se pare că a pornit de la faptul că unul dintre principalii săi idoli a fost Thomas Edison, pe care Hill l-a cunoscut bine și despre care a scris pe larg. Jackson are o vastă colecție de obiecte ce i-au aparținut lui Edison, pe care mi-a arătat-o recent, atunci când am luat cina cu el în California.

Deși Jackson m-a sunat la telefon și am stat de vorbă de mai multe ori, aceasta a fost prima noastră întâlnire față în față și am fost impresionat de cât de profund a reușit el să înțeleagă legătura dintre oamenii care au avut succese remarcabile în viață. Identitatea sa publică maschează o înclinație profundă spre filozofie. Cred că foarte puțini dintre milioanele sale de admiratori — în cazul în care există și aceștia — au cea mai mică idee despre interesul său fantastic pentru sursele de motivare umană și de reușită.

---

* Apărută la Editura Curtea Veche, București, 1998. (*N. red.*)

Jackson și cu mine am constatat că avem multe idei comune și nu am fost surprins de faptul că lucrările lui Napoleon Hill ne-au dat prilejul să ne cunoaștem. Hill avea o extraordinară ușurință în a comunica gânduri cu care practic toată lumea se poate identifica.

Filozofia lui Napoleon Hill a coincis atât de mult cu a mea, încât în 1937 am trimis câte un exemplar tuturor reprezentanților mei de vânzări. Și *Bingo!* Am dat lovitura. Vânzările au crescut fantastic.

După mai mult de 20 de ani, l-am convins pe Hill să renunțe la statutul de pensionar și să înceapă să-și rezume cursurile și scrierile. El a fost de acord, cu o singură condiție: ca eu să-mi asum funcția de director general în acest proiect. Am făcut-o vreme de zece ani, iar Master Mind Alliance, pe care am inițiat-o împreună cu Hill, a devenit una dintre experiențele cele mai grozave ale vieții mele.

El și-a dedicat viața sprijinirii semenilor; voia să-i ajute pe oameni să-și realizeze scopurile. Actualmente, fundația care îi poartă numele continuă să-i difuzeze mesajul. A fost o plăcere pentru mine să fiu președintele acestei fundații vreme de mulți ani și să văd ce rezultate s-au obținut pornind de la această filozofie de viață.

Ceea ce urmează să citiți vă poate schimba fundamental viața, într-un mod pe care nici nu vi-l puteți imagina — cu condiția să fiți dispuși să acceptați principiile expuse aici și să acționați conform lor.

W. Clement Stone

1
Atitudinea mentală pozitivă

Forța Convingerii Pozitive vă va învăța cum să definiți și să dobândiți lucrurile pe care vi le doriți de la viață, dându-vă și puterea necesară de a transforma orice dezavantaj într-un avantaj mai mare și mai eficient. Această forță vă poate ajuta să descoperiți ce e mai bun în voi chiar și atunci când credeți că ați făcut tot posibilul în această direcție, că v-ați folosit întregul talent. Pe parcursul studierii acestei cărți sper să vă stimulez și să vă atrag atenția asupra celor mai puternice forțe interioare de care dispuneți. Atunci când cuvântul scris dezvăluie noi sensuri și direcții, opriți-vă și notați ideile pentru a putea recapitula și pentru a vă cultiva obiceiul de a aplica această nouă forță.

Veți constata că multe dintre forțele importante se află deja în voi. Pentru a vă putea atinge potențialul maxim, ele trebuie doar trezite și șlefuite. Autorului îi este imposibil să știe unde și când va descoperi cititorul principiul ideal pentru situația sa personală, cu ajutorul căruia să depășească prăpastia dintre reușită și mediocritate.

La baza oricărei reușite stă o atitudine mentală pozitivă. Odată ce ați hotărât să vă concentrați asupra unei metode de a atinge succesul pe care să o descoperiți singuri, începeți prin a vă analiza modul în care gândiți. Atitudinea mentală determină reacțiile față de orice situație cu care vă confruntați. Puteți acționa favorabil sau nefavorabil, constructiv sau distructiv, pozitiv sau negativ. Atitudinea noastră mentală ne definește personalitatea. Cei care au obținut o reușită extraordinară în viață au învățat arta de a gândi pozitiv. Ei au învățat arta de a-și direcționa gândurile spre ceea ce-și doresc de la viață.

Alegerea vă aparține

Într-un anumit moment din viață, majoritatea oamenilor descoperă foarte brutal și uneori chiar dureros că trebuie să ia niște hotărâri — hotărâri ce le vor influența în mod direct destinul. Este ca și cum, la naștere, fiecare ar fi primit două plicuri sigilate, în care se află niște ordine în funcție de care va fi guvernată întreaga sa viață. Unul dintre plicuri ar putea conține o listă lungă cu lucrurile bune de care se poate bucura, cu condiția să recunoască forța minții sale, să și-o asume, s-o transforme într-una pozitivă și s-o direcționeze cu atenție spre scopurile alese fără a încălca drepturile altora. Celălalt plic ar putea conține o listă la fel de lungă cu penalitățile pe care va fi obligat să le suporte în cazul în care nu recunoaște această forță și nu o folosește în mod constructiv.

Singurul lucru pe care îl putem controla este mintea noastră. Fie o controlăm, fie ne lăsăm pradă altor forțe și atunci mintea și voința noastră devin nesemnificative, fiind pur și simplu călcate în picioare, nu ajung niciodată la concluzii satisfăcătoare și cad ușor pradă valurilor negative ce ne pot izbi.

Fără un control, mintea își pierde eficiența și vigoarea. Printr-un control atent, prin exercițiu și direcționare, mintea poate să câștige o nouă forță.

Orice situație cu care se confruntă cineva trebuie abordată direct. Nu se poate să nu reacționezi la o anumită situație. Situația este un fapt în sine. Doar de reacția noastră depinde dacă este vorba de o situație negativă sau pozitivă. Cel înțelept reacționează în mod conștient, analizând totul și transformând situația într-una benefică. El hotărăște să reacționeze atent, cu un scop precis și adecvat intereselor sale. Aceasta înseamnă să stăpânești o situație. Cel ce gândește pozitiv este conștient de alegerea sa. Cel ce gândește pozitiv este un om realist.

Reușita este rezultatul unui control asumat al minții. Prin exercițiu, se ajunge la un control permanent. Chiar și atunci când situația pare dezastruoasă, există posibilitatea de a adopta o atitudine pozitivă.

Acest lucru poate fi exemplificat cel mai bine prin povestea fermierului zdravăn și sănătos lovit de o dublă paralizie. Descurajat și aparent neajutorat, el a înfruntat realitatea, adică faptul că pentru el se terminase cu agricultura. Între timp însă, și-a amintit că citise o carte în care autorul afirma: „În orice dezavantaj există sâmburele unui avantaj echivalent sau chiar mai mare." El a căutat sâmburele și l-a găsit.

Și-a adunat întreaga familie și a anunțat că dorește ca fiecare hectar de pământ să fie semănat cu porumb. A cerut ca acest porumb să fie dat hrană la porci, iar purcelușii să fie transformați în cârnați. Milo Jones a devenit milionar datorită producției obținute de la aceeași mică fermă cu care până atunci își putuse asigura doar un trai modest. Actualmente, „Cârnații de casă Jones" reprezintă produsul preferat al tuturor americanilor, iar compania pe care a fondat-o Jones are mii de angajați.

Brownie Wise era o văduvă descurajată, fără slujbă și fără bani, nevoită să-și întrețină copilul bolnav atunci când a dat peste un exemplar din volumul *De la idee la bani*. Fascinată de ceea ce a citit, a pornit cu pași mari spre o viață mai bună. A început să organizeze prezentări la domiciliu pentru produsele de bucătărie Tupperware, după care a pregătit oameni pentru vânzarea acelorași produse. Într-un singur an, vânzările ei au ajuns la peste 30 de milioane de dolari, iar sediul Tupperware de lângă Orlando din Florida a devenit un adevărat punct de atracție turistică.

Există nenumărate asemenea cazuri de persoane care au găsit „sâmburele unui avantaj echivalent", pornind de la un dezavantaj care pe alții i-a făcut robi pe viață ai unei atitudini mentale negative. Dezavantajul poate apărea la un moment dat în viața oricui. Felul în care îl abordați, ceea faceți cu el și ceea ce-i dați voie să facă cu voi ori să vă ofere, toate acestea sunt hotărâte de obiceiurile voastre mentale. Orice experiență poate fi ÎN FAVOAREA voastră — sau ÎMPOTRIVA voastră.

Îndreptați-vă spre scopul vostru

O atitudine mentală pozitivă nu poate fi dobândită oricum, ci trebuie construită pas cu pas, printr-o hotărâre conștientă. Baza de la care puteți porni pentru a ajunge la o atitudine mentală pozitivă constă în obiceiul de a vă îndrepta permanent, cu hotărâre, pas cu pas spre obiectivul propus.

Dacă încă nu știți ce vreți de la viață, dacă totul continuă să fie neclar, mereu în schimbare, dacă nu aveți un scop precis, trebuie neapărat să vă definiți unul.

Fără un obiectiv, fără un plan adecvat de îndeplinire a obiectivului, indiferent care ar fi el, mintea este lăsată pradă atitudinilor mentale negative și pline de lene. Oamenii care reușesc în viață sunt aceia care își stabilesc un scop pozitiv, își planifică mijloacele prin care pot atinge acel scop și își fixează un program precis de atingere a lui. Chiar acum, când încă vă este proaspătă în minte ideea, schițați clar ce anume doriți pe o anumită perioadă de timp, să zicem, în următorii cinci ani.

Notați venitul pe care doriți să îl obțineți și o declarație care să cuprindă tot ceea ce sunteți dispuși să faceți pentru a avea acest venit, căci nimic pe lumea asta nu se obține pe gratis. Această declarație trebuie să includă suma pe care vreți s-o câștigați săptămânal, lunar și anual.

Faceți o descriere completă a casei în care ați vrea să locuiți și, dacă se poate, chiar și un plan al clădirii, întocmit de un arhitect. Afișați totul undeva la vedere. Notați suma de bani aproximativă pe care intenționați să o investiți în casa respectivă. Faceți o descriere a automobilului sau a automobilelor la volanul cărora ați vrea să vă aflați. Tăiați dintr-o revistă o imagine cu mașina visată și puneți-o pe birou.

Dacă nu sunteți căsătoriți, faceți o descriere a persoanei pe care v-o doriți ca partener de viață. Notați-vă descrierea amănunțită a tuturor trăsăturilor de caracter, a obiceiurilor și a tuturor calităților fizice pe care ați dori să le aibă partenerul vostru. Apoi întocmiți o listă a trăsăturilor de caracter și a altor trăsături definitorii pe care le aveți sau intenționați să le aveți pentru a putea visa la un asemenea partener. Nu uitați, parteneriatul sfânt dintr-o căsnicie este un drum cu două sensuri, ambele părți având dreptul la o porțiune de șosea, în aceeași măsură.

Faceți o listă care să cuprindă modul în care intenționați să folosiți cele 24 de ore de care dispuneți zilnic. Există trei perioade de aproximativ opt ore — una dedicată somnului, una afacerilor, carierei sau vocației și o a treia de „timp liber", pe care-l puteți folosi după cum doriți.

Faceți o descriere a ocupației sau a afacerilor în care sunteți implicați. Apoi, dintre oamenii pe care îi cunoașteți, selectați persoana care a reușit cel mai bine într-un domeniu apropiat sau similar și hotărâți-vă să reușiți la fel de bine — sau chiar mai bine — într-o anumită perioadă de timp.

Rezervați-vă o oră dintre cele opt de „timp liber" zilnic și dedicați-o integral acțiunii de a citi ceva care v-ar putea determina să aveți o gândire pozitivă. Materialul citit trebuie să aibă legătură directă cu meseria sau să vă ajute în vreun fel în carieră.

În cele din urmă și poate cel mai important este să rostiți o rugăciune de recunoștință de două ori pe zi cel puțin, seara, înainte să vă culcați, și dimineața, imediat după ce v-ați trezit, să mulțumiți pentru lucrurile cu care ați fost binecuvântați, precum și pentru ceea ce sperați să obțineți pe viitor. În timp ce vă rugați, imaginați-vă toate scopurile și dorințele și rugați-vă ca atunci când le veți transforma în realitate, să vă amintiți să fiți profund recunoscători.

Încheiați o alianță

Cea de-a doua piatră de temelie pentru o atitudine mentală pozitivă constă în stabilirea unei alianțe armonioase cu alții: „...Trăiți în pace unii cu alții."

Numai voi puteți hotărî ce doriți de la viață, dar alegerea făcută poate fi de o asemenea amploare, încât va fi nevoie și de alții pentru a reuși până la capăt. Cel mai bine reușesc acei oameni care au învățat cum să-i atragă și pe alții să lucreze împreună cu ei, beneficiind astfel de pe urma educației, experienței, influenței și uneori a ajutorului lor financiar.

Thomas A. Edison, de exemplu, n-a făcut decât trei luni de școală, dar și-a ales o meserie care presupunea folosirea mai multor științe exacte, cum ar fi chimia, electronica, fizica, matematica și ingineria. El a rezolvat această problemă înconjurându-se de oameni care dispuneau de noțiunile și de pregătirea care îi lipseau lui.

Henry Ford a inaugurat epoca de glorie a automobilului prin stabilirea unor bune alianțe de afaceri cu cei care au putut să-i furnizeze ceea ce avea nevoie pentru producție. Așa se face că i-a găsit pe frații Dodge, foarte pricepuți în mecanica auto, și pe James Couzens, care avea propriul capital, și astfel a făcut rost de fonduri suplimentare pentru afacere.

Amintiți-vă acest lucru atunci când faceți alianțe de orice fel: nimeni nu face ceva fără a avea o motivație. Aveți grijă ca fiecare membru al acestei alianțe să primească o compensație echivalentă cu serviciul pe care îl aduce. Dacă veți da greș în această direcție, mulți vă vor părăsi și ulterior o parte dintre ei vor deveni chiar o concurență serioasă.

Andrew Carnegie i-a dat unuia dintre cei mai străluciți aliați ai săi, Charles M. Schwab, un salariu de 75 000 de dolari pe an, o sumă colosală pentru acele vremuri. Iar uneori, Carnegie i-a oferit lui Schwab până la 1 milion de dolari la sfârșitul anului, ca primă pentru serviciile aduse. Atunci când a fost întrebat dacă este necesar să-i dea o asemenea sumă lui Schwab, mai ales că nu i-o promisese, Carnegie a replicat: „Nu, nu era neapărat necesar, dar mi s-a părut că era o soluție mult mai bună decât să risc să mă părăsească și să-mi devină concurent."

Când i s-a mai cerut și o altă explicație, Carnegie a replicat: „Îi dau 75 000 de dolari pe an pentru ceea ce face el personal și o primă mult mai mare pentru ceea ce-i îndeamnă pe alții să facă, inspirându-i să muncească prin exemplul său și prin afișarea unei atitudini mentale pozitive."

Astfel vă puteți forma o idee despre prețul pe care îl punea Carnegie pe atitudinea mentală pozitivă a oamenilor.

Depășiți norma

Odată ajunși la cea de-a treia piatră de temelie a creării unei atitudini mentale pozitive, cultivați-vă obiceiul de a face mai mult decât sunteți plătiți sau decât se așteaptă de la voi. Faceți-vă obiceiul de a vă depăși norma, oferind un serviciu care nu v-a fost cerut, pentru că tocmai asta presupune atragerea unor noi prieteni, clienți și susținători.

Se pot spune multe despre vechiul clișeu: „Faceți totul cu zâmbetul pe buze." Dacă atitudinea voastră exterioară și interioară este pozitivă și v-ați depășit norma, oferind un serviciu suplimentar, sau ați făcut ceva ce nu era inclus în fișa postului, înseamnă că sunteți pe drumul bun al unor relații interumane de calitate, care nu numai că sunt plăcute, dar adesea sunt și foarte bine răsplătite, ajutându-vă să vă atingeți cele mai valoroase scopuri.

Obiceiul de a oferi mai mult și mai bine decât sunteți plătiți vă poate aduce avantaje sub diverse forme. Veți atrage atenția cui trebuie — și astfel veți avea ocazia să progresați. Foarte adesea, răsplata va veni dintr-o cu totul altă sursă — nu de la persoana ajutată inițial. Această lege a compensației va funcționa foarte bine pentru voi: sămânța suplimentară pe care o semănați vi se va întoarce înmulțit, sub o formă sau alta.

Nu trebuie să cereți voie pentru a face mai mult decât se așteaptă de la voi — indiferent că este vorba de comportament sau de fapte. Dacă munciți pe salariu, obiceiul de a face mai mult decât vi se cere vă dă dreptul să sperați la o mărire a acestuia și la o avansare; altfel, nimic nu vă dă acest drept. Dacă faceți doar atât cât să vă justificați plata primită, n-aveți prea multe șanse să cereți sau să vă așteptați la o mărire de salariu. Dacă faceți mai puțin decât vi se cere, conform legii compensației, vă reduceți șansele de progres. Nu uitați: calitatea serviciilor pe care le oferiți — plus cantitatea și atitudinea mentală adoptată — determină suma pe care o primiți.

De asemenea, nu uitați că în cazul în care atitudinea voastră mentală este negativă, vă plângeți și găsiți tot felul de cusururi la ceilalți, practic anulați tot ceea ce faceți, chiar dacă realizați mai mult decât vi se cere. Nimeni nu vrea să aibă în preajmă pe cineva cu o gândire permanent negativă. Nimeni nu vrea să cumpere ceva de la un agent de vânzări care este veșnic posac. Nimeni nu vrea să trăiască alături de un partener care gândește negativ și ale cărui cuvinte și fapte sunt veșnic niște înțepături pline de vitriol.

Forța este în mâinile celor care își fac treaba bine, afișând o atitudine plăcută față de cei din jur și care nu uită niciodată să ofere măcar puțin mai mult decât se așteaptă de la ei.

Entuziasm!

Cea de-a patra piatră de temelie este cea a obiceiului de a fi entuziaști în vorbe și fapte.

Emerson spunea: „Nimic măreț nu s-a creat fără entuziasm."

Entuziasmul este o forță magnetică prin care sunt atrași cei care intră în zona sa de influență. Este piatra de boltă în tehnica de vânzări a Maestrului în arta vânzării.

Devenim entuziaști atunci când dăm la iveală emoții puternice în vorbele și faptele noastre, gândind întotdeauna în termeni pozitivi și acționând ca atare.

Luther Burbank era atât de convins de forța entuziasmului, încât susținea că a folosit-o în mod eficient inclusiv atunci când s-a adresat florilor și plantelor de care s-a ocupat ca horticultor. El spunea că poate alege orice plantă, îi poate vorbi cu entuziasm, lăudând-o pentru frumusețea sa, iar aceasta va crește efectiv mai repede și mai strălucitor decât toate celelalte de pe același teren. O asemenea afirmație ar fi putut părea incredibilă dacă ar fi aparținut altcuiva decât lui Burbank.

Agenții de vânzări rareori reușesc să obțină ceva fără să se bizuie pe entuziasm măcar într-unul dintre momentele tranzacției propriu-zise.

Credeți în voi înșivă

Cea de-a cincea piatră de temelie constă în capacitatea de a avea încredere. Scurtul citat „Orice concepe sau crede mintea omului poate fi dobândit" nu e doar o înșiruire de vorbe. Descoperirile științifice, mai ales cele din ultimii ani, au dus la inevitabila concluzie că oamenii sunt limitați doar de propria lor gândire sau de ceea ce acceptă în situațiile de zi cu zi. Credința într-un Dumnezeu al fiecăruia este absolut esențială pentru a reuși.

Omul a inventat telescopul, un aparat atât de puternic încât putem să privim în spațiu, observând obiecte care sunt la milioane de ani lumină față de Pământ; putem analiza dimensiunea și conținutul Soarelui și am descoperit mijloacele necesare pentru cucerirea spațiului cosmic. Omul a dovedit că puterea sa de gândire nu are limite — ci poate întâmpina doar obstacole temporare, ce pot fi îndepărtate prin voință.

Primul și poate cel mai important pas în folosirea acestor vaste forțe ale minții este descoperirea puterii autosugestiei care poate stimula mintea și-l poate face pe fiecare să creadă în ceea ce-și dorește.

Ea reprezintă o forță irezistibilă, care îl face pe om să depășească momentele potrivnice și să realizeze lucruri care la prima vedere pot părea imposibile.

Cum pot fi transformate teama, îndoiala și deznădejdea în puterea de a crede?

Procedeul este simplu. Printr-o repetare permanentă a unei idei pozitive, a unui plan sau a unui scop, până ce este acceptat de subconștient. Acolo, prin mijloace nebănuite, ajunge în legătură directă cu forța care transformă credința în echivalentul său fizic.

Puterea de autosugestie poate transforma cuvântul „imposibil" în ceva atât de lipsit de forță, încât, în final, acesta va dispărea din vocabularul vostru.

Una dintre cele mai vechi cărți din lume, Biblia, promite adesea că fiecare dintre noi are puterea de a ajunge, din locul în care se află, acolo unde dorește. Dar generații de-a rândul, bărbați și femei, au citit aceste promisiuni și și-au spus: „Nu este și cazul meu." Și totuși în fiecare generație a existat și câte cineva care a zis: „Categoric acesta este cazul meu." Aceștia au reușit să ajungă până la adevărata natură a minții lor și au mers mai departe, ajutând astfel omenirea să atingă actuala fază de civilizație.

Știința a izolat, a analizat și a folosit în mod eficient aproape toată puterea existentă în om, în afară de cea a credinței. În ciuda acestui fapt, se cunoaște suficient de mult despre această forță profundă care există și pe care oricine dorește cu adevărat poate s-o folosească și s-o direcționeze către propriile scopuri.

Aceste cinci principii vă pot da ca prin farmec forța necesară reușitei. În cadrul unei serii de conferințe ținute la Harvard School of Business, unul dintre studenți l-a întrebat pe dr. Hill dacă această putere nu poate fi periculoasă, odată ajunsă în mâna unor persoane lipsite de scrupule.

Răspunsul său a fost următorul: „Orice fel de capacitate, care nu este echilibrată de un scop cinstit și de un caracter sănătos, poate deveni o unealtă a răului, și nu a binelui. Dar nu înseamnă că nu trebuie să ne folosim puterea gândurilor, având în vedere că orice bine poate fi transformat într-un rău. De exemplu, energia nucleară este o binefacere atunci când este înțeleasă și aplicată constructiv, dar poate fi și distrugătoare, la un nivel înspăimântător."

Factorii suplimentari ce pot fi folosiți pentru cultivarea și menținerea unei atitudini mentale pozitive sunt prezentați în continuare.

Controlați și direcționați emoțiile

Emoțiile trebuie ținute sub control înainte de a fi siguri că vă puteți menține o atitudine mentală pozitivă. Fără acest control, veți fi asemeni unei persoane al cărei cal a luat-o razna și nu mai poate fi strunit.

Controlul emoțiilor trebuie să le includă atât pe cele negative, cât și pe cele pozitive, descrise în continuare:

Cele șapte emoții pozitive:	*Cele șapte emoții negative:*
1. Iubirea	1. Frica (există șase tipuri fundamentale de frică)
2. Sexul	2. Invidia
3. Speranța	3. Ura
4. Credința	4. Răzbunarea
5. Entuziasmul	5. Lăcomia
6. Loialitatea	6. Mânia
7. Dorința	7. Superstiția

Emoțiile sunt forțele voastre ce duc la fapte. Ele vă pot ridica pe cele mai înalte culmi ale reușitei, în sensul chemării voastre, sau vă pot coborî către eșec, în funcție de felul în care le puteți controla.

Dacă vă închipuiți că doar emoțiile negative trebuie controlate, e cazul să renunțați imediat la această idee. Emoțiile pozitive vă pot îndemna la excese care pot distruge puterea unei atitudini mentale pozitive. Emoțiile produse de iubire și de sex presupun o călăuzire atentă, pentru că sunt cele mai puternice dintre toate și pot scăpa cel mai ușor de sub control.

Controlați obiceiurile dominante de gândire

Faceți-vă obiceiul de a avea mereu în gând ceea ce vă doriți și respingeți gândurile referitoare la ceea ce nu doriți. Gândurile voastre au tendința de a duce la adeverirea acelor situații care sunt cel mai ades prezente în minte. Gândiți-vă la prosperitate, faceți-vă un plan pentru a ajunge la ea, credeți sincer că veți reuși și gândurile vă vor îndrepta spre belșug.

Învățați să transformați dezavantajele în avantaje

Orice dezavantaj, orice experiență neplăcută, orice eșec poartă în sine sâmburele unui avantaj echivalent sau chiar mai mare. Căutați acest sâmbure atunci când aveți de-a face cu orice formă de înfrângere. Cercetați cu atenție orice dezavantaj. Veți descoperi că în el se găsește potențialul unui avantaj care poate compensa cu mult ceea ce aveți de pierdut. Analizați acest avantaj, profitați de el la maximum și veți descoperi unul dintre cele mai profunde principii ale reușitei. Veți învăța să transformați barierele în trepte sigure, care duc spre vârful piramidei.

Învățați arta de a preschimba emoția sexuală

Cuvântul *a preschimba* înseamnă, practic, transformarea unui element sau a unei forme de energie în alta. Conform acestei filozofii, arta preschimbării emoției sexuale înseamnă folosirea senzualității în scopuri mai nobile decât cele strict fizice.

Impulsul sexual este una dintre cele mai puternice emoții umane. Atunci când se lasă conduși de el, oamenii devin curajoși, plini de imaginație, de voință, de perseverență și de creativitate, într-o măsură nebănuită până în acel moment. Dorința de raport sexual este atât de puternică, încât uneori oamenii își riscă chiar viața și reputația pentru a-și satisface acest impuls. Atunci când este canalizat și redirecționat, acest impuls poate deveni o forță motivatoare, care să folosească energia și creativitatea pe care acesta le generează în obținerea oricărui scop propus. El poate să populeze imaginația cu idealuri și planuri mărețe, dar poate să asigure și mijloacele de îndeplinire a acestora.

Preschimbarea energiei sexuale presupune, categoric, voință, dar merită efortul, căci răsplata este pe măsură. Aceasta nu înseamnă că intenționez să vă sugerez că dorința sexuală înnăscută trebuie reprimată sau îndepărtată. Dar ea poate fi exprimată în așa fel încât să ducă la o îmbogățire a trupului, a minții și a spiritului. Altfel, acest impuls sexual nu va căuta o altă finalitate decât strict pe cea fizică.

Exprimarea corectă a impulsului sexual poate genera o adevărată pasiune pentru viață, care să fie de bun augur pentru întreaga ființă. Ea poate da mai multă energie, mai mult entuziasm și o dorință de viață fără egal. Fără acestea, viața devine o chestiune de rutină, searbădă și plicticoasă.

Respectați-vă obiceiul de a vă ruga

Rugăciunea bine înțeleasă poate deveni cel mai important factor care vă poate ajuta la formarea și păstrarea unei atitudini mentale pozitive. Ea vă poate da liniște sufletească atunci când nimic nu mai are efect. Vă poate dezvălui mijloacele ce ar putea declanșa forțele universului, pentru a le folosi la împlinirea dorințelor personale.

Nu așteptați să vă aflați la ananghie pentru a face o rugăciune, ci pregătiți-vă mintea prin rugăciuni de recunoștință pentru felul în care ați fost binecuvântați, astfel încât atunci când veți avea nevoie de călăuzire, să vă fi câștigat dreptul de a o cere.

Încheiați-vă rugăciunea cu cuvintele: „Nu-Ți cer, Doamne, și mai mult bine, ci mai multă înțelepciune, spre a folosi cum se cuvine binele de care mă bucur acum prin dreptul meu neabătut de a-mi direcționa gândurile spre scopurile dorite."

Cei care apelează la rugăciuni doar în momentele de criză sau de mare nevoie au sentimentul cumplit că rugăciunile lor nu vor fi ascultate.

Atunci când faceți lista lucrurilor pentru care vreți să-I mulțumiți Domnului, nu uitați de următoarele lucruri:

1. Privilegiul de a vă bucura de libertatea de exprimare și de acțiune într-o țară mult mai binecuvântată decât v-ați putea imagina vreodată.
2. Dreptul inalienabil de a vă controla și de a vă îndrepta gândurile total și absolut spre orice scopuri doriți.
3. Loialitatea prietenilor și a celor dragi, a căror influență vă determină să căutați respectul de sine și pentru întreaga omenire.
4. Puterea de a preschimba dezavantajele, împotrivirile și înfrângerile într-o forță creatoare, ce vă poate ajuta în căutarea liniștii sufletești ori în căutarea a orice altceva doriți de la viață.
5. Privilegiul de a-i putea ierta pe cei ce v-au greșit sau lovit.
6. Puterea de a vă stăpâni emoțiile și de a le preschimba într-o forță motivatoare, ce vă poate ajuta în realizarea scopurilor și obiectivelor voastre.
7. În mod special trebuie menționați cei care v-au ajutat în momentele de criză, când toate resursele voastre pentru a vă rezolva problemele erau epuizate.
8. Sănătatea trupească și imaginația nelimitată.

Acestea sunt doar o parte dintre lucrurile pentru care ar trebui să fiți recunoscători. Puteți adăuga pe listă și altele, pe care să le alegeți chiar voi.

„Recunoștință" este un cuvânt plin de forță și de profunzime. El reprezintă un sentiment asociat îndeaproape unei atitudini mentale pozitive. De aceea, cultivați-l ca pe o permanentă piatră de temelie prin obiceiul de a vă ruga.

Aveți acum o descriere a celor mai importanți factori pentru cultivarea și menținerea unei atitudini mentale pozitive, fără de care Puterea de Convingere nu poate fi stăpânită cu adevărat:

1. Definiți-vă scopurile și porniți pe drumul împlinirii lor.
2. Încheiați o alianță cu alte persoane.
3. Învățați să „depășiți norma".
4. Puneți entuziasm în vorbe și fapte.
5. Cultivați-vă capacitatea de a crede.
6. Controlați-vă și direcționați-vă emoțiile.
7. Controlați-vă obiceiurile dominante de gândire.
8. Învățați să preschimbați dezavantajele în avantaje.
9. Preschimbați impulsul sexual.
10. Respectați-vă obiceiul de a vă ruga.

Înainte de a începe Capitolul 2, supuneți-vă unui test referitor la acești factori, notând un „Bine" în dreptul celor pe care vi se pare că îi respectați suficient și un „X" în dreptul celor asupra cărora aveți îndoieli sau la care credeți că puteți face progrese.

Puteți urma acest plan într-un mod mai eficient dacă veți copia factorii respectivi pe o foaie de hârtie împărțită în 12 coloane, ce vor purta ca titlu „Prima săptămână",

„A doua săptămână" ş.a.m.d. Apoi analizaţi-vă atent şi evaluaţi-vă săptămânal vreme de trei luni. Hotărâţi încă de la început ca în cea de-a douăsprezecea coloană să nu existe nici un „X" — ci doar „Bine".

Dacă la nivelul atitudinii mentale pozitive s-au strecurat anumite slăbiciuni, acest procedeu vă va ajuta să le descoperiţi. Veţi constata că aţi putea face schimbări ce v-ar modifica viaţa, ajutându-vă să atingeţi orice scopuri v-aţi pus în gând.

Cum au reuşit alţii

În capitolele care urmează, vi se vor oferi câteva formule ale reuşitei, folosite de alţii pentru a ajunge pe cele mai înalte culmi ale succesului personal.

Vi se vor prezenta metode prin care mulţi oameni care au reuşit au învăţat la rândul lor să intre în contact şi să folosească aceste resurse invizibile ale forţei, atingând adevărate obiective aparent miraculoase.

Un bărbat pe care dr. Hill l-a urmărit în multe ocazii şi pe care l-a socotit un adevărat prieten a reuşit extraordinar în viaţă ducând mai departe cauza sistemului american de liberă iniţiativă. Mesajul său a fost întotdeauna pozitiv şi plin de entuziasm. El a înţeles şi a folosit puterea de convingere pentru a reaprinde patriotismul şi solidaritatea între oameni.

Răposatul dr. Kenneth McFarland, care a fost considerat unul dintre cei mai elocvenţi şi mai eficienţi exponenţi a ceea ce se numeşte „sistemul american", datorită interesului său viu faţă de ţară şi faţă de modul ei de viaţă, şi-a construit o carieră remarcabilă prin discursurile pe care le-a ţinut în public.

Şi-a numit propria concepţie despre ideologia americană fundamentală „conservatorism progresiv". El a declarat că ambiția sa era aceea de a se păstra guvernarea constituțională, de se păstra competiția liberă pe piață, dar și aceea de a se păstra libertatea individuală în ambele condiții.

Dr. McFarland a declarat că America este teritoriul care practic „îi oferă omului de rând cornul abundenței". Sistemul însă nu este imbatabil. Nu funcționează de la sine. El trebuie aplicat cu inteligență de cei care îl înțeleg și au încredere în el. Dr. McFarland a descris o categorie de oameni ce aveau calitățile necesare pentru a utiliza acest vehicul al pieței libere și a arătat cum aceste calități pot transforma pe oricine într-o persoană care reușește în cadrul sistemului.

Dr. McFarland a fost invitat să țină conferințe la câteva dintre cele mai importante companii și asociații de comerț, iar la un moment dat a colaborat și la revista *Reader's Digest*.

Fenomenalul său succes rezumat prin sloganul „Să vindem America americanilor" a dus la faptul că, în 1957, asociația National Sales And Marketing Executives l-a desemnat cel mai reprezentativ agent de vânzări din America, acordându-i premiul anual.

Dr. McFarland și-a luat diploma în Kansas, la Pittsburg State Teachers College, masteratul la Columbia University din New York și doctoratul la Stanford University, Palo Alto, California.

Dr. McFarland a fost profesor vreme de 24 de ani, iar pe lângă seriile de conferințe publice, a fost invitat să țină cursuri la compania General Motors și a deținut funcția de director educațional la American Trucking Associations.

La începutul anului 1968, dr. McFarland a primit medalia Freedom Leadership din partea fundației Freedoms din Valley Forge, care i-a fost acordată „pentru nenumăratele discursuri patriotice care au inspirat publicul larg să păstreze stilul de viață american, precum și pentru credința sa exemplară și neabătută în valorile și virtuțile prețiosului credo american, acela al libertății de alegere și al libertății în general, cu condiția de a respecta legea... pentru multele sale călătorii obositoare de-a lungul Statelor Unite, în timpul cărora a reușit să transmită mesajul că responsabilitățile unui bun cetățean trebuie predate neapărat celor tineri".

Dr. McFarland a fost recunoscut ca o autoritate în privința unui subiect vital: respectarea legii. Scrierile sale, studiile, realizările și discursurile într-un domeniu de o importanță capitală au fost aclamate de toată lumea — de oamenii legii și de profani în egală măsură. El a fost membru de onoare al Fraternal Order of Police.

Dr. McFarland a câștigat în anul 1968 Placheta de Aur din partea Academiei Americane, ca recunoaștere a rezultatelor sale excelente.

Dr. McFarland a exemplificat și a personificat tipul de forță ce poate apărea în viața acelui om care respectă principiile gândirii pozitive, ale entuziasmului, ale patriotismului și ale autodisciplinei.

Acest capitol este doar o introducere în metodele prin care și voi puteți ajunge la puteri nebănuite, pe care nu le-ați mai utilizat niciodată până acum și cu ajutorul cărora puteți obține tot ce v-ați dorit. Pe măsură ce veți continua studiul, veți descoperi principii care vă vor sprijini să stăpâniți Puterea de Convingere.

2

Puterea divinității din om

Fiecare om posedă o fărâmă de geniu. Atunci când acest lucru este sesizat și educat, îl poate ajuta pe om să facă fapte mărețe și să aducă servicii enorme omenirii. Când sunt deblocate cantitățile mari de energie necanalizată și de ambiție ale unei persoane, dându-li-se posibilitatea să se exprime și să acționeze, ele pot furniza o forță de izbândă extraordinară. Atunci când sunt călăuzite de iubirea pentru semeni și sunt incluse în caracterul omului, semințele bunătății și divinității din om îi pot da acestuia puterea să trăiască o viață plină de valori și semnificații.

De-a lungul anilor, am învățat multe dintre tainele care scot la iveală divinul din om, deblochează energii, trezesc geniul uman și declanșează puterea de convingere care poate transforma negativul în pozitiv. În această carte, multe dintre secretele care luminează drumul ambiției și al reușitei vor fi dezvăluite tuturor celor care-și doresc o viață plină de sens și de utilitate și celor care sunt dispuși să primească această călăuzire. Veți vedea Puterea de Convingere pozitivă prezentată prin exemplul vieții unui om care a obținut o mare avere, dar și o și mai mare înțelegere spirituală. Recunoașterea și aplicarea tuturor forțelor discutate în această carte sunt esențiale pentru reușita financiară. Ele sunt la fel de importante și pentru cei care au câștigat mari averi și doresc să le împartă înțelept cu ceilalți. Acțiunile filantropice trebuie făcute cu foarte multă responsabilitate, în special atunci când o anumită persoană este capabilă să creeze fonduri sau burse. Există întotdeauna și posibilitatea ca acest dar către o persoană sau o instituție să fie în detrimentul lor, făcându-i pe oameni să devină dependenți de un câștig fără muncă, luându-li-se astfel ocazia de a-și cultiva potențialul maxim.

Forțele descrise în această carte ar trebui să vă ajute să găsiți drumul spre fericire, să vă dezvolte patriotismul și să vă trezească sentimentul de compasiune pentru semeni, în dorința de a păstra și de a duce mai departe sistemul american al liberei-inițiative. Pornind de la aceste gânduri, vrem să vă prezentăm o persoană pe care am cunoscut-o direct și ale cărei înclinații speciale pentru lumea afacerilor ne-au fost demonstrate de multe ori. El este un excelent exemplu de persoană care își înțelege răspunderea de a ajuta omenirea, împărtășindu-și experiența de viață, mijloacele financiare și talentul cât mai multor persoane.

Multe dintre faptele prezentate în acest capitol au fost adunate de Napoleon Hill, de-a lungul unei asocieri de zece ani cu respectiva persoană. Alte date au fost observate de autorul și redactorul acestei cărți în diverse ocazii, atât în particular, cât și în public. Diverși angajați ai persoanei respective au furnizat informații suplimentare. Independent de sursa din care au provenit informațiile, noi credem că povestea lui W. Clement Stone este cel mai bun exemplu viu al puterii divinității din om — al felului în care divinul acționează în folosul persoanei și al omenirii.

Reușita unui om

Încă de timpuriu, W. Clement Stone a avut o viziune asupra a ceea ce era și dorea de la viață. El își spunea agent de vânzări și asta și era. Mulți ani, dl Stone a fost președinte al Combined Insurance Company din America și al celor trei sucursale: Combined American Insurance Company din Dallas, Hearthstone Insurance Company din Boston, Massachusetts, și First National Casualty Company, Fond du Lac, Wisconsin. De asemenea, el a fost și director la Alberto-Culver Company. Acum câțiva ani, dl Stone a fuzionat cu Ryan Insurance pentru a forma gigantul Aon Corporation, al cărui președinte a devenit. Dl Stone este Maestru al Agenților de Vânzări, dar mai mult decât atât, el s-a dedicat idealului de a împărtăși totul. Îi face mare plăcere să își împărtășească averea spirituală și materială. El nu este doar un șef din lumea afacerilor, ci și un lider al vieții civile, scriitor și redactor, editor și conferențiar.

Stone s-a născut la Chicago și împreună cu soția sa a trăit în Winettka, Illinois. Principiul filantropic al dlui Stone s-a concentrat asupra domeniului sănătății mentale și al bunăstării tineretului. Mare parte din banii și energia sa a fost investită în instituții de reabilitare a delincvenților minori sau în penitenciare. Stone a ajutat la formarea asistenților sociali care lucrează cu tineretul. Foarte credincios, a fost de două ori epitrop al Bisericii Presbiteriene din Evanston (aceasta fiind perioada maximă permisă de lege pentru deținerea funcției de epitrop). Dl Stone deține Diploma de Onoare care îl denumește Doctor în Jurisprudență, acordată de Colegiul Monmouth, și cea de Doctor al Umanității, acordată de Academia Interlochen Arts.

Fără îndoială, sunteţi de acord că acestea sunt realizări impresionante. Totodată, veţi observa că nu am discutat despre proiectele realizate anterior sau despre planurile de viitor, pentru că activităţile sale curente sunt suficient de ample pentru a explica punctul nostru de vedere. Ştim că toate acţiunile sale filantropice sunt analizate cu atenţie de către Fundaţia W. Clement and Jessie W. Stone.

Dl Stone este un om foarte cald, chipeş şi milos, care se bucură din plin de viaţă. Are un râs unic, molipsitor şi sincer până la capăt. Este adevărat că omul acesta a câştigat foarte mulţi bani, dar capacitatea sa de a face bani i-a dat şi înţelepciunea şi puterea de a-i folosi cum se cuvine, spre binele a cât mai multor persoane.

Primii paşi pe scară

Să analizăm puţin începuturile vieţii sale, pentru a vedea dacă a moştenit o sumă mare de bani de la care să pornească în construcţia marelui imperiu. Intenţia noastră a fost de a-i studia gândurile, pentru a vedea dacă s-a bizuit pe „marea lovitură" sau pe „bafta chioară". A crezut el oare că lumea îi este datoare şi că într-o bună zi va putea primi „ceva pe gratis"? Veţi avea ocazia să aflaţi în mod direct cum a urcat dl Stone scara succesului. Exemplul său ar putea declanşa scânteia de geniu din voi cu suficientă forţă pentru a vă atinge scopurile şi a obţine o abundenţă de neînchipuit. Povestea lui vă va ajuta să înţelegeţi că este necesar să-i ajutaţi pe alţii într-o măsură direct proporţională cu reuşita obţinută de voi. Sigur că această înţelegere îţi aduce şi bucuria de a trăi o existenţă plină de sens, de importanţă şi bine orientată.

Tatăl dlui Stone a murit când el era încă foarte mic.

Nu le-a fost ușor lui și mamei sale, rămasă văduvă. Ea a devenit croitoreasă, iar el a început să vândă ziare, „luptându-se pentru supraviețuire" la fiecare colț de stradă.

Bruftuluit de vânzătorii de ziare de vârste mai mari, puștiul de 6 ani a încercat să-și vândă ziarele în restaurantul lui Hoelle, din cartierul de sud al orașului Chicago. Dat afară de mai multe ori, a continuat să revină. Proprietarul restaurantului i-a admirat într-atâta perseverența, încât în final i-a permis să treacă zilnic pe la el prin local.

Micul Stone a descoperit că poate vinde ziare și în spitale, chiar cu un efort mai mic decât la colț de stradă. Și-a dat seama că este mai eficient și mai productiv să vinzi unui număr mai mare de clienți, aflați într-o zonă delimitată.

Mulți ani mai târziu, el a aplicat același principiu în vânzarea de asigurări — „prospectând piața" — în magazine, birouri, bănci și alte instituții cu mulți angajați. Observați că a folosit ceea ce învățase deja.

De asemenea, a descoperit ceva și mai important — tehnica de a extrage principiile dintr-o situație dată și de a le „relaționa și asimila" prin „studiu, gândire și planificare", astfel încât să fie de folos în alte situații și în alte probleme.

Privind retrospectiv, dl Stone spunea: „Cred că principiile de bază ale reușitei mele provin din experiența mea de vânzător de ziare." Conform dlui Stone, aceste principii sunt: (1) îndemnul de a acționa — automotivarea; (2) experiența necesară (*know-how*); (3) cunoașterea directă.

Oricine îl cunoaște cât de puțin își va da seama că el aplică aceste principii în toate direcțiile.

Așa cum analizează în propriile sale cărți, dl Stone susține că vânzătorul de ziare nu-și putea permite să piardă cei câțiva bănuți investiți în exemplarele respective; nevoia l-a învățat să treacă la fapte. Aceasta este ceea ce el numește „nevoia te învață".

În final, el avea experiența și cunoștințele necesare — reușise să vândă ziarele, repetând tehnicile învățate anterior și care se dovediseră de succes.

„Amintirea acelor zile sumbre încă mă însoțește", scrie Stone în *The Success System That Never Fails*, „pentru că, din câte îmi amintesc, a fost prima dată când am transformat un dezavantaj într-un avantaj. Povestea e simplă și lipsită de importanță acum... și totuși acesta a fost un început."

El consideră, ca de altfel și autorii acestei cărți, că în orice dezavantaj există sâmburele unui avantaj echivalent — sau chiar mai mare — și că orice este posibil pentru cei care își păstrează o atitudine mentală pozitivă, adică AMP, cum îi mai spune el.

Acțiunea este pe primul loc!

Dintre cele trei părți ale formulei personale a succesului, el consideră că nevoia de a acționa este cea mai importantă. De asemenea, mai consideră că această nevoie care te învață și te inspiră poate fi indusă.

Stone a distribuit milioane de cărți generatoare de inspirație, reviste, înregistrări pentru tineri, angajați, acționari, școli, spitale, organizații ale veteranilor, închisori și case de corecție.

De exemplu, într-un singur an a donat personal peste 1 milion de cărți, înregistrări, reviste și pliante motivaționale.

În timpul lungilor lor călătorii pentru a ține conferințe ori seminarii despre arta de a vinde, precum și atunci când se făceau acte caritabile în cadrul Fundației Napoleon Hill, asociații lui au observat că se înregistrau nenumărate remarci foarte prețioase la adresa muncii sale. S-a mai constatat o planificare atentă și un efort bine organizat de a încuraja și alți filantropi să se preocupe mai mult de întreaga noastră societate. Cel mai important este însă că nici unul dintre proiectele sale nu a urmărit un câștig personal sau un scop comercial.

Probabil că ați auzit expresia „A scrântit-o", în cazul în care cineva a făcut o greșeală. Atunci când i s-a cerut să enumere câteva dintre erorile sale, el a replicat: „De îndată ce am scrântit-o, m-am scuturat imediat și cu fiecare greșeală sau obstacol mi-am organizat mai bine gândirea, trecând la măsuri imediate, înainte ca lucrurile să se înrăutățească. Sunt convins că înfrângerile temporare constituie motivul pentru care dau atât de multă importanță planificării faptelor mele. Când ceva iese prost, uneori este suficient să-ți revizuiești proiectul. După aceea, el trebuie pus imediat în practică. Aș îndrăzni să spun că, în mod cert, obiceiul de «a trece la acțiune chiar acum» este unul dintre bunurile mele cele mai de preț. Atât de tare mi-a intrat acest lucru în sânge, încât cred că pentru mine este și în prezent la fel de eficient ca principiu, pe cât a fost la începuturile carierei mele de om de afaceri. Eu nu mă refer aici la niște hotărâri pripite. Trebuie acordat un răgaz pentru a analiza toate aspectele; dar după aceea, nu mai există nici un motiv să amâni. Încă simt fiorul pe care ți-l dă puterea de a acționa. Pentru că acțiunea este vitală în ceea ce privește puterea de convingere la nivelul tuturor relațiilor interumane."

Povestea anilor săi de școală relatează o reușită timpurie, care ar fi putut să îl împiedice să-și cultive întregul talent. Ați observat, probabil, că el își recunoaște greșeala, își schimbă tipul de gândire și pune în aplicare concluziile pe care le-a tras.

Dl Stone a învățat la Liceul Senn din Chicago, unde era președintele Clubului de dezbateri. Mutându-se la Detroit, unde mama lui cumpărase o mică agenție de asigurări, a continuat școala la Liceul Northwestern. În vacanța de vară, la vârsta de 16 ani, dl Stone a vândut prima poliță de asigurare. Anul următor, a renunțat la studii în momentul în care și-a dat seama că ar putea câștiga mai mulți bani, vânzând asigurări, decât câștigau profesorii lui, predând la liceu.

În decursul istoriei, se cunosc mulți oameni de succes care și-au întrerupt temporar studiile, după care au recunoscut nevoia de școală.

„A fost doar o întrerupere temporară a studiilor", spune el. „Curând, mi-am dat seama de neprețuita valoare a unei educații școlare."

Ca tânăr agent de asigurări, el și-a continuat studiile la școli creștine, urmând de asemenea și Colegiul de Drept din Detroit, vreme de un an, și Universitatea Northwestern, doi ani și jumătate.

Ca agent de vânzări, în perioada adolescenței, trebuia să muncească multe ore, adesea până noaptea târziu, rămânându-i foarte puțin timp liber. Și totuși, s-a dovedit un tânăr romantic.

La vârsta de 21 de ani, Stone s-a căsătorit cu iubita din liceu, Jessie Tarson. Pentru a putea să pună în practică acest obiectiv, el și-a creat propria agenție de asigurări la Chicago când avea doar 20 de ani. Firma, Combined Registry Company, este condusă în continuare de Stone și s-a extins și în alte domenii.

Dl Stone spune: „Iubirea este cel mai important factor motivațional."

El a intrat în afaceri pe cont propriu cu un capital de 100 de dolari, fără datorii și cu un birou închiriat cu 25 de dolari pe lună.

În cariera sa, dl Stone a adunat o avere de milioane de dolari, din care a donat mare parte unor cauze valoroase.

Pe măsură ce afacerile sale au prosperat în cursul anilor '20, el a pus bazele unei adevărate „forțe armate" de vânzători pentru întreaga țară.

În 1931, țara simțea deja consecințele Marii Crize — ca de altfel și el. Vânzările de asigurări nu mai mergeau și el avea datorii.

Curând, Stone a depășit acest obstacol — a făcut în așa fel încât să reprezinte alte trei companii de asigurări, îndemnându-i pe agenții săi să vândă un nou tip de poliță, cu avantaje mai mari, și punând bazele unui program de formare a unor agenți de vânzări mai eficienți.

De la echipa sa de 135 de agenți de vânzări bine pregătiți, a ajuns la 1 000 de agenți, educați perfect în ce privește tehnicile de vânzări reușite. Volumul de contracte a crescut și curând a scăpat de datorii.

În 1939, el și-a perfecționat „sistemul de succes care nu dă greș niciodată" și a dobândit ceea ce numea o „filozofie de viață".

În 1956, dl Stone conducea cea mai mare companie de asigurări de sănătate și contra accidentelor din Statele Unite.

Combined Insurance s-a dezvoltat permanent de atunci încoace și intrarea în domeniul asigurărilor de viață ilustrează un alt principiu al lui: că orice organism ajunge la maturitate, stagnează și moare — dacă nu există renaștere printr-o nouă viață, o nouă tinerețe, noi idei sau o nouă activitate.

Fiecare are filozofia sa. Atunci când Stone a fost rugat să și-o definească pe a lui, iată care a fost răspunsul:

„Mai întâi, Dumnezeu este întotdeauna un Dumnezeu bun.

În al doilea rând, adevărul va fi întotdeauna adevărat, independent de lipsa de înțelegere, de neîncredere sau de neștiință.

În al treilea rând, omul este un produs al mediului în care viețuiește, al trupului său, al conștientului și subconștientului, al experienței și, în special, al poziționării și direcționării în timp și spațiu — ba mai mult, al forțelor știute și neștiute. El are puterea să modifice, să folosească, să controleze sau să armonizeze toate acestea.

În al patrulea rând, omul a fost creat după chipul Domnului, care l-a hărăzit cu capacitatea divină de a-și direcționa gândurile, de a-și stăpâni emoțiile și de a-și predestina soarta.

În al cincilea rând, credința în Dumnezeu este o experiență dinamică, vie și în continuă creștere. Principiile sale universale sunt simple și trainice. De exemplu, Regula de Aur — ce ție nu-ți place altora nu face — este simplă din punct de vedere conceptual, trainică și universală din punctul de vedere al punerii în practică. Dar pentru a prinde viață, ea trebuie aplicată.

În al șaselea rând, cred în rugăciuni și în puterea lor miraculoasă."

Împărtășirea reușitei

Vreme de zece ani, dl Stone a fost directorul executiv al companiei lui Napoleon Hill, asociere pe care amândoi au prețuit-o foarte mult, ca și toți cei care i-au cunoscut. Părerea lui Stone despre această asociere scoate la iveală multe dintre trăsăturile sale. El spunea așa:

„*De la idee la bani* de Napoleon Hill mi-a fost oferită în 1937. Filozofia cărții respective coincidea cu a mea în asemenea măsură, încât le-am trimis tuturor reprezentaților mei comerciali câte un exemplar din volumul *De la idee la bani*. Apoi au început să se întâmple lucruri minunate. Agenții mei au devenit superagenți de vânzări, au început să câștige averi, au adus fericire în căminele lor și au încercat să facă lumea mai bună. Acest lucru este de înțeles. Pentru că volumul *De la idee la bani* a motivat mult mai mulți oameni decât orice altă carte de acest tip.

În 1952, l-am cunoscut personal pe Napoleon Hill. L-am încurajat să renunțe la statutul de pensionar pe o perioadă de cinci ani. El a acceptat, cu o condiție: să devin directorul lui general. Am fost de acord. Deși eram foarte ocupat cu firmele mele de asigurări, mi-am dat seama că unui om rareori de-a lungul unei vieți i se oferă ocazia să influențeze în bine existența a numeroși semeni din generația sa, precum și a multor generații următoare.

Pentru că nu mai este valabilă ideea că, dacă produci cea mai bună cursă de șoareci din lume, oamenii vor sta la coadă la ușa ta ca s-o cumpere. Indiferent cât de grozav ar fi serviciul sau produsul tău... el trebuie vândut. Eu sunt prin vocație agent de vânzări; de aceea, am considerat că aș putea să răspândesc această filozofie a reușitei americane așa cum am învățat-o din scrierile lui Napoleon Hill, făcând un real serviciu omenirii. Întotdeauna *atunci când împărtășești și altora ceva din ceea ce ai, partea care îți rămâne se înmulțește.*

În eforturile mele de a-i ajuta pe alții, odată cu asocierea cu Napoleon Hill, am fost răsplătit de zeci de mii de ori mai mult decât aș fi așteptat sau aș fi meritat.

Ne-au fost necesari zece ani pentru a ne duce la bun sfârșit proiectul. În această perioadă, s-a schimbat întreaga mea existență: firmele mele au prosperat mai mult decât și-ar fi putut imagina o persoană care nu a învățat arta motivației și forța unei atitudini mentale pozitive. Am pătruns în domeniul conferințelor, al scrisului și al predării datorită unui mare filozof și profesor — Napoleon Hill. Însă și mai important este faptul că am aplicat principiile sale."

Dl Stone a aplicat principiile succesului cu o fervoare fără egal. De asemenea, el a predat aceste principii milioanelor de oameni interesați, prin intermediul cărților sale cele mai vândute, *Success Throught a Positive Mental Attitude, The Success System That Never Fails* și *The Other Side of the Mind (Cealaltă față a minții)*, prin cursuri pentru mii de oameni, prin neobositul său sprijin profesional, civic, educațional și filantropic și prin încurajarea organizațiilor de tineret.

A primit 19 titluri de *Doctor Honoris Causa* din partea unor universități de frunte și sute de firme i-au oferit premii speciale. Dl Stone a fost recompensat și cu premii umanitare, din partea unor organizații religioase protestante, catolice și evreiești în egală măsură, precum și din partea Crucii Roșii Americane. A fost nominalizat pentru Premiul Nobel pentru Pace și a primit medalia de onoare Navajo Nation, precum și premiul Horatio Alger, și a devenit membru al Consiliului de Administrație al Fundației Prezidențiale James S. Brady.

În ciuda tuturor acestor premii și a instituțiilor pe care le-a sprijinit de-a lungul vieții, dl Stone este cel mai mândru de rezultatele obținute cu organizațiile de tineret și de acțiunile făcute la nivelul sistemului penitenciar american. Astfel, el a reușit să ajungă la cei care aveau o nevoie disperată de încurajare, viețile lor schimbându-se pentru totdeauna în bine datorită lui. El își amintea:

„Am văzut studenți săraci, foarte motivați să devină adevărați învățați prin aplicarea principiilor succesului; am văzut tineri care avuseseră probleme cu legea și care au devenit cetățeni minunați, precum și consumatori de droguri care au început să ducă o viață normală.

Când am ținut conferințe în închisori, am văzut bărbați și femei motivați să-și schimbe cursul vieții în bine. Numărul celor care au recidivat, dintre cei care au fost convinși să citească literatură motivațională, s-a redus până la 16%. Până atunci, statisticile arătau că din 100 de persoane ajunse în închisoare și eliberate, 49 reveneau ulterior.

În cazul institutelor de sănătate mentală, cum ar fi Fundația Menninger și Asociația Națională a Sănătății Mentale, au existat vieți salvate pentru că cei cu tendințe de sinucidere au renunțat la astfel de gânduri, aceste instituții dându-le speranțe chiar și celor mai neajutorați; dezmoșteniții sorții au fost motivați să reușească și să încurajeze legea și ordinea la nivelul comunităților lor. Dar, în cea mai mare măsură, oamenii au învățat să evite bolile mentale și să-și păstreze sănătatea minții, *să caute sprijin divin și să facă ceea ce se cuvine pentru că așa se cuvine.*

Cel mai mare serviciu pe care vi-l pot face vouă, cititorilor, sau oricărui alt individ este de a *vă* motiva să învățați și să aplicați principiile ce se găsesc în această carte. Învățați pe dinafară aceste principii — și *aplicați-le*. Pentru că autorul, Napoleon Hill, are puterea de a vă motiva și de a vă ajuta să reușiți singuri, orice obiective v-ați fi fixat, cu condiția să nu încălcați poruncile Domnului și drepturile semenilor."

3
Pătrunderea credinței

Faceți cunoștință cu voi înșivă

Cea mai importantă persoană pe care o cunoști ești tu însuți. Secretul unei relații excelente cu ceilalți se află în interiorul fiecăruia.

Cunoașterea de sine — măsura în care vă înțelegeți propriile forțe fizice, intelectuale și spirituale, precum și disciplina cu care vă folosiți aceste forțe — reprezintă cheia unei vieți aducătoare de satisfacții, utile și profitabile.

Având în vedere că majoritatea părem a fi formați din două (și uneori din mai multe) persoane, la nivel mental, se întâmplă deseori ca mulți dintre noi să fim dezorientați în unele momente, neștiind prea bine cine sau ce SUNTEM — și în ce măsură. Descoperirea adevăratului sine este o realizare neprețuită. Este tragic dacă nu ne putem descoperi. Să facem cunoștință cu ființa cea mai grozavă, cea mai puternică din noi este o adevărată provocare, însă una palpitantă și plină de satisfacții. Dacă reușiți să vă descoperiți și să vă urmați sinele, lumea vă aparține. Cea mai bună parte din sinele fiecăruia ne poate ajuta să ne depășim teama, grijile, nehotărârile. Ne poate îndrepta spre o înțelegere mai bună a puterii profunde a vieții, furnizându-ne cele necesare pentru a reuși în orice ne propunem. Partea bună a sinelui unui om este de fapt cel mai puternic aliat al său.

Pentru a reuși să cunoașteți cine sunteți de fapt, să acumulați cât mai multe date despre propria voastră personalitate, este nevoie de concentrare și meditație.

Găsiți un loc cât mai liniștit și începeți să vă gândiți cu cea mai mare sinceritate la voi înșivă. Faceți o selecție a diverselor lucruri din viața voastră și evaluați situația actuală, precum și împrejurările. Nu uitați că trebuie să fiți extrem de sinceri cu voi înșivă. Nu vă găsiți justificări și nu dați vina pe alții dacă simțiți că nu este chiar totul în regulă. Fiți obiectivi. Încercați să discerneți ce vă doriți cel mai mult de la viață, de la slujbă, de la ziua de azi. Luați hotărâri în privința unor lucruri precise, bine definite. Acestea trebuie să devină scopurile voastre imediate și pe termen lung. Acordați-vă răgazul de care aveți nevoie pentru a rămâne cu adevărat singuri și a vă pune ordine în gânduri, analizând și evaluând ceea ce vă doriți, ambițiile și dorințele voastre. Trebuie să ajungeți la concluzia că prin sprijinirea a ceea ce este mai bun în personalitatea voastră veți reuși să vă atingeți scopul dorit. Singurătatea este o bună sursă de putere, un teren ideal de întâlnire cu partea cea mai bună din voi.

Dar oare cum este cu putință ca în mijlocul acestei lumi trepidante și zgomotoase să ne putem respecta promisiunile și chemările puternice? E nevoie de încă un element — de ingredientul de bază numit credință.

Credința că se poate

Credința este o stare mentală, o atitudine pozitivă. Atitudinea mentală este singurul lucru asupra căruia aveți un control total și un privilegiu absolut. Exercitarea acestui privilegiu presupune avantaje uimitoare. Gândiți-vă la asta înainte de a vă hotărî să puneți credința și atitudinea mentală pozitivă să funcționeze. Acesta ar putea fi începutul unui nou mod de viață, mai bun, pentru voi.

Aplicarea credinței stă la baza încrederii în sine și a bizuirii pe sine. Este acel spirit impresionant al inițiativei personale și al entuziasmului. Până când omul nu învață ideile fundamentale ale credinței puse în practică, realizările sale sunt foarte puține.

Formularea „credință pusă *în practică*" este folosit aici în locul cuvântului simplu „credință", pentru că înainte ca spiritul credinței să poată aduce vreo schimbare în orice sens, el trebuie să fie direcționat în mod activ și pozitiv. Credința trebuie să fie voința de a acționa.

Credința este o stare de spirit care a fost denumită izvorul sufletului și prin care scopurile, dorințele, planurile și obiectivele pot fi transformate în realitate fizică sau financiară. Aceasta este credința pusă în practică. Credința este un mijloc prin care puteți căpăta acea stare care pune în acțiune puterea ce stă la baza întregului univers.

Sam Z. Moore, a cărui reușită remarcabilă în ce privește „afacerea cu Biblii" aproape că l-a uluit și pe el și, categoric, pe asociații săi, este un exemplu de om care a ales un domeniu ce părea la început mai degrabă riscant și nicidecum o afacere sănătoasă. Având un talent înnăscut în domeniul financiar, dl Moore abia absolvise colegiul când i s-au oferit mai multe ocazii. O mare bancă, General Electric și Westinghouse i-au oferit diverse slujbe.

Sam și-a câștigat banii de studii vânzând cărți și Biblii. El a cunoscut și a stat de vorbă cu mulți oameni din diverse domenii. S-a născut în Liban, dar a îndrăgit enorm America. Cu cât vedea mai mult din America și cunoștea mai bine oamenii, cu atât se îndrăgostea mai tare. El a văzut ce ocazii i-ar putea oferi această țară și a înțeles idealurile și filozofia care au stat la baza măreției sale. El a crezut că știe deja ce doresc americanii să cumpere, mai ales cei din zona rurală. Astfel, a profitat de experiența lui de agent de vânzări și de cei 1 000 de dolari pe care îi economisise, plus încă 1 000 pe care i-a împrumutat, și și-a deschis o afacere pe cont propriu în decembrie 1958. În prezent, dl Moore conduce cea mai importantă editură care tipărește Biblii pentru familii. De asemenea, compania sa vinde și alte cărți motivaționale, dicționare, cărți de referință și obiecte de cult. În zece ani, dl Moore și-a transformat compania într-o afacere de mai multe milioane de dolari. Cinci ani mai târziu, a făcut o ofertă publică și i s-au mai alăturat câteva sute de acționari.

Iată un om care a profitat de talentul său înnăscut, a știut să-și pună în valoare semenii, dar și să beneficieze de pe urma situației în care se afla. Manifestându-și în mod deschis credința în Dumnezeu, față de țară și popor, precum și față de ceea ce era mai bun în el, a pornit la drum cu un plan precis în gând. Entuziasmul său, evaluarea abilă a cererii și ofertei, precum și atitudinea sa deschisă și cinstită i-au adus un succes nesperat.

Bazele credinței

Să analizăm mai îndeaproape elementele necesare credinței.

1. DEFINIREA SCOPULUI, susținută de inițiativa personală sau de trecerea la fapte. Veți constata că acest principiu al definirii scopului este în strânsă legătură cu aproape toate celelalte nouă principii. Orice reușită pornește de la un lucru precis, pe care intenționați să îl duceți până la capăt.

2. O ATITUDINE MENTALĂ POZITIVĂ, din care orice sentiment negativ — cum ar fi frica, invidia, ura, gelozia și lăcomia — a fost eliminat. Nu poți avea încredere dacă mintea îți este dominată de un sentiment negativ, indiferent ce a stat la baza acestei atitudini negative.

3. O ALIANȚĂ POTRIVITĂ cu una sau mai multe persoane vă va da un curaj bazat pe credință și vă va satisface nevoile mentale și spirituale. Cu alte cuvinte, selecționați-vă cu cea mai mare atenție asociații apropiați.

4. RECUNOAȘTEREA FAPTULUI CĂ ÎN ORICE DEZAVANTAJ EXISTĂ SÂMBURELE UNUI AVANTAJ ECHIVALENT SAU CHIAR MAI MARE și că o înfrângere temporară nu înseamnă un eșec. Nu există eșec atâta vreme cât nu-l accepți ca atare. O înfrângere temporară devine adesea o binecuvântare — tot răul spre bine —, o nouă treaptă spre o mai mare înțelepciune și o reușită mai importantă.

5. OBICEIUL DE A VĂ EXPRIMA SCOPUL MAJOR BINE DEFINIT SUB FORMA UNEI RUGĂCIUNI cel puțin o dată pe zi, mulțumindu-I Creatorului că v-a permis să aveți o imagine de perspectivă asupra scopului,

asupra obiectului vostru de interes major, încă înainte de a porni la împlinirea lui.

Dacă începeți cu o minte deschisă, susținându-vă totodată scopul prin rugăciuni, va avea loc o schimbare atât de spectaculoasă în relațiile cu ceilalți — dar și în relațiile cu sine, precum și în atitudinea față de sine —, încât vă veți întreba de ce nu ați procedat astfel mai demult.

Orice rugăciune sinceră are efect. Dacă simțiți că nu dă rezultate, amintiți-vă acest lucru: adesea, recurgem la rugăciune doar în ultima fază. Nu ne așteptăm ca rugăciunea noastră să fie ascultată. De aceea ni se pare că rugăciunile nu au efect — ne rugăm cu o atitudine mentală negativă. Când ne rugăm să plouă, e bine să avem deja umbrela la noi. Astfel, credința va fi activată.

Prin credință, sufletul vostru știe cu siguranță că ceea ce urmăriți este perfect posibil și că se va realiza. Veți fi uluiți când veți constata ce se poate întâmpla în cazul adoptării și menținerii unei atitudini mentale pozitive.

6. RECUNOAȘTEREA EXISTENȚEI CREATORULUI TUTUROR LUCRURILOR, Cel care orânduiește întregul Univers. Întreaga filozofie a acestei cărți pornește de la această premisă. Acesta este punctul de plecare în privința cultivării și ducerii la bun sfârșit a tuturor principiilor noastre.

Trebuie să avem încredere în CREATORUL nostru! Orice ființă inteligentă știe că trebuie să existe în plan și o forță care să dețină controlul asupra întregului Univers. Știm că stelele și planetele nu stau pe loc zi de zi și an de an, fără un plan dinainte stabilit. Știm că în spatele lor se ascunde ceva și recunoaștem că există o forță care afectează fiecare ființă vie de pe fața pământului.

7. CUNOAȘTE-TE PE TINE ÎNSUȚI este următoarea premisă de la care pornește această filozofie de viață. Trebuie să recunoaștem că fiecare este de fapt o expresie a Creatorului tuturor lucrurilor și, drept urmare, n-avem limite în afara celor acceptate de propria noastră gândire.

Singurele limite sunt cele autoimpuse — noi le-am permis împrejurărilor din existența noastră să ni le impună. Aceste limite pot fi însă îndepărtate!

Creatorul a furnizat fiecăruia o posibilitate completă și mai presus de orice îndoială de a-și controla mintea. Fiecare poate stabili acest contact în mod negativ sau pozitiv. Ne putem extinde din punct de vedere mental în toate direcțiile, oricât de mult dorim. Nimeni nu poate hotărî asta în locul nostru. Nimeni în afară de tine nu-ți poate închide mintea. Așa cum soarele răsare la est și apune la vest, tot așa și atitudinea mentală îți determină soarta pe pământ!

Trebuie să recunoaștem că noi, ca ființe umane, suntem singurele creaturi de pe pământ care beneficiem de puterea gândurilor, pe care o putem direcționa spre scopuri alese de noi. Nici un animal nu poate face asta. Animalele au ceea ce se cheamă instinct, dar nu pot depăși în nici un chip această delimitare.

Recunoașterea faptului că noi, ca ființe umane, putem să ne direcționăm puterea mentală spre scopuri de noi alese nu înseamnă oare că practic reușita ne este asigurată? Trebuie doar să aplicăm credința în Creatorul minții noastre și să o îndreptăm spre reușita obiectivelor noastre bine definite.

Isus din Nazaret, conform versetelor 7 și 8 din capitolul al 7-lea al *Sfintei Evanghelii după Matei*, a spus: „Cereți și vi se va da; căutați și veți afla; bateți și vi se va deschide. Că oricine cere ia, cel care caută află și celui care bate i se va deschide."*

În *Epistola Sf. Ap. Pavel către Evrei*, ni se spune: „Fără credință, dar, nu este cu putință să fim plăcuți lui Dumnezeu, căci cine se apropie de Dumnezeu trebuie să creadă că El este și că Se face răsplătitor celor care Îl caută" (*Evrei* 11, 6).

8. INVENTARIEREA ATENTĂ A ÎNFRÂNGERILOR TRECUTE ȘI A NEAJUNSURILOR, din care se va înțelege clar că orice experiență dificilă conține sâmburele unui avantaj echivalent sau mai mare. Reveniți la trecut și analizați momentele în care ați fost înfrânți. Dacă momentul înfrângerii a fost înregistrat mai demult și rana s-a vindecat între timp, se prea poate să fi găsit deja sâmburele unui avantaj echivalent sau mai mare. Căutați acest sâmbure și cu siguranță îl veți găsi, mai devreme sau mai târziu.

9. RESPECTUL DE SINE EXPRIMAT PRIN ARMONIA CU PROPRIA CONȘTIINȚĂ. Conștiința este un lucru minunat. Este adevăratul avocat și judecător al fiecăruia dintre noi. Ea este mai presus de toate gândurile și faptele noastre. Ca un judecător cinstit, ea este imparțială. Nu ignorați sfaturile ei.

10. RECUNOAȘTEREA IMPORTANȚEI ACTELOR VOASTRE față de omenire este necesară pentru ca meseria voastră să devină un act de iubire.

---

* În această carte, citatele biblice sunt preluate din *Biblia sau Sfânta Scriptură*, editată de Editura Institutului Biblic și de Misiune Ortodoxă al Bisericii Ortodoxe Române, București, 1982. (*N. red.*)

Lucruri pe care le poate face credința

Credința este o necesitate dacă vrem să deținem o forță pozitivă; ea oferă înțelegere de sine unui suflet cu adevărat „pregătit"; dă perspectivă și acuratețe analizei, precum și capacitatea de a vă croi drum mai departe.

Odată ce fiecare om dorește să-și formeze o personalitate puternică și convingătoare, nimic nu poate lua locul unei autoevaluări cinstite și credinței.

Fiecare trebuie să aibă credința că va reuși. Un om fără credință este un om fără speranță. Credința apare atunci când în suflet se naște convingerea că există Cineva, Ceva, o certitudine în care putem avea încredere. Acest ceva trebuie să fie foarte intim din toate punctele de vedere.

Credința are o putere enormă. Credința vă poate ajuta să ajungeți acolo unde vrea Dumnezeu, acolo unde vă este locul ca persoană. Există un loc special, o anumită misiune pentru fiecare dintre noi. Locul vostru nu se confundă cu al aproapelui, așa cum nici al lui nu se confundă cu al vostru.

De aceea, odată cu credința în Dumnezeu, începeți să credeți în voi înșivă. Credința este un gând esențial; astfel, fiecare chemare la credință este o chemare la încrederea în puterea propriilor gânduri despre Creator. În Sfânta Scriptură scrie: „Așa cum vei crede așa ți se va crede." De aceea, legea fiecăruia este o lege a libertății și o propovăduire a păcii; când înțelegem cu adevărat legea valorii fiecăruia dintre noi, pricepem că aceeași lege e valabilă pentru fiecare; drept urmare, trebuie să respectăm legea în ce-i privește pe ceilalți în aceeași măsură în care ne prețuim pe noi înșine.

Atunci, credința în Dumnezeu, credința în noi înșine presupune credința în semenii noștri. Din acel moment începe armonia.

4
Personalitatea convingătoare

Odată ce am descoperit tiparul care ne definește imaginea de sine și încrederea — dată de credință — în faptul că ceea ce suntem și cine suntem constituie un bun de seamă ce trebuie cultivat, stimulat și de care trebuie să ne bucurăm, putem să începem să ne gândim la modul în care îi influențăm pe cei din jur.

Cu toții avem ceea ce se numește personalitate proprie. De la naștere, suntem hărăziți cu anumite caracteristici fizice, iar de-a lungul vieții suntem expuși unor influențe diverse. Personalitatea noastră se manifestă prin comportamentul nostru caracteristic, precum și prin educație și prin oglindirea în ceilalți (reflexie). Personalitatea noastră este felul în care ne „vede" lumea prin intermediul comportamentului nostru. Lumea constată mimica noastră, vioiciunea, îmbrăcămintea, manierele, reacțiile celorlalți față de noi. Lumea ne judecă personalitatea prin ceea ce vede în noi și aude despre noi. Oare zâmbim în timp ce vorbim? Dăm dovadă de tact în conversații? Ne exprimăm sinceritatea, corectitudinea, grija, toleranța și răbdarea? Toate acestea sunt expresii ale personalității noastre.

Personalitatea este suma trăsăturilor noastre mentale, spirituale și fizice, precum și a obiceiurilor care ne disting de ceilalți. Este factorul determinant în ce privește acceptarea sau respingerea noastră de către ceilalți.

Începeți printr-o atitudine mentală pozitivă

Analizarea sinelui trebuie să înceapă cu o disciplină strictă, bazată pe curajul de a ne recunoaște defectele personale și pe dorința sinceră de a le îndepărta. Întrucât o atitudine mentală pozitivă se află în capul listei trăsăturilor unei personalități plăcute, precum și în fruntea listei celor 12 Mari Bogății ale Vieții, este cazul să examinăm acum calitățile necesare pentru a ne cultiva această stare atât de dorită. Ceea ce căutați la ceilalți veți descoperi, în cele din urmă, că este oglindit de propriul vostru caracter; de aceea, obiceiul de a căuta partea pozitivă la ceilalți duce la cultivarea părții pozitive din voi înșivă. Toată lumea trebuie să recunoască faptul că nimic din ceea ce constituie motive de îngrijorare nu merită prețul acestei îngrijorări și că există două tipuri de îngrijorări: (1) cele care pot fi corectate și (2) cele asupra cărora nu deținem nici un fel de control. Aglomerându-ne mintea în mod deliberat cu gânduri pozitive și refuzând să găsim loc pentru cele negative, se poate crea o conștiință pozitivă, care să ducă la o gândire pozitivă în toate direcțiile.

Nu uitați de necesitatea de flexibilitate a minții. Flexibilitatea înseamnă adaptarea la schimbările rapide de situație, fără a pierde liniștea sufletească. Cel care-și menține o atitudine mentală pozitivă nu va avea probleme în a-și menține o personalitate flexibilă, pentru că o minte pozitivă este întotdeauna ușor de controlat și de direcționat după voie, spre orice scop dorit.

Sinceritatea scopului este una dintre acele trăsături ale personalității pentru care nu există nici un înlocuitor mulțumitor; ea ajunge la o profunzime a ființei umane pe care nici una dintre celelalte calități ale personalității respective nu o vor atinge. Sinceritatea începe cu propria persoană, este o trăsătură care dovedește un caracter solid și care se reflectă atât de vizibil, încât n-ai cum să n-o observi. Înainte de toate, fiți sinceri cu voi înșivă; fiți sinceri cu rudele; fiți sinceri cu prietenii și cunoștințele; și, bineînțeles, fiți sinceri față de țară și, mai presus de orice, față de Cel ce a dăruit totul omenirii.

Oamenii care reușesc în viață iau hotărâri rapide. Pe mulți dintre ei îi enervează cei care nu acționează prompt. Luarea de hotărâri imediate este un obicei ce trebuie format prin autodisciplină. Persoana care reușește să sesizeze o ocazie și are capacitatea de a lua decizii prompte pentru a profita de ea va ajunge departe.

Politețea este respectul pentru sentimentele celorlalți în orice împrejurare; reprezintă obiceiul de a veni, de câte ori este posibil, în întâmpinarea celor necăjiți și mai ales obiceiul de a vă stăpâni egoismul, lăcomia, invidia și ura.

Când trebuie să vorbiți — și când trebuie să tăceți

Cuvântul rostit este mijlocul prin care ne exprimăm cel mai adesea personalitatea. De aceea, tonul vocii trebuie să fie bine controlat, pentru că el poate da culoare și poate modifica înțelesul dorit al cuvintelor propriu-zise. Cum vocea este forma de exprimare cea mai directă a sinelui, trebuie să fiți foarte atenți, pentru a o folosi la justa ei valoare.

Obiceiul de a zâmbi, ca și multe altele, se află în strânsă legătură cu atitudinea mentală a fiecăruia și este un mijloc perfect de identificare a naturii acestei atitudini.

Mușchiilor care dau trăsăturile feței le este proprie o anumită configurație în timpul zâmbetului, în vreme ce încruntatul duce la o cu totul altă configurație, fiecare dintre cele două stări exprimând cu acuratețe ce se petrece în mintea cuiva. Zâmbetul, tonul vocii și mimica unui individ constituie adevărate ferestre deschise, prin care oricine poate vedea și simți ce se petrece în mintea omului respectiv.

Tactul înseamnă a face și a spune ceea ce se cuvine atunci când trebuie. Oamenii dau dovadă de lipsă de tact în multe feluri, dar cele ce urmează sunt modalitățile cel mai des întâlnite:

1. Un ton aspru și iritat scoate la iveală atitudinea mentală negativă a vorbitorului sau nemulțumirea sa.
2. Obiceiul de a vorbi atunci când tăcerea ar fi mult mai potrivită.
3. Întreruperea unei persoane care vorbește.
4. Folosirea exagerată a pronumelui personal „eu".
5. Exprimarea propriilor păreri atunci când nu vi le-a cerut nimeni și care nu au nici o justificare, mai ales în privința unor subiecte cu care nu sunteți familiarizați.
6. A profita de prieteni sau de cunoștințe prin solicitarea unor favoruri pe care nu aveți dreptul să le cereți.
7. Exprimarea mult prea liberă a lucrurilor care vă displac.

Toleranța este expresia unei minți deschise în toate direcțiile, față de toată lumea și în orice moment. Pe lângă faptul că este una dintre cele mai importante trăsături definitorii ale unei personalități plăcute, o minte deschisă în toate privințele este una dintre cele 12 Mari Bogății ale Vieții.

Aveți în vedere sinceritatea, atât în maniere cât și în vorbire. Cei cu un caracter puternic vor avea întotdeauna curajul să-i abordeze direct și deschis pe ceilalți și vor proceda astfel chiar dacă, de multe ori, este în dezavantajul lor. Probabil că cea mai mare compensație pentru ei este de fapt menținerea unei conștiințe curate.

Un simț al umorului bine dezvoltat ajută la o mai mare flexibilitate și adaptabilitate în raport cu diversele împrejurări ale vieții. De asemenea, vă dă posibilitatea de a vă relaxa. Mai mult, un simț al umorului ascuțit vă ajută să nu vă luați pe voi înșivă — sau viața în general — prea în serios, tendință pe care o are marea majoritate.

Credința în Creator inspiră credință și în alte lucruri. În vreme ce îndoiala generează îndoială, credința este poarta principală prin care creierul are acces direct la puterea universală a gândirii. Este inevitabil ca acest subiect al credinței să fie inclus în toate principiile filozofiei reușitei personale, pentru că puterea intangibilă a credinței este însăși esența tuturor marilor realizări, indiferent de natura sau de sursa lor.

Dreptatea, în sensul în care este folosit aici acest termen, se referă la sinceritatea în intenții. Onestitatea deliberată este strâns legată de rigiditatea ce motivează pe toată lumea în anumite împrejurări.

Limba este extrem de bogată și capabilă să exprime toate nuanțele posibile; și totuși, nu există nici o scuză valabilă pentru obiceiul des întâlnit de a folosi cuvinte care îi jignesc pe ceilalți. Termenii obsceni nu au nici o scuză, indiferent de moment sau de situație.

Nevoia de stăpânire

Stăpânirea emoțiilor poate fi obținută prin autodisciplină; acest control este necesar atunci când vrem să ne bucurăm de avantajele unei personalități plăcute. O parte dintre sentimentele care trebuie stăpânite pentru a avea o personalitate plăcută sunt: frica, ura, mânia, invidia, lăcomia, gelozia, răzbunarea, irascibilitatea și superstiția. Cele pozitive sunt: iubirea, sexul, credința, speranța, dorința, loialitatea, înțelegerea și optimismul.

Nu există un compliment mai bun pentru cel de lângă tine decât a acorda o atenție absolută intereselor sale personale și este bine cunoscut faptul că poți avea o mai mare reușită dacă știi să asculți cu atenție atunci când ți se vorbește; această calitate este chiar mai importantă decât aceea de a fi un bun vorbitor.

Este suficient să-i observăm atent pe cei care au reușit în mod remarcabil, tocmai datorită capacității lor de a se „vinde" și de a-și vinde ideile prin arta vorbirii. Factorul cel mai important într-un discurs eficient este cunoașterea profundă a subiectului. Regula numărul 1 a unei exprimări eficiente poate fi formulată astfel: să știi ce vrei să spui, să o spui cu sentiment, cu suflet și apoi să te așezi la locul tău.

Oamenii cei mai populari sunt de obicei persoane cu un bogat bagaj de cunoștințe. Ei au o oarecare pricepere în numeroase domenii. Își arată interesul față de ceilalți oameni, de ideile acestora, venind în întâmpinarea lor, exprimându-și acel gen de interes care inspiră o reacție similară.

Inevitabil, cei care nu plac pe nimeni nu sunt nici ei plăcuți. Pornind de la principiul telepatiei, fiecare minte în parte comunică cu cele din apropiere, iar cel care dorește să își creeze o personalitate atrăgătoare trebuie să-și controleze permanent nu numai vorbele și faptele, ci, evident, și gândurile. O afecțiune sinceră pentru ceilalți este un bun de mare preț.

Dacă cineva își iese ușor din fire, va fi tratat cu aceeași monedă. Un temperament necontrolat duce de obicei și la o exprimare necontrolată. Stăpânirea emoțiilor este una dintre marile puteri care stau la dispoziția oricui.

Cei lipsiți de ambiții și de speranța de a reuși pot fi inofensivi, dar niciodată nu vor fi îndrăgiți. Nimeni nu ține prea mult la o persoană care dovedește clar prin fapte sau prin lipsa lor că a renunțat la orice speranță de a reuși pe această lume.

Cel căruia îi lipsește autodisciplina necesară pentru a-și administra propriile obiceiuri și pentru a nu se lăsa dominat de ele nu va fi niciodată o persoană dragă celorlalți. Acest lucru este valabil în special dacă proastele obiceiuri presupun mâncatul sau băutul exagerat ori multiple relații sexuale. Excesele, la nivelul relațiilor acestor categorii de oameni, practic distrug magnetismul personal.

Alte trăsături ale personalității

Lumea în care trăim este una extrem de trepidantă, iar ritmul gândurilor și faptelor este atât de rapid, încât putem lesne să ne încurcăm unii pe alții; de aceea, răbdarea este absolut necesară pentru a evita efectele distrugătoare ale neînțelegerilor la nivelul relațiilor interumane.

Un suflet modest este rezultatul înțelegerii relației dintre om și Creator și al recunoașterii faptului că avantajele materiale ale vieții sunt daruri de la Dumnezeu spre binele comun al omenirii. Cel ce are o conștiință curată și trăiește în armonie cu Creatorul este întotdeauna modest, indiferent cât de bogat ar fi și cât de bine a reușit pe plan personal.

Este foarte importantă purtarea veșmintelor potrivite. Persoana cea mai bine îmbrăcată, de obicei, este aceea ale cărei haine și accesorii sunt alese astfel încât ansamblul să fie armonios, fără a atrage atenția în mod nedorit.

O prezență eficientă, una dintre trăsăturile principale ale unei personalități plăcute, constă într-o combinație de caracteristici cum ar fi mimica, stăpânirea tonului vocii, un discurs eficient, alegerea potrivită a cuvintelor, controlarea emoțiilor, politețea, o garderobă potrivită, cunoștințe din domenii diverse, o atitudine mentală pozitivă, un ascuțit simț al umorului, vioiciune în privința lucrurilor care îi interesează pe ceilalți și mult tact.

O altă trăsătură importantă pentru o personalitate atrăgătoare constă într-un spirit de corectitudine, care îi inspiră pe ceilalți să fie prietenoși, dezvăluindu-le un caracter frumos. Nici nu mai e nevoie de alte susțineri ale cauzei în această direcție.

Mulți oameni probabil că nici nu se gândesc la importanța strânsului mâinii, nedându-și seama că aceasta are legătură directă cu formarea unei personalități plăcute. Cel care știe să dea mâna își coordonează gestul cu vorbele de întâmpinare, de obicei, subliniind fiecare cuvânt în parte printr-o strângere fermă a mâinii, și nu printr-o strânsoare ca de menghină, care nu are nici o legătură cu strângerea de mână și care trebuie să dureze atât cât ține formula de întâmpinare.

Termenul de „magnetism personal" este o formulă politicoasă pentru a descrie senzualitatea, dar de fapt chiar asta înseamnă. Această emoție senzuală este forța ce se ascunde în spatele oricărei imagini creatoare. Este mijlocul prin care se perpetuează speciile. Determină folosirea imaginației, a entuziasmului și a inițiativei personale. Nu a existat vreodată un lider în vreun domeniu care să nu fi fost motivat măcar în parte de această emoție senzuală.

Personalitatea omului este bunul său cel mai de preț și cel mai sigur, de altfel, pentru că include tot ceea ce el poate controla — mintea, trupul și sufletul. Personalitatea este omul în sine. Ea formează natura gândurilor, a faptelor, a relațiilor cu ceilalți și stabilește granițele spațiului pe care îl ocupă individul pe această lume.

Imaginați-vă pe voi înșivă ca pe un prieten bun pentru toată lumea, radiind căldură, afecțiune și amiciție. Sunteți sincer interesat de ceilalți și de starea lor. Aceasta este calea pentru a reuși să aveți o personalitate convingătoare.

Un exemplu viu

O personalitate convingătoare, pentru a avea succes, trebuie să fie eficientă pentru o lungă durată. Cariera remarcabilă a lui Paul Harvey subliniază faptul că o personalitate plăcută nu numai că deschide multe uși, dar poate să atingă și un grad de comunicare extrem de eficient.

În timp ce se îndrepta spre un aeroport, dr. Hill a hotărât să îl includă și pe Harvey în acest volum. Căuta un exemplu bun pentru eficiența unei personalități convingătoare, când a auzit vocea lui Paul Harvey la radioul din mașină.

Vocea sa puternică, încrezătoare, cu semitonurile sale inconfundabile, care dovedesc sensibilitate și o fină subtilitate, îi trezește imediat atenția ascultătorului, astfel că l-a făcut pe dr. Hill să se hotărască pe loc. Paul Harvey și-a folosit talentul, într-un mod mai eficient decât mulți alții, pentru a-și crea o personalitate plăcută.

Deoarece îl cunoscuse anterior, în decursul numeroșilor ani de muncă la radio, dar și în timpul conferințelor, dr. Hill și asociații săi erau convinși că acest om avea multe calități excepționale, drept pentru care nu mai rămânea decât să se obțină acceptul său pentru a fi introdus în carte ca exemplu viu, real.

Harvey este foarte atent în elaborarea zilnică a programului său, care presupune suficient timp pentru o verificare atentă și precisă a fiecărui amănunt în parte. Nu se orientează după zvonuri. Chiar dacă uneori afișează o atitudine foarte destinsă și plină de umor, Harvey este extrem de serios în munca lui. El consideră că timpul pe care îl petrece cu publicul este cel mai important din ziua respectivă. Vocea lui transmite onestitate și publicul își dă seama imediat că este vorba de cineva care „are ceva de spus". În asemenea momente, personalitatea sa completă este principalul punct de atracție al ascultătorilor.

Paul Harvey s-a născut în Oklahoma și este un comentator neobosit, dinamic, ce a fost răsplătit cu opt titluri de *Doctor Honoris Causa*. The Sumter Guards din Charleston, Carolina de Sud, l-a votat pe Harvey drept „omul care a contribuit în cea mai mare măsură la păstrarea stilului de viață american" și i-a oferit un Premiu de Onoare.

Folosindu-și imaginația, entuziasmul și personalitatea plăcută, precum și o studiere atentă a avantajelor unei minți strălucite, a colaborării și credinței, Harvey a atins un record de invidiat în domeniul informațiilor publice.

Cariera lui la radio se întinde pe cinci decenii și numele lui Paul Harvey a devenit sinonim cu radioul. Peste 100 dintre emisiunile sale au intrat în Fonoteca de Aur. El este autorul a numeroase cărți și cronici în ziare, precum și a numeroase înregistrări.

Vasta experiență a lui Paul Harvey în domeniul radioului își are rădăcina în intrarea sa timpurie pe această cale, precum și în faptul că a știut să se concentreze profund asupra muncii căreia îi este extrem de devotat. Era încă elev de liceu când a început să fie prezentator la Radio KVOO din Tulsa. A continuat această muncă și în timpul facultății, pe care a urmat-o la Universitatea din Tulsa.

Pentru o vreme, la începutul carierei sale, el a condus un post de radio din Salina, Kansas, care pe atunci se ocupa de anunțuri, vânzări și programări. În Oklahoma City, a început să prezinte știri, după care a ajuns reporter special la KXOK din St. Louis.

În 1940, atunci când marina Statelor Unite și-a concentrat flota în Pacific, Harvey a plecat în Hawaii pentru o transmisiune specială. Ulterior, Harvey a ajuns director de știri pentru statele Michigan și Indiana, înainte de a se înrola la aviație.

În 1962, Paul Harvey a fost declarat Comentatorul Anului, iar în 1975 a primit titlul de Americanul Anului, oferit de Lions International, în același an primind și premiul pentru cel mai bun ziarist de radio. În 1980, Harvey a primit trofeul General Omar N. Bradley Spirit of Independence și a fost declarat Omul Anului de către Chicago Broadcast Advertising Club.

În 1982, Harvey a fost ales de către Horatio Alger Association of Distinguished Americans pentru a i se înmâna premiul Horatio Alger, care se acordă de obicei unei persoane care întruchipează cele mai înalte idealuri americane — onoarea, curajul, etica, perseverența, patriotismul și compasiunea. În același an, National Broadcasters Association l-a ales pe Harvey pentru a-i acorda premiul Golden Radio.

Numele lui Paul Harvey este înscris în galeria celebrităților din Oklahoma, precum și în galeria National Association of Broadcasters; el a primit încă zeci de alte premii de-a lungul carierei sale de ziarist și comentator. A mai fost încununat și cu alte forme de recunoaștere a muncii sale, de către Humane Society precum și de alte cauze cărora le-a acordat sprijinul și de care și-a legat numele.

Cu mult înainte ca Harvey să devină un reper al radioului american, Napoleon Hill l-a identificat ca fiind un om care a reușit extraordinar, reflectând o personalitate pozitivă care demonstrează o energie nelimitată în efortul de a aduce importante servicii celorlalți. Dr. Hill spunea că Paul Harvey este o personalitate care a cultivat puterea de convingere spre binele concetățenilor săi americani.

5
A obține profit ajutându-i pe ceilalți

Un fenomen remarcabil, care funcționează aproape fără excepție încă de la începuturile omenirii, îl constituie legea compensației.

Cu cât dăruim mai mult, cu atât căpătăm mai mult. Orice act de binefacere se va întoarce asupra aceluia care l-a făcut, îl va susține și îl va întări pe cel care oferă mai mult și mai bine decât i se cere și decât este plătit să o facă.

Răsplata nu vine întotdeauna de la persoana căreia i-am dăruit sau i-am făcut un bine. De obicei, chiar nu se întâmplă așa. Mai devreme sau mai târziu, răsplata o vom primi, chiar mai mult decât ceea ce am dăruit. Un cuvânt bun, un dar ori o atitudine se vor întoarce la noi.

De fapt, ce urmăriți? O satisfacere a sinelui? Răzbunare? Ajutați-i pe alții să treacă prin aceste lucruri și le veți simți voi înșivă. Este oare bogăția o înțelegere superioară a unor secrete ale succesului? Să fie oare vorba de niște eforturi mai eficiente în privința extinderii zonei de interes?

Întreaga istorie a omenirii, din epoca de piatră până în prezent, aduce dovezi indiscutabile în legătură cu faptul că singurele limitări reale ale omului sunt cele pe care și le impune singur în mintea sa sau cele pe care le acceptă din cauza situațiilor care îl înconjoară.

Frica îl va face pe un om să fie zgârcit cu banii lui, cu timpul lui, cu talentul lui și cu resursele lui interioare. Analizați atent acest gând. Omul ar putea oferi mai mult timp decât i se cere, fără frică — însă acel timp nu va fi oferit de bunăvoie, iar productivitatea sa va fi foarte scăzută. Trupul probabil îi va fi mai obosit, iar el va trăi un sentiment de ranchiună, va avea insomnii, exact așa cum se întâmplă de obicei în urma unui stres fizic prea mare.

Dar gândiți-vă la cel dispus să-și depășească norma pentru că e nerăbdător să ajute pe oricine să-și facă treaba bine. Dispoziția de a lucra în plus, peste program, ori peste normă, dorința de a mai „șlefui" puțin produsul finit duce la o senzație de „bunăstare" profundă. Chiar dacă nimeni nu observă în momentul respectiv sau nu spune nici măcar „mulțumesc", e suficient ca cineva să-și dea seama că a făcut o treabă bună, suplimentară și că își merită plata. Bucuria în sine de a fi îndeplinit sarcina mai temeinic decât se așteptau ceilalți face distincția între o persoană muncitoare și un trântor. Este diferența dintre punct și semnul exclamării.

A munci peste normă înseamnă prosperitate — sufletească și materială. Dar nu uitați că este totuși ceva fragil. Trebuie multă autodisciplină pentru a vă reaminti mereu că n-o faceți pentru a obține ceva în schimb, ci pentru a dărui ceva, este o oră în plus folosită din tot sufletul pentru a-ți ajuta aproapele „să ajungă la mal". Dacă vei reuși să îți șlefuiești această atitudine de întrajutorare, pentru simpla bucurie de a-l ajuta pe cel de lângă tine, atunci acel echilibru fragil va deveni parte componentă a naturii tale, ceea ce va aduce beneficii neașteptate în existența ta.

Una dintre poveștile reale preferate ale lui Napoleon Hill, care ilustrează tocmai principiul depășirii normei, este cea a lui Charles Allen Ward.

Un început prost

Povestea începe în Seattle, locul de naștere al lui Charles Allen Ward. Tatăl lui era profesor și niciodată nu se ajungea cu banii. Părinții lui Ward divorțaseră, iar când el a împlinit 14 ani, mama lui s-a recăsătorit.

Din momentul în care a început școala, Charlie a fost nevoit să muncească pentru a-și ajuta familia. Făcea comerț ambulant cu diverse fleacuri, lustruia pantofi sau mergea prin cârciumi, de unde mai strângea câte un bănuț, făcând comisioane pentru tot felul de șmecheri. Faptul că lucra prin baruri ducea la certuri dese cu tatăl lui vitreg, iar mama sa întotdeauna îi lua partea noului său soț. Sărăcia permanentă făcea ca în casa lor să fie tot mai neplăcut. Hainele lui Charlie erau mereu ponosite și se simțea tare jenat în prezența celor de vârsta sa.

La vârsta de 17 ani, Charlie a fugit de acasă. Nu și-a mai văzut și n-a mai auzit niciodată de părinții lui. Pur și simplu a trăit de capul lui, fără nici o bază și fără amintiri frumoase, care să-i fie de ajutor în viață. A bântuit prin vestul țării dormind prin șoproane, mergând cu trenurile de marfă, făcând tot felul de treburi ciudate, chiar și cerșind. Și-a rupt pingelele bătând drumurile, în sensul propriu al cuvântului, umblând mai tot timpul zgribulit de frig și de foame. Înhăitându-se cu tot felul de vagabonzi și indivizi iresponsabili, a căpătat o atitudine cinică față de viață.

A trecut de mai multe ori Pacificul, mergând cu vaporul în China și în Japonia pe vasele de mărfuri. A ajuns în Alaska și a devenit „băiat în livrea“ într-o cârciumă din Nome. A mânat câini de sanie, a făcut pe poștașul și chiar a reușit să strângă ceva bani din minele de aur. Cu puținii bani strânși din minerit, a jucat la ruletă și și-a dublat suma.

Auzind de răsturnarea președintelui Díaz din Mexic, Charlie a ajuns până acolo și s-a alăturat armatei lui Pancho Villa. Aici a dat lovitura și s-a îmbogățit. Soldații lui Villa mânau turmele de animale și le sacrificau pentru hrană, lăsând să putrezească pieile nefolosite. Charlie însă, extrem de perspicace și cu un simț al observației foarte ascuțit, i-a cerut voie lui Villa — iar acesta a acceptat — să adune pieile. Le-a sărat și le-a trimis la El Paso, unde le-a stivuit și le-a vândut cu 70 000 de dolari.

Simțind că acest avantaj financiar va atrage cu sine și alte oportunități, a părăsit armata lui Villa și s-a mutat la El Paso. Aici s-a apucat de jocuri de noroc și dădea de băut celor care își pierdeau vremea prin baruri. Cei care-i stăteau în preajmă în acea vreme reprezentau un fel de drojdie a societății, aventurieri, evadați, jucători înrăiți, contrabandiști și alții asemenea.

Faptul că el își cheltuia banii cu atâta generozitate i-a făcut pe agenții federali de la narcotice să-l urmărească pe Charlie, crezând că se ocupă cu traficul de droguri.

După un an, contul în bancă al lui Charlie scăzuse cu câteva mii de dolari. S-a gândit să-și îmbunătățească finanțele, plecând la Reno, pentru a juca în cazinouri, numai că până la urmă rezerva de bani s-a epuizat complet. De la Reno s-a dus la Denver, unde el era acum cel care primea câte ceva de băut și bacșișuri de la cei care-și petreceau vremea prin cârciumi. Majoritatea erau mici traficanți de droguri. Agenții de la narcotice au fost informați că a sosit la Denver și după doi ani de supraveghere l-au acuzat că ar face trafic de droguri.

La el acasă s-a găsit morfină și cocaină. Charlie a susținut că totul este o înscenare menită să justifice timpul și eforturile agenților de poliție care nu reușiseră să-l prindă în cursă.

A fost judecat și condamnat, iar la 34 de ani a intrat în închisoarea Leavenworth, pentru a-și ispăși lunga pedeapsă cu care îl „încălțase" judecătorul.

După gratii

Charlie nu mai fusese niciodată la închisoare, în ciuda faptului că se aflase în tovărășia delincvenților și a lumii interlope mai toată viața. Condamnarea pentru un delict pe care nu-l săvârșise l-a înrăit. De îndată ce a ajuns la Leavenworth, el și-a jurat că nimic n-o să-l rețină după gratii și s-a și apucat să facă un plan de evadare. Dar chiar în acele momente avea să i se întâmple ceva foarte important lui Charlie Ward. O forță tăcută, apărută din gândurile sale, l-a determinat să se adapteze regulamentului închisorii, devenind cel mai disciplinat pușcăriaș. Odată ce a adoptat această nouă atitudine, întreaga lui viață avea să capete o nouă întorsătură. Charlie Ward a reușit să-l stăpânească în sfârșit pe cel mai mare dușman al său, *el însuși*. A încetat să le mai poarte pică agenților federali, despre care spusese că ar fi plănuit o adevărată înscenare. A încetat să-l mai urască pe judecătorul care îl condamnase cu asprime. Pentru prima dată în viață l-a privit cu atenție pe Charlie cel din trecut și nu i-a prea plăcut ce a văzut.

Schimbarea din viața lui Charlie, apărută prin această răsturnare de atitudine mentală, l-a făcut chiar să creadă că el, cel de altădată, murise și că locul său fusese luat de alt om. De fapt, chiar asta se întâmplase. De îndată ce a hotărât că evadarea nu este decât un vis inutil, a încercat să găsească diverse căi pentru a-și face cât mai plăcută șederea în închisoare. Prima mare răsplată pentru această schimbare de atitudine a apărut în momentul în care un alt deținut, pe nume Peters, i-a vândut un pont în legătură cu un individ care lucra la centrala electrică și care urma să fie eliberat în trei luni, locul rămânând liber pentru cineva care se pricepea la această muncă.

Această fericită răsturnare de situație i-a dat ocazia lui Charlie să avanseze din proprie inițiativă într-o direcție care avea să-i fie de foarte bun augur. Totodată i-a dat ocazia să învețe ce înseamnă să îți depășești norma, să faci mai mult decât lucrul pentru care ești plătit.

Charlie nu era electrician, dar a făcut rost de cărți în domeniu de la biblioteca închisorii și și-a dedicat tot timpul liber învățăturii. După ce au trecut cele trei luni, s-a dus la directorul adjunct al închisorii și a făcut o cerere pentru slujba respectivă. Ceva l-a impresionat pe acest adjunct în tonul sau în felul de a fi al lui Charlie, astfel că el a obținut postul. Acel „ceva" reprezenta tocmai atitudinea sa mentală schimbată, de la una negativă la una pozitivă.

Această slujbă l-a făcut pe Charlie să prindă gustul libertății, pentru că o parte dintre lucrările pe care trebuia să le efectueze se făceau în afara zidurilor închisorii, cum ar fi reparațiile acasă la director sau alte treburi mărunte. Pentru a putea face aceste lucruri, primea un permis, care era valabil de la 8 a.m. până la 4 p.m.

În al doilea an de închisoare, Charlie, care își continuase studiile „la seral", a devenit administratorul uzinei electrice, având în grijă 150 de oameni. De la bun început, a abordat o atitudine amabilă față de toți aceștia și chiar s-a arătat dispus să-i ajute să le fie cât mai bine. Între timp, a câștigat încrederea atât a reprezentanților oficiali ai închisorii, cât și a colegilor deținuți, bucurându-se de privilegii cum puțini alții aveau.

Marea șansă

Apoi a apărut marea șansă pentru Charlie: Herbert Huse Bigelow a fost condamnat pentru evaziune fiscală și a ajuns la închisoare. Însă dl Bigelow fusese președintele și acționarul majoritar al Brown-Bigelow Calendar Company din St. Paul, în perioada aceea una din cele mai importante firme de acest gen din lume.

„Când l-am văzut pe dl Bigelow", povestea Charlie, „ceva mi-a spus: «Iată-l pe cel care te va scoate din nevoie.»"

Dl Bigelow avea 53 de ani când a intrat în închisoare. Pășea cu capul sus, foarte semeț. Ceilalți deținuți care auziseră de dl Bigelow au făcut tot ce le-a stat în putință pentru a-i face viața cât mai amară.

Charlie urmărea cu înțelegere, dar și cu mult interes încercările prin care trecea acel domn mai în vârstă, constatând că foarte repede spiritul lui Bigelow avea să fie înfrânt. Într-o zi, i-a oferit milionarului o țigară și, stând puțin de vorbă, Charlie s-a oferit să fie un fel de tampon între acest individ cultivat și viața dură din închisoare. Mai întâi, a obținut ca dl Bigelow să fie transferat din mica celulă pe care o ocupa în „sediul" său de la subsol, o încăpere spațioasă, fără gratii și foarte aproape de dușuri. Apoi i-a obținut o slujbă lui Bigelow, ca să aibă ce face peste zi. Atunci când Bigelow și-a exprimat îngrijorarea că adjuncții lui ar putea să-i ducă la pierzanie compania în vreme ce el lipsea, Charlie a aranjat ca acesta să poată supraveghea afacerile din închisoare. A făcut rost de o mașină de scris și de un deținut care știa să stenografieze, astfel încât dl Bigelow putea să-i dicteze diverse lucruri după orele de muncă. De asemenea, Charlie a reușit să treacă peste regulile foarte aspre ale pușcăriei, obținându-i posibilitatea de a trimite în exterior între 75 și 100 de scrisori pe zi, în loc de câteva, cum permitea regulamentul.

În vreme ce momentul în care dl Bigelow avea să-și ispășească pedeapsa se apropia, acesta i-a spus lui Charlie: „Ai fost bun cu mine și vreau să-mi manifest recunoștința. Când am să plec de aici, mă voi opri în Kansas City și voi depune 15 000 de dolari pe numele tău, ca să ai o bază când vei ieși din închisoare."

Charlie i-a mulțumit, dar nu a acceptat oferta lui. Puțin mai târziu, omul de afaceri a fost eliberat pe încredere, iar când și-a luat rămas-bun de la Charlie, i-a spus: „Peste o lună ieși și tu, Charlie. Vreau să vii la St. Paul, să lucrezi pentru mine. N-am să uit niciodată ceea ce ai făcut pentru mine."

Un nou început

Cinci săptămâni mai târziu, Charlie a ajuns la St. Paul și a fost întâmpinat la gară de dl Bigelow, care l-a invitat acasă la el la masă. După prânz, a fost condus de dl Bigelow într-un loc nu departe de fabrică, unde închiriase o cameră pentru prietenul său.

Într-o dimineață de luni, Charlie s-a prezentat la muncă la fabrica Bigelow și i s-a dat o slujbă cu 25 de dolari pe săptămână. El urma să introducă într-o mașinărie cauciuc, pentru a fi prelucrat.

După câte făcuse Charlie pentru dl Bigelow, faptul că i se oferise o slujbă de jos, cu o leafă de mizerie părea o mare dovadă de ingratitudine, dar în loc să plece dezgustat ori să i se plângă dlui Bigelow, Charlie a făcut ceea ce marea majoritate n-ar fi făcut într-o atare situație.

A muncit din greu și a făcut o treabă atât de bună, încât dl Bigelow s-a hotărât să-l pună pe Charlie să muncească acolo unde atitudinea sa mentală pozitivă ar fi fost de foarte mare ajutor companiei.

După două luni, Charlie era maistru.

Inițiativa personală și obiceiul de a lucra peste program au fost în favoarea lui Charlie. Toate slujbele pe care le-a primit ulterior au fost abordate cu atâta eficiență, încât compania s-a simțit obligată să-l avanseze mereu.

În final, directorii au recunoscut valoarea lui Charlie, creând chiar un post de vicepreședinte și director general, cu o leafă mai mică doar decât cea a președintelui în persoană.

Opt luni mai târziu, dl Bigelow a murit și directorii l-au numit pe Charlie în locul lui. Din acel moment, bilanțul Brown-Bigelow Calendar Company a fost mereu pozitiv.

Apoi a urmat cea mai mare surpriză din viața lui Charlie. El a constatat că dl Bigelow îi lăsase a treia parte din averea sa. Charlie a continuat să prospere, până ce a ajuns la rândul său milionar. A început să fie acceptat de principalii oameni de afaceri și politici din St. Paul. A fost primit în cele mai selecte cluburi și a devenit mason de gradul 32. Președintele Franklin D. Roosevelt personal l-a reabilitat, în semn de recunoaștere a „existenței sale exemplare". Unul dintre prietenii săi apropiați spunea: „Când Charlie se ridică, invariabil îi trage și pe alții odată cu el."

Această istorisire dovedește încă o dată că omul își poate schimba întreaga existență prin modificarea atitudinii mentale, dintr-una negativă într-una pozitivă. Se demonstrează astfel că obiceiul de a munci în plus este fără egal atunci când vine vorba de a mai urca o treaptă în viață. De asemenea, acest lucru mai arată și că „în orice dezavantaj există sâmburele unui avantaj echivalent sau chiar mai mare".

Cel mai important de reținut este faptul că de îndată ce Charlie nu s-a mai gândit la el, ci a început să se gândească la modul în care să îi ajute pe alții, viața lui s-a schimbat în bine.

Nu există nici un mister în privința felului în care Charlie a ajuns la notorietate și avere. El a urmat acele principii ale succesului care ar fi ajutat pe oricine să devină ceea ce a devenit Charlie. Aveți tot dreptul să folosiți și voi aceleași principii. Întrebarea este ce veți face cu acest drept.

O întâlnire

Este interesant de observat felul în care au ajuns să se cunoască Charlie Ward și Napoleon Hill.

Charlie Ward i-a atras atenția lui Napoleon Hill atunci când acesta din urmă i-a oferit președintelui Franklin D. Roosevelt un exemplar cu dedicație din volumul *De la idee la bani*. Președintele a răsfoit cartea câteva minute, a citit numele unor persoane care au reușit în viață și care erau descrise acolo și apoi a exclamat: „Nu văd numele lui Charlie Ward. Dacă într-adevăr doriți o poveste a reușitei, de la zdrențe la bogăție, trebuie neapărat să-l cunoașteți pe Charlie Ward. Este cel mai deștept dintre toți marii oameni contemporani cu noi și, în plus, a ajuns bogat fără să fi devenit sclavul banilor. Pasiunea lui Charlie este să împartă tot ce are mai bun cu ceilalți. Cu siguranță o să vă simpatizați reciproc."

Napoleon Hill l-a cunoscut pe Charlie Ward în 1959. Când a intrat la el în birou, Napoleon Hill a fost întâmpinat de Charlie, care i-a spus: „Știam că va veni și ziua când veți intra pe această ușă și voi avea privilegiul de a-i strânge mâna celui care a scris cea mai grozavă carte pe care am citit-o vreodată, *De la idee la bani*."

În timpul acestei vizite, s-au pus la punct detaliile pentru ca dr. Hill să scrie povestea lui Charlie Ward. Însă n-au reușit să ducă la bun sfârșit planul, pentru că dl Ward a murit. Unul dintre darurile la care dr. Hill ținea cel mai mult a fost un ceas pe care dl Ward i l-a oferit în timpul acelei vizite și pe care era scris: „Prietenului meu, Napoleon Hill" și semnătura lui: Charlie Ward. Napoleon Hill l-a purtat permanent.

Charlie Ward s-a alăturat celor care au reușit cu adevărat în viață și a contribuit masiv la progresul Științei Reușitei Personale. În capitolul care urmează, veți cunoaște și alte persoane care au cunoscut mari succese stăpânind Forța Convingerii Pozitive.

6

Condiții necesare pentru putere

După părerea autorului, reușita, sau lipsa ei, și motivele care se ascund în spatele succesului în viață sunt foarte diferite, în funcție de drumul pe care-l parcurge fiecare de când se naște până când moare.

Conjuncturile în care se nasc oamenii, originea lor, influențele inițiale sau ulterioare, persoanele cunoscute pe parcurs, circumstanțele fizice și geografice — toate contribuie la diferențele cuprinse în acel tipar ce duce la reușită sau la eșec.

Se poate numi norocos cel printre ale cărui întâmplări de viață se numără o serie de întâlniri importante cu anumiți oameni sau cu anumite cărți, care să-l ajute să se concentreze asupra unor adevăruri general valabile despre sine.

Când cineva înțelege un lucru simplu, dar profund — faptul că stabilirea unui scop precis este cea mai sigură posibilitate de a-l atinge — înseamnă că este pregătit să treacă la o serie de concluzii mai complexe. Oricine poate avansa!

La baza întregii filozofii a lui Napoleon Hill stau cele 17 principii ale reușitei. Punerea în practică a acestora, separat sau în diverse combinații, duce la un adevărat plan al succesului, în cazul a nenumărați oameni din lumea întreagă.

1. *Definirea scopului*

Aceasta este săgeata îndreptată spre țintă. Ce anume vreți de la viață? Care este scopul cel mai important? Atunci când veți acorda toată atenția acestor întrebări, înseamnă că deja vă confruntați cu voi înșivă și vă analizați în același timp. Cine sunteți, ce sunteți, unde vă aflați ACUM? Primul pas spre reușită constă într-o sinceritate totală față de sine. Pe ce drum trebuie s-o apucați? Care sunt indicatoarele pe care le observați pe parcurs atunci când cântăriți actuala situație?

Este bine să întocmiți o listă a lucrurilor pe care le vreți de la viață — cum ar fi sănătatea, relațiile interumane pe care doriți să le mențineți, venitul pe care îl vreți, suma pe care doriți s-o economisiți sau s-o investiți pentru pensie, casa la care visați, mașina pe care v-o doriți, ce anume doriți pentru fiecare membru al familiei voastre. Acestea sunt principalele scopuri pe care trebuie să vi le definiți.

Încercați să faceți un plan pe un an de zile, apoi pe cinci ani, fixându-vă scopuri care să țină de dezvoltarea voastră personală, autodisciplină, planuri de realizat pentru o zi, pentru o săptămână, pentru o lună.

Învățați pe dinafară aceste liste, trecându-le în revistă zilnic, dis-de-dimineață și seara înainte să vă culcați. De fiecare dată, încercați să vă amintiți că atingerea acestor scopuri va fi determinată în mare măsură de atitudinea și atenția voastră constantă față de ele. Faceți-vă din aceste scopuri bine definite un fel de rugăciune zilnică ori transformați-le într-o conversație în gând. În felul acesta, veți stabili o „conștiință a reușitei" la nivelul subconștientului vostru și treptat subconștientul vă va ajuta să îndepliniți acțiunile care vă conduc spre succes.

2. *Principiul puterii alianței*

După ce v-ați definit clar scopurile și obiectivele, atât în gând cât și în scris, este bine să selectați o persoană sau mai multe, cărora să le împărtășiți planul vostru de reușită. Acest principiu al alianței este definit printr-o asociere între două sau mai multe persoane, care să lucreze mână în mână în spiritul unei armonii perfecte spre a atinge un scop precis. Valoarea acestei „legături dintre cei care gândesc la fel" este mai mult decât clară. Într-un cămin, armonia apare atunci când bărbatul și femeia încearcă împreună să stabilească o relație care să fie mulțumitoare, să genereze confort și fericire pentru amândoi.

Înțelegerea mutuală care există între angajat și angajator de a conlucra pentru creșterea vânzărilor este tot o formă de alianță călăuzitoare. Dacă principalul vostru scop în viață este unul extrem de ambițios, care depășește necesarul obișnuit pentru subzistență, probabil că veți avea nevoie de ajutor din partea altora pentru a reuși.

Principiul alianței este o modalitate prin care puteți folosi experiența, studiile, talentul, influența și poate chiar și finanțele altora pentru a vă ajuta în atingerea scopurilor voastre principale. Această alianță conducătoare poate începe prin asocierea cu o persoană. Numărul alianțelor necesare depinde exclusiv de natura și de întinderea scopurilor propuse. O „întâlnire la nivel spiritual" trebuie să aibă loc la anumite intervale de timp, trebuie să fie reciproc avantajoasă și întotdeauna armonioasă în ceea ce privește sinceritatea și încrederea.

3. *Credința pusă în practică*

Ideea de credință este profund înrădăcinată în orice proces sau principiu care duce la succes. Credința este o condiție absolut necesară pentru progresul de orice fel. Fără credință nu poți să mergi nici până în celălalt capăt al camerei pentru a bea un pahar cu apă. Ai nevoie de credința că picioarele te vor ajuta să te miști pe distanța respectivă, că atunci când vei da drumul la robinet, apa va curge, că atunci când vei înghiți apa, aceasta îți va potoli setea. Oare orice pas îndreptat spre o reușită nu este tot un act de credință? Același Creator care ne-a dat credința în capacitatea noastră de a merge până la o sursă de apă ne furnizează și credința în capacitatea noastră de a ne atinge scopurile atât în afaceri, cât și în viața personală.

Atunci când cuvântul „credință" este combinat cu ideea de „a pune în practică", înseamnă că este vorba despre credința cu care trăim și acționăm — nu despre ceva în care credem, dar nu aplicăm și nici despre credința în instinctul de a reacționa adecvat la stimulii fizici.

Ce anume îi dă credinței această dimensiune de putere? Acest lucru se obține atunci când omul își dă seama că de fapt credința provine de la infinitul Dumnezeu, aceeași sursă de putere care menține lumea într-o mișcare continuă și controlată zi și noapte, anotimp după anotimp, maree după maree.

Nu este nimic complicat în legătură cu metoda prin care poate fi atrasă puterea credinței, pentru a fi călăuzitoare în anumite situații sau pentru atingerea unor scopuri dorite de la viață.

Mai întâi de toate, trebuie să ne confruntăm cu sinele cel mai profund, să ne privim cu sinceritate scopurile alese și să evaluăm distanța față de ele, munca necesară și situațiile care trebuie depășite pentru a atinge aceste obiective. Înțeleptul își va da seama de faptul că pentru atingerea scopului dorit trebuie să se petreacă multe lucruri, de faptul că trebuie plătit un preț pentru toate, precum și de sprijinul care trebuie să apară din mai multe surse. De aceea, trebuie ca viitorul, imponderabilul și elementele determinante ce vor urma să fie predate în mâna Creatorului — căci altfel totul va fi lăsat la voia întâmplării. Un om înțelept, ambițios, va pune apoi în practică și credința, aplicând-o tuturor elementelor asupra cărora nu are un control direct. Această „abandonare" a anumitor zone, cu convingerea fermă că totul va fi bine atunci când va sosi vremea pentru implicarea personală — înseamnă de fapt credință. Astfel se va ajunge la o stare mentală relaxată, la un somn fără probleme și la acel tip de încredere care atrage reacții pozitive din toate direcțiile. Credința este „carburantul" strădaniei umane.

4. O personalitate plăcută

Personalitatea voastră scoate la iveală gândirea pe care o aveți, principiile etice pe care le respectați, standardele mentale și spirituale, viața pe care o duceți. Ce anume definește o personalitate plăcută? Cum ne-am putea cultiva o astfel de personalitate, astfel încât să îi atragem pe oameni?

Există nenumărate tipuri de personalitate și de feluri de atractivitate. Poate că cea mai dorită însușire ar fi o atitudine mentală pozitivă. „Râzi și lumea va râde cu tine, plângi, dar vei plânge de unul singur." Cu toții avem și zile proaste, dar lumea nu va da buzna la ușa celor veșnic deprimați și care nu văd decât partea rea a lucrurilor. Căutați partea însorită a drumului. Puneți accentul pe latura pozitivă.

Se spune că dacă poți face pe cineva să râdă, înseamnă că-l poți face și să te îndrăgească. Dacă te va îndrăgi, va asculta ce ai de spus și o va face cu seriozitate.

Flexibilitatea, capacitatea de a fi maleabil la schimbările permanente de situații ale vieții de zi cu zi, fără a-ți pierde autocontrolul, este o adevărată artă, și încă una de mare valoare. Sinceritatea este de o importanță absolută. Lipsa ei este la fel de evidentă precum un neg de pe nas pentru ochiul atent și inteligent al unui observator. Promptitudinea în decizii și hotărârea denotă de obicei claritate și o direcție precisă a gândirii, încredere în sine și o minte deschisă. Politețea, tactul, toleranța, franchețea, simțul umorului, o prezență plăcută, un zâmbet mereu pe buze — toate ajută la crearea și menținerea încrederii și a unor relații bune.

5. *Depășirea normei*

Acest lucru pornește de la ideea de a oferi servicii mai multe și mai bune decât cele cerute sau decât ceea ce se așteaptă, totul cu o atitudine mentală pozitivă și fără a se urmări o răsplată imediată. Compensațiile sunt foarte mari, mult mai mari decât investițiile. Depășirea normei asigură o sporire a curajului personal, a încrederii în sine, a inițiativei personale, ducând la creșterea entuziasmului. Totodată, acest lucru conduce la o atitudine pozitivă și mai accentuată și la o poziție mai sigură și mai confortabilă în raport cu colegii și patronii.

6. *Inițiativa personală*

Inițiativa personală este o trăsătură foarte admirată, iar atunci când este aplicată cu discreție și inteligență, are însușirea de a vă scoate din anonimat. Inițiativa, bazată pe o înțelegere clară a scopului urmărit, presupune o armonizare a individului cu toți cei din jur și cu universul în general. Când cineva are un scop precis în minte, atunci ocaziile pentru inițiativele personale sunt ușor de găsit. Inițiativa este primul pas — un indiciu al unei atitudini pozitive, afișat prin fapte. Este o demonstrație a încrederii în sine care rareori trece neobservată de cei care dețin puterea. Inițiativa personală înseamnă de fapt încrederea în sine pusă în practică, iar dacă vă îndreptați spre un scop precis, această trăsătură vă poate scurta și netezi drumul până la atingerea lui, făcând munca mai ușoară și răsplata mai mare.

7. *Autodisciplina*

Autodisciplina este o modalitate care corectează, formează, întărește și perfecționează. Comportamentul și atitudinea voastră reprezintă expresii ale gândurilor voastre. Multe dintre gândurile noastre par necontrolate, neorânduite sau semiconștiente. Din când în când, ne dăm seama de „sentimentele" noastre. Sentimentele pot indica faptul că ne-am gândit serios la anumite lucruri. Când simțim ceva, devenim mai vioi pentru că am conștientizat puterea și energia stimulate de gândire. Putem fi stimulați să iubim, să avem încredere, să fim loiali sau să ne temem, să fim invidioși, lacomi sau mânioși. Autodisciplina ne învață să direcționăm energia generată de gândurile noastre spre sentimente — și spre fapte — care vor fi benefice și ne vor întări. Autodisciplina ne va ajuta să ne canalizăm în modul cel mai util și profitabil.

8. Atenția controlată

Atenția controlată presupune concentrarea mentală asupra dorinței, până ce se întrezăresc diverse căi și modalități prin care să poată fi pusă în practică. Reușita este urmarea unei concentrări susținute. Atenția concentrată asupra forței gândurilor noastre și asupra energiei pe care o poate genera mintea este o unealtă vitală. Rugăciunea nu este doar o formă de venerare. Rugăciunea generează forță, energie, unitate, tărie. Faptul că ne gândim împreună cu o altă persoană la un anumit subiect ne face să observăm noi indicii utile, noi adevăruri. Atenția concentrată a unei persoane sau a mai multora generează forță.

9. Entuziasmul

Entuziasmul este o emoție, un fel de echivalent fizic al ideilor. El ia naștere și dispare în mintea noastră. Entuziasm înseamnă armonie, încredere. Atunci când vă simțiți prinși de o anumită idee precisă, un plan bine definit, deveniți entuziaști. Entuziasmul este acel sentiment de încredere, de conștientizare a unei relații dintre cineva și sursa de putere pentru a reuși. Vorbiți cu entuziasm și cu o atitudine pozitivă, acționați cu încredere și veți constata cum entuziasmul îi va cuprinde și pe alții, pentru că este molipsitor.

10. Imaginația

„Imaginația este atelierul sufletului în care prind viață planurile pentru realizările personale." Cel mai mare dar al omului este gândirea. Astfel, el analizează, compară, alege. Creează, vizualizează, prevede și generează idei. Imaginația este un exercițiu al minții, un stimulent, o aventură.

11. A învăța din dezavantaje

Dezavantajele sunt și ele o parte a vieții. Fiecare faptă, situație sau alegere din viață conține o cauză și un efect. În cazul dezavantajelor, este vorba de situații în care suntem foarte conștienți de efect. Cauzele pot fi cunoscute sau pot fi vagi ori de neînțeles. Trăim o reacție foarte personală, semnificativă, suntem animați de o emoție puternică și atunci ne întrebăm: „De ce?" În orice dezavantaj există sâmburele unui avantaj echivalent sau chiar mai mare. Dacă reușim să sesizăm acest adevăr și acceptăm faptul că universul este guvernat de anumite legi invariabile, care sunt părți ale unei forțe creatoare, indiferent cât de greu ne-ar fi să înțelegem — vom reuși să depășim orice furtună se va abate asupra vieții noastre. Atitudinea voastră în vremuri potrivnice determină în mare măsură efectul permanent pe care îl va avea asupra vieții voastre — în bine sau în rău.

12. Administrarea timpului și a banilor

De vreme ce ziua voastră are tot 24 de ore, ca pentru toată lumea de pe acest pământ, înseamnă că aveți aceleași posibilități de a vă folosi cu talent timpul aflat la dispoziție. Dintotdeauna omul a fost nevoit să se armonizeze cu ceea ce-l înconjoară. Fiecare generație a fost nevoită să se adapteze schimbărilor și ritmurilor specifice. Însă dacă știm care sunt cerințele, echilibrul este ca și realizat. Totul este să-l găsim. Acum există mai puțin „timp", pentru că automatizarea și transportul mai rapid, precum și comunicațiile par să ne grăbească mereu. Arta de a ne gestiona timpul e foarte greu de stăpânit, dar aduce multe satisfacții. Administrarea banilor este o chestiune de o importanță capitală. De multe ori, ochii sunt mai mari decât buzunarul. Oare cât timp avem la dispoziție pentru a învăța să ne administrăm banii? Cât dorim.

13. *O atitudine mentală pozitivă*

Mintea noastră este singurul lucru pe care îl putem stăpâni. Fie o ținem sub control, fie ne lăsăm duși de val. În orice situație însă rămâne ceva de făcut. Nu se poate să NU facem nimic. Până și o atitudine negativă înseamnă că facem, totuși, ceva. Pentru a avea controlul asupra vieții voastre, trebuie să învățați să vă controlați atitudinile. Modul în care reacționăm este determinat de obiceiurile noastre de stăpânire mentală și de atitudinile noastre. Căutați căile pozitive de reușită?

14. *O gândire precisă*

Alegeți-vă țelul. Hotărâți cum veți proceda. Îndreptați-vă spre scopul propus prin conștientizare precisă și pozitivă, dar și cu credință. Aceasta înseamnă o gândire precisă. Acuratețea gândirii este afectată de acele speranțe, temeri, dorințe, atitudini cărora le permiteți să vă stimuleze. Organizați-vă mintea. Fiți conștienți de puterea gândurilor. Țineți-le cu atenție sub control.

15. O sănătate fizică perfectă

Gândurile vă afectează chiar și sănătatea. Gândurile vă pot îmbolnăvi sau vă pot însănătoși, vă pot conduce spre o atitudine pozitivă, un somn sănătos și obiceiuri alimentare corecte. Cultivați-vă o conștiință a sănătății, a unei stări de bine. O gândire pozitivă generează o armonie a trupului și a manifestărilor fizice, stabilind o anumită ordine și un sistem.

16. Colaborarea

Reușita interioară și exterioară este o dovadă de colaborare. Orice reușită este rezultatul unei cooperări semnificative și pozitive și al unei munci în echipă. Colaborarea stă la baza oricărui efort bine organizat. Corpul nostru este sănătos atâta vreme cât există o organizare și o „muncă" în echipă a organelor sale interne. Viața noastră este fericită atunci când există o colaborare între noi și lumea care ne înconjoară.

17. „Forța deprinderii" la scară cosmică

Acest lucru este poate cel mai greu de definit, dar este principiul care asigură cheia înțelegerii și utilizării tuturor resurselor noastre interne. Mulți vor considera că acesta este un element mistic. Dacă veți analiza atent și veți crede că există într-adevăr o ordine universală, răsăritul soarelui, fluxul și refluxul sunt exemple concrete ale unui plan prestabilit. Există legi prin care este menținut echilibrul întregului univers. Există legi fizice care fac ca tiparele noastre comportamentale înnăscute să acționeze într-o ordine previzibilă și cu regularitate. Amestecul dintre legile naturale ale universului și activitățile noastre ajută la crearea unei puteri, a unei energii care aduce armonie, liniște sufletească și reușită. Puterea de a alege păstrarea principiilor reușitei stă în mâinile voastre.

Știința reușitei personale

Tocmai ați făcut cunoștință cu principalele noțiuni care vă pot ajuta să pășiți cu încredere pe o nouă treaptă a succesului și vă pot ghida în situațiile pe care viața vi le va impune. Dacă, de exemplu, v-ar face mai fericiți o slujbă mai bine plătită, veți găsi o cale să obțineți acest post, cu condiția să stăpâniți bine cele 17 principii ale reușitei.

Dacă vă doriți mai multă armonie și o mai bună înțelegere în viața voastră, cele 17 principii ale reușitei vă pot arăta calea spre acest deziderat.

Dacă relațiile în familie trebuie îmbunătățite, atunci studierea acestor principii vă poate ajuta atât pe voi, cât și pe ceilalți membri ai familiei să ajungeți la armonie, liniște sufletească și înțelegere, lucruri esențiale pentru reușită. Cele 17 principii ale reușitei vă vor da posibilitatea să vă înțelegeți mai bine pe voi înșivă, dar să-i înțelegeți și pe alții, astfel încât să puteți negocia cu ei prietenește, ceea ce îi va determina să vă ajute oricând.

Dacă în trecut nu ați reușit așa cum ați sperat, această filozofie vă va ajuta să descoperiți motivul pentru care nu ați reușit și modul în care puteți îndepărta cauza.

Dacă aveți propria afacere, puteți învăța cum să vă transformați clienții în prieteni, care să vă aducă și alți clienți.

Dacă sunteți profesori, cele 17 principii ale reușitei vă pot da acel „ceva" care vă va spori capacitatea de a câștiga și vă va ajuta să descoperiți noi domenii în care să vă afirmați în slujba profesiei voastre.

O alianță genială

Dl W. Clement Stone a folosit toate principiile descrise în acest capitol pentru o perioadă atât de îndelungată, încât nu s-a mai despărțit de ele. Cel mai bun exemplu al efectelor de durată îl reprezintă relația dintre Napoleon Hill și W. Clement Stone.

Când Napoleon Hill s-a asociat cu dl Stone în 1952, averea personală a domnului Stone era estimată (de el însuși) la 3 milioane de dolari. La capătul relației lor, zece ani mai târziu, averea domnului Stone era evaluată la 160 de milioane de dolari — așadar, crescuse în medie cu 15 milioane de dolari pe an, în perioada celor zece ani de asociere personală.

În timpul acestor zece ani, întregul personal din departamentele administrativ și de vânzări ale dlui Stone a fost instruit în Știința Reușitei Personale. Mulți dintre agenții de vânzări și-au sporit câștigurile cu 300–400% datorită aplicării acestei filozofii a reușitei.

Este interesant de observat că modul în care dl Stone personal a aplicat filozofia reușitei elaborată de Napoleon Hill și Andrew Carnegie este comparabil cu cel al lui Andrew Carnegie și al lui Thomas A. Edison. Dl Stone a fost ales de către Napoleon Hill pentru a primi premiul Fundației Napoleon Hill, ca fiind al treilea om care a realizat o aplicare la cote foarte înalte a Științei Reușitei Personale, situându-se imediat după Andrew Carnegie și Thomas A. Edison.

În timpul asocierii dintre Napoleon Hill și W. Clement Stone, ei au semnat împreună și o carte intitulată *Success Through a Positive Mental Attitude (Reușita datorată unei atitudini mentale pozitive)*, care a devenit best-seller încă de la bun început și a rămas astfel ani de zile. Cartea a fost tradusă în mai multe limbi.

Deși scrierile lui Napoleon Hill au ajutat milioane de oameni să se îmbogățească, el fiind supranumit „creatorul de milionari", dr. Hill era convins că W. Clement Stone practicase cu cel mai mare succes filozofia reușitei promovată de el. Așa cum se va observa ulterior, o altă persoană care a fost considerată un exemplu remarcabil de către Fundația Napoleon Hill este Delford Smith.

Merită remarcat faptul că în vreme ce dl Stone a devenit fabulos de bogat datorită filozofiei succesului, elaborate de Napoleon Hill și Andrew Carnegie, el a transmis cu generozitate și eficiență această filozofie nu numai membrilor companiei sale, dar și multor altor oameni, dându-le posibilitatea de a reuși cât mai bine în viață.

El a format probabil mai mulți milionari decât oricine altcineva pe lumea asta.

Dl Stone știe foarte clar că indiferent ce calitate sau bun ar deține un om, acestea trebuie folosite cinstit și eficient, pentru că altfel omul va rămâne fără nimic, conform legii „după faptă și răsplată".

De asemenea, este interesant că dl Stone a crezut cu tărie în filozofia reușitei imaginată de Napoleon Hill și Andrew Carnegie, cunoscând la rândul său succesul absolut.

Cei zece ani de asociere între Napoleon Hill și W. Clement Stone au fost extrem de benefici nu numai pentru miile de oameni pe care i-au ajutat prin scrierile și conferințele lor, dar și pentru ei înșiși. De exemplu, un profit uluitor obținut de către Napoleon Hill din partea dlui Stone, în timpul asocierii lor, este reprezentat de următoarea întâmplare, care nu a fost singulară. În timpul colaborării lor, Napoleon Hill a investit 37 500 de dolari în Combined Insurance Company of America, compania de asigurări la care dl Stone era director executiv. Zece ani mai târziu, după ce și-au încheiat socotelile, investiția a crescut ca valoare (măsurată prin prețul pe piață al acțiunilor Combined) la 640 000 de dolari. Este limpede că ocaziile în care cineva poate avea un asemenea câștig de pe urma unei investiții sunt rare, mai ales într-o perioadă scurtă de timp.

Aveți tot ceea ce vă trebuie pentru a reuși în viață așa cum vă doriți. Hotărâți acum ce anume vreți de la viață și apoi porniți spre acest obiectiv.

7

Manual pentru un maestru în vânzări

Partea I
Agentul de vânzări în acțiune

Tehnica vânzărilor științifice presupune principii similare cu cele ale montării unei piese de teatru reușite. Psihologia vânzării seamănă mult cu strategia actorului de a-și câștiga publicul. O piesă reușită trebuie să aibă avantajul unui prim act plin de forță, dar și al unui moment de maximă intensitate ori al unui ultim act pe măsură. Dacă piesa nu are așa ceva, cu siguranță va fi un eșec.

Agentul de vânzări trebuie să abordeze situația în forță încă de la început pentru a câștiga încrederea și a trezi interesul. Dacă are un eșec în primul act, îi va fi foarte greu, sau chiar imposibil, să mai facă vânzarea. Prezentarea poate avea slăbiciuni în momentele „de mijloc", fără ca acestea să fie fatale vânzării, cu condiția ca începutul și sfârșitul actului de vânzare să se facă în forță și să fie determinante. O acțiune de vânzare științifică este o piesă în trei acte:

Actul I — Interesul. Trebuie să atragă atenția și să trezească interesul publicului. (Acest lucru se obține neutralizând gândirea presupusului cumpărător și stabilind o relație de încredere.)

Actul II — Dorința. Această fază trebuie să dezvolte intriga pentru prezentare. Chiar dacă această parte are puncte slabe, le poate depăși cu condiția ca primul act să fi fost unul în forță. Publicul va fi îngăduitor dacă încrederea i-a fost câștigată încă din primul act, așteptând momentul de apogeu. (Dorința trebuie indusă printr-o prezentare adecvată a motivației.)

Actul III — Acțiunea. Aici obiectivul trebuie atins. Independent de primele două acte, acest moment trebuie să aibă forță, altfel piesa întreagă va fi un eșec. În cel de-al treilea sau în ultimul act, contractul de vânzare fie se încheie, fie este ratat. (Acțiunea sau încheierea afacerii poate fi obținută doar printr-o prezentare corectă a celor două acte precedente.)

Nu mai este necesar să spunem că persoana care reușește să prezinte cu succes piesa vânzării în trei acte trebuie să aibă și să se folosească din plin de imaginație. Imaginația este acel atelier mental în care agenții de vânzări asamblează idei, planuri, imagini care să trezească dorința virtualului cumpărător. Agenții de vânzări lipsiți de imaginație sunt la fel ca ambarcațiunile fără cârmă — care se rotesc într-un cerc, sfârșind unde au început, fără să creeze vreo impresie favorabilă.

Doar cu cuvinte nu se poate vinde nimic!

Cuvintele țesute în combinații de gândire care să creeze dorința — acestea *vor avea succes* în procesul de vânzare. Unii oameni nu află niciodată care este diferența dintre o conversație rapidă, care nu se termină destul de repede, și niște imagini atent descrise în cuvinte, care stârnesc imaginația potențialului cumpărător.

Singurul obiectiv în ce privește neutralizarea gândurilor potențialului cumpărător este, desigur, stabilirea încrederii. Dacă în mintea posibilului cumpărător nu a fost clădită mai întâi încrederea, nu va rezulta nici un act de vânzare.

O lecție care trebuie avută în vedere în relațiile agent de vânzări — client

Astfel ajungem la una dintre cele mai eficiente lecții în arta de a vinde din tot ceea ce s-a scris vreodată: la o capodoperă a lui Shakespeare, discursul lui Marc Antoniu de la înmormântarea lui Iulius Caesar. El este inclus aici ca o lecție care trebuie neapărat avută în vedere în stabilirea relațiilor dintre agentul de vânzări și client, deoarece cuprinde toate punctele importante din capitolele următoare.

Poate că ați citit discursul, dar rugămintea mea este să-l recitiți cu atenție și să meditați asupra lui. Îl vom reproduce aici, cu anumite interpretări între paranteze, care v-ar putea ajuta să descoperiți noi înțelesuri.

Cadrul în care Antoniu își ține discursul este următorul: Caesar este mort, iar Brutus, cel care l-a ucis, este chemat să spună mulțimii romane, adunate în Forum, de ce l-a îndepărtat pe Caesar. Imaginați-vă o mulțime care ovaționează, având convingerea că Brutus a făcut un gest nobil când l-a ucis pe Caesar.

Brutus se urcă pe podium și relatează motivele pentru care l-a ucis pe Caesar. Convins că a avut câștig de cauză, își ocupă din nou locul. În aroganța sa, el arăta prin fiecare gest că era sigur de faptul că vorbele sale nu aveau să fie puse la îndoială.

Marc Antoniu pășește la rândul lui pe podium și ia cuvântul, știind că mulțimea îi este potrivnică, pentru că fusese prietenul lui Caesar. Cu voce scăzută, cu un ton umil, Marc Antoniu începe să grăiască astfel*:

ANTONIU: Lui Brutus mulțumesc că m-ascultați.

AL 4-lea CETĂȚEAN: Ce-a zis de Brutus?

AL 3-LEA CETĂȚEAN: Zice că lui Brutus îi e dator că stăm să-l ascultăm.

AL 4-lea CETĂȚEAN: Ar fi mai bine dacă împotriva lui Brutus n-ar cârti.

ÎNTÂIUL CETĂȚEAN: Cezar tiran a fost.

AL 3-lea CETĂȚEAN: Desigur. Și norocul nostru este că Roma a putut scăpa de el.

AL 4-lea CETĂȚEAN: Tăcere! Ascultați-l pe Antoniu, ce va putea să spună.

(La începutul frazei lui Antoniu, veți remarca faptul că folosește o metodă foarte inteligentă de a „neutraliza" gândirea celor care îl ascultă.)

ANTONIU: Prea cinstiți romani...

(Erau „cinstiți" cam ca o bandă de rebeli într-o întâlnire revoluționară.)

CETĂȚENII: Tăcere-acolo! Ascultați-l!

(Dacă Antoniu și-ar fi început discursul „făcându-l praf" pe Brutus, istoria Romei ar fi fost cu totul alta.)

ANTONIU: Prieteni! Cetățeni! Romani! Vă rog să m-ascultați. Venii aici pe Cezar să îl îngrop, nu slavă să-i aduc.

(În acest moment se raliază la starea de spirit a celor care îl ascultă.)

---

* Discursul lui Marc Antoniu a fost preluat din volumul *Opere* de W. Shakespeare, vol. 2, Editura de Stat pentru Literatură și Artă, București, 1955, pp. 335–345. (*N.red.*)

Ce face rău un om trăiește încă și după moartea lui.
Adesea însă se-ngroapă binele cu el.
Să fie la fel cu Cezar.
Prea cinstitul Brutus de setea-i de putere v-a vorbit:
greșeala-i mare, a plătit-o scump.
Venit-am să vă spun cuvântul meu la funeraliile lui Cezar.
Brutus m-a învoit, cu ceilalți deopotrivă (căci
Brutus este un bărbat cinstit ca și ceilalți; toți sunt bărbați cinstiți).
Mi-era prieten drept și credincios:
dar Brutus spune că râvnea puterea —
și Brutus este un bărbat cinstit.
Văzut-ați toți cum i-am întins coroana regească de trei ori la Lupercalii.
De trei ori a respins-o.
E aceasta un semn al setei de putere?
Brutus ne spune însă că râvnea puterea —
și, sigur, Brutus e bărbat cinstit.
Mulți prinși în lupte a adus la Roma, tezaurul umplându-l
până-n vârf cu aurul răscumpărării lor.
Prin asta Cezar a râvnit puterea?
Sărmanii când gemeau, a plâns și Cezar:
mai aspră este setea de putere.
Dar Brutus spune că râvnea puterea —
și Brutus este un bărbat cinstit.
N-aduc tăgadă vorbelor lui Brutus,
dar sunt aici cu voi să spun ce știu.
Cu toții l-ați iubit cândva pe drept.
Temei nu mai aveți să-l plângeți astăzi?
Te-ai pitulat sub frunți de dobitoace, o, judecată!
Omul te-a pierdut.

Iertare, inima mi-a coborât în raclă, lângă Cezar,
și-n tăcere
aștept acum la mine să se-ntoarcă.

Pauză și observarea maselor

(În acest moment, Antoniu face o scurtă pauză pentru a le da ocazia celor din mulțime să discute între ei, să comenteze vorbele cu care și-a început discursul. Scopul lui era să observe care este efectul cuvintelor sale, scop pe care trebuie să-l urmărească și un bun agent de vânzări, încurajându-și întotdeauna potențialul client să vorbească, pentru a afla ce gândește.)

ÎNTÂIUL CETĂȚEAN: Îmi pare că vorbirea lui e dreaptă.

AL 2-lea CETĂȚEAN: De stai și cumpănești, vezi că lui Cezar o mare nedreptate i-au făcut.

AL 3-lea CETĂȚEAN: Ce credeți, meșterilor? Mi-este teamă că unul și mai rău veni-va-n locu-i.

AL 4-lea CETĂȚEAN: Ați auzit? A refuzat coroana. Se vede deci că nu râvnea puterea.

ÎNTÂIUL CETĂȚEAN: De e adevărat, scump or plăti-o.

AL 2-lea CETĂȚEAN: Sărmanul! Ia uitați-vă cum ochii i s-au făcut, plângând, ca focul roșii.

AL 3-lea CETĂȚEAN: Antoniu-i cel mai nobil om din Roma.

AL 4-lea CETĂȚEAN: Luați seama, vrea din nou să ne vorbească.

ANTONIU: E doar o zi de când întreaga lume zadarnic i s-ar fi opus lui Cezar.
Priviți-l astăzi mort, nici cel din urmă glotaș nu-l vezi plecându-i-se-n față.
O cetățeni *(atingându-le vanitatea)*,

de-aș vrea s-aprind turbarea,
răscoala-n mintea și simțirea voastră,
nedrept aș fi cu Cassius și Brutus,
pe care-i știți că sunt bărbați cinstiți.

(Observați cât de des a repetat Antoniu cuvântul „cinstiți" și cât de abil sugerează faptul că Brutus și Cassius probabil nu erau chiar atât de cinstiți pe cât îi credea mulțimea romană. Această sugestie este dusă mai departe și prin cuvintele „răscoală" și „turbare", pe care le folosește aici pentru prima dată. După pauza pe care o face, el remarcă faptul că mulțimea trece de partea sa. Observați cu cât „suflet" își croiește drum, potrivindu-și cuvintele pentru a se adapta gândirii celor care îl ascultă.)

ANTONIU: Nedrept n-aș vrea să fiu cu ei, mai bine cu cel ce-i mort, cu mine și cu voi, decât cu-acei bărbați cinstiți.

(Cristalizând sugestia în sentimentul de ură la adresa lui Brutus și Cassius, el trezește curiozitatea mulțimii și începe să pună bazele momentului culminant — moment despre care știa cu siguranță că va cuceri mulțimea, pentru că avea să-l abordeze atât de înțelept, încât acesteia i se va părea că este o exprimare a propriilor gânduri.)

Dar iată un testament purtând sigiliul lui Cezar.
L-am găsit la el acasă, cuprinde voia lui cea de pe urmă.
O, de-ar putea poporul să asculte ce-i scris în testament
(vă rog, iertare, nu mă gândesc să vi-l citesc),

(Le stârnește din nou curiozitatea, făcându-i să creadă că nu intenționează să citească testamentul.)

Atuncea s-ar repezi cu toții să-i sărute aceste răni,
batistele în sfântul lui sânge și-ar muia,
cu toți ar cere măcar un fir din părul lui,
pe care murind l-ar pomeni în testamente,
lăsându-l prețioasă moștenire urmașilor.

(Ființa umană întotdeauna își dorește ceea ce e mai greu de obținut sau acel lucru de care este lipsită. Observați cu câtă măiestrie a trezit Antoniu interesul mulțimii, a determinat-o să își dorească să audă cum sună testamentul și mai ales să facă acest lucru cu sufletul deschis. *Acesta reprezintă al doilea pas în procesul de „neutralizare" a gândirii lor.)*

AL 4-lea CETĂȚEAN: Vrem s-ascultăm. Citește, Marc Antoniu, ce-i scris în testament.

CETĂȚENII: Da! Testamentul lui Cezar ni-l citește!

ANTONIU: Buni prieteni, răbdare! Nu am voie să-l citesc.
Nu se cuvine să aflați iubirea lui Cezar pentru voi.
Nu sunteți pietre, nu sunteți lemne, sunteți oameni:
astfel dac-ați cunoaște ce e scris într-însul,
ați arde-n flăcări, v-ar turba mânia; (*exact ceea ce își dorește el*)
Nu trebuie s-aflați moștenitorii lui Cezar că sunteți.
Ce-ar fi de-ați ști-o?

CETĂȚENII: Citește testamentul! Marc Antoniu!
Citește testamentul! Testamentul!

ANTONIU: Vă rog s-aveți răbdare! Așteptați!
Prea mult m-am avântat vorbind de-acestea.
Mi-e teamă să nu vatăm pe cinstiții bărbați ce l-au străpuns.
Mi-e teamă foarte.
(„Străpuns" sugerează o crimă plină de cruzime. Observați cât de abil sugerează Antoniu această idee în discursul său și observați cât de repede mulțimea prinde din zbor înțelesul vorbelor sale. Antoniu a pregătit cu grijă terenul pentru ca ei să preia ideea sugerată de el.)

AL 4-lea CETĂȚEAN: Ah, trădători sunt prea cinstiții.

CETĂȚENII: Vrem testamentul! Testamentul!

AL 2-lea CETĂȚEAN: Răufăcători și ucigași au fost!

Citește testamentul! Testamentul!
(Exact ceea ce ar fi spus Antoniu la început, dar a știut că va avea un efect mult mai puternic dacă va reuși să insereze gândul în mintea celor din mulțime și îi va face să ceară chiar ei acest lucru.)

ANTONIU: Deci mă siliți să vi-l citesc? În jurul lui Cezar mort vă adunați în cerc să vi-l arăt pe-acel ce vă făcu moștenitorii lui. Pot să cobor?
(Acesta este momentul în care Brutus ar fi trebuit să-și caute o ieșire prin spate, ca să mai poată scăpa.)

CETĂȚENII: Apropie-te!

AL 2-lea CETĂȚEAN: Cinstitului Antoniu-i faceți loc!

ANTONIU: Nu vă-mbulziți așa! Stați mai departe!
(Antoniu știa că replica lui îi va face să vină mai aproape, ceea ce el dorea de fapt.)

CETĂȚENII: Loc! Înapoi! 'Napoi!

ANTONIU: De mai aveți în ochii voștri lacrimi, să le vărsați vă pregătiți.
Această manta o știți de mult.
Mi-aduc aminte întâia oară când a pus-o Cezar.
Era în cort, într-un amurg de vară —
în ziua-n care-nfrânse pe Nerviți —
priviți, pumnalul Cassius pe-aici l-a-nfipt și pizmătarețul de Casca.
Uitați-vă cum sfâșiè mantaua.
Iubitul Brutus pe aici înfipse pumnalul lui și lama blestemată,
scoțând-o, sângele lui Cezar, iată, afară năvăli să vadă dacă iubitul Brutus ciocănise-n poartă așa câinește.
Brutus pentru Cezar era, precum o știți, un înger.
Zei, mărturisiți ce drag îi fuse Brutus prea nobilului Cezar.
Mai avan nu l-a durut o altă lovitură.

Văzând pe Brutus că lovește,
Cezar de nerecunoștință doborât a fost mai mult decât de ascuțișul trădării.
Inima-i atât de mare se frânse și în mantie — ascunzându-și obrazul,
sub coloana lui Pompeius ce sângera, căzu mărețul Cezar.
O, ce cădere, cetățeni! Căzurăm și eu și voi cu el; cu toți căzurăm.
Iar peste noi se răsfăța trădarea cea sângeroasă.
Plângeți, înțeleg împunsătura milei ce-o simțiți.
Sunt picături de har. Credeți voi oare mantaua doar că este sfâșiată?
Priviți aici pe Cezar sfârtecat de trădători.
(Observați cum Antoniu folosește acum direct cuvântul „trădători", pentru că știe că este în asentimentul mulțimii.)

ÎNTÂIUL CETĂȚEAN: O, jalnică vedere!

AL 2-lea CETĂȚEAN: O nobil Cezar!

AL 3-lea CETĂȚEAN: Întristată zi!

AL 4-lea CETĂȚEAN: Mișei și trădători!

ÎNTÂIUL CETĂȚEAN: O arătare prea sângeroasă!

AL 2-lea CETĂȚEAN: Răzbunare!

(Dacă Brutus ar fi fost înțelept și nu un palavragiu, și-ar fi dat seama că urma să se ajungă la acel punct și ar fi fugit cât mai departe.)

CETĂȚENII: Sculați-vă, dați foc, loviți! Ucideți-i! Moarte, moarte tuturora!

(Aici Antoniu face un nou pas pentru a transforma delirul mulțimii în faptă și, cum este un bun „vânzător", el nu le forțează mâna.)

ANTONIU: Cetățeni, stați liniștiți!

ÎNTÂIUL CETĂȚEAN: Tăcere! Ascultați pe nobilul Antoniu!

AL 2-lea CETĂȚEAN: Vrem să-l ascultăm, să-l urmăm, să murim pentru el!

Încheierea

(Din aceste vorbe, Antoniu își dă seama că mulțimea este de partea lui. Observați cum profită de acest moment psihologic — moment mult așteptat de orice maestru al vânzărilor.)

ANTONIU: Iubiți și buni prieteni, nu aș vrea sălbaticei furtuni a răzmeriței să vă azvârl.
Acei ce făptuiră sunt toți bărbați cinstiți.
Anume care pornire i-a-ndemnat la faptă nu știu!
Toți sunt cinstiți și înțelepți, temeiul cel potrivit al faptei îl voi spune.
Simțirea n-o să v-o răpesc, prieteni.
Nu sunt un vorbitor, cum este Brutus,
ci, cum mă știți, un om deschis și simplu care-mi iubesc prietenul, și-aceasta o știu prea bine
cei ce-ngăduiră să vin aici să vă vorbesc de el.
Căci n-am nici duh, nici darul de-a vorbi ce-ațâță sângele:
eu spun ce știu și ce voi singuri știți de mai-nainte.
V-arăt aceste răni ale lui Cezar cel mult iubit,
aceste multe guri, sărmane mute guri care vorbesc
în locul meu: dar dac-aș fi eu Brutus și Brutus Marc Antoniu — acel Antoniu simțirea v-ar zburli și ar da grai acestor răni tăcute, ce-ar stârni și pietrele din Roma la răscoală.

AL 3-lea CETĂȚEAN: Răscoală!

ÎNTÂIUL CETĂȚEAN: Dați foc casei lui Brutus!

AL 3-lea CETĂȚEAN: Să mergem, hai! Căutați conspiratorii!

ANTONIU: Concetățeni, mai ascultați o clipă!

CETĂȚENII: Tăcere, hei! Pe-Antoniu ascultați-l, pe nobilul Antoniu!

ANTONIU: Știți voi oare ce faceți, o prieteni?
Știți de ce a meritat iubirea voastră Cezar?
Ah, nu! Nu știți. Uitarăți testamentul
de care v-am vorbit. Deci ascultați-l.
(Antoniu este gata acum să-și joace atuul; este pregătit să atingă punctul culminant al vânzării. Observați cât de bine și-a sugerat ideile pas cu pas, lăsând la sfârșit ceea ce era mai important, ceea ce îndeamnă la faptă. În domeniul vânzărilor și în cel al discursurilor publice, mulți încearcă să ajungă la acest moment prea curând, „grăbesc" publicul sau potențialul cumpărător și prin aceasta au numai de pierdut.)

CETĂȚENII: Așa e. Stați pe loc și ascultați ce scrie-n testament.

ANTONIU: Aicea este de Cezar sigilat. O moștenire
de șaptezeci și cinci de drahme lasă
oricărui cetățean roman în parte.

AL 2-lea CETĂȚEAN: O nobil Cezar! Răzbunați-i moartea!

AL 3-lea CETĂȚEAN: Regescul Cezar!

ANTONIU: Ascultați, prieteni, în liniște.

CETĂȚENII: Tăcere!

ANTONIU: Moștenire v-a mai lăsat grădinile lui toate, boschetele-i, livezile plantate pe malul celălalt al Tibrului, de-a-pururi cu toți urmașii voștri aflând acolo loc de plimbări și desfătări. Ei, iată ce-nseamnă-a fi un Cezar. Oare când asemenea cu el veni-va altul?

ÎNTÂIUL CETĂȚEAN: În veci de veci nu va veni! Să mergem și leșul lui în piața cea sfințită să-l ardem; cu tăciunii smulși din rugu-i s-aprindem casele trădării. Leșul îl luați de-aici.

AL 2-lea CETĂȚEAN: Aduceți foc! Hai, mergeți!

AL 3-lea CETĂȚEAN: Distrugeți băncile!

AL 4-lea CETĂȚEAN: Și scaune, ferestre.
Tot ce vă iese-n cale!

(Și acesta a fost sfârșitul lui Brutus!) El a pierdut pentru că n-a avut personalitatea potrivită și nici nu a știut să prezinte situația din punctul de vedere al mulțimii de romani, așa cum a reușit Marc Antoniu. Întreaga lui atitudine indică foarte clar că avea o părere extrem de bună despre sine, că era mândru de fapta sa. Cu toții cunoaștem personaje care îi seamănă lui Brutus în această direcție și, dacă îi vom cerceta îndeaproape, vom observa că nu reușesc prea mult în viață.

Dacă Marc Antoniu ar fi vorbit abordând o atitudine „triumfătoare" și și-ar fi început discursul astfel: „Ei bine, romani, să vă spun eu câte ceva despre Brutus — este un criminal până în măduva oaselor și...", el n-ar mai fi apucat să spună și altceva; mulțimea l-ar fi huiduit.

Cum însă Marc Antoniu era un bun vânzător și un psiholog cu simț practic, el și-a prezentat ideea astfel încât să pară că nu îi aparține, ci că este de fapt a mulțimii. Observați cum Antoniu pune accentul pe „voi" și nu pe „eu" în abordarea sa. Mai observați că același punct de vedere este subliniat de-a lungul întregii cărți aici de față.

Shakespeare a fost un adevărat geniu în schițarea psihologiei umane. Toate scrierile sale sunt bazate pe o cunoaștere profundă a gândirii omenești. În discursul lui Antoniu veți constata cât de atent a fost folosită atitudinea care pune accentul pe „voi", astfel încât romanii să fie convinși că ei au luat hotărârea finală.

Totuși, trebuie să vă atragem atenția asupra faptului că Marc Antoniu a reușit să trezească interesul mulțimii cu multă abilitate și viclenie — ceea ce de obicei se întâmplă în cazul oamenilor necinstiți, care profită de prostia sau de zgârcenia victimelor lor. În vreme ce Marc Antoniu a dat dovadă de multă stăpânire de sine în atitudinea față de Brutus, deși cea afișată nu era cea reală, este clar că succesul său s-a bazat pe o cunoaștere aprofundată a felului în care poate fi influențată gândirea mulțimii romane: prin lingușeală.

Flatarea care nu se bazează pe sinceritate poate fi însă foarte periculoasă și ușor de detectat. Lingușeala este o trăsătură negativă, pentru că ucide adevărul care ar trebui transmis. Entuziasmul pozitiv al lui Marc Antoniu este ceea ce i-a dat acestuia puterea de convingere.

Nu uitați niciodată de entuziasm

Studiați cu atenție modul în care un prieten de-al meu, absolvent în Științele Reușitei Personale, aplică și înțelege unul dintre cele mai importante principii, acela al puterii de convingere.

„Importanța entuziasmului" este titlul unui eseu scris de Robert Swaybill, un avocat din New York și un exemplu pentru ceea ce înseamnă să ai entuziasm și un scop foarte clar.

Avocatul Swaybill spune: „Punctul culminant în domeniul dreptului este arta avocatului pledant. În acest sens, s-au scris mii și mii de cărți de către experții în drept. De câte ori se întâlnesc niște avocați, se ridică următoarea problemă: «De ce anume are nevoie avocatul pledant pentru a atinge culmea succesului?» Răspunsul este întotdeauna același — de pregătire.

Ei bine, e clar, trebuie să fii pregătit. În ziua de azi, chiar și pentru a fierbe un ou trebuie să ai o anumită pregătire. Dar oare nu există și un alt element, altceva decât pregătirea, pentru a reuși în această adevărată artă? Răspunsul este entuziasmul.

Ce înseamnă, de fapt, entuziasmul? Dicționarul spune că entuziasmul este «un sentiment foarte puternic, datorat unei cauze sau unui lucru». O persoană entuziastă este pătimașă și plină de imaginație, lipsită de teamă sau îndoială; ea are forță interioară, deține controlul absolut asupra simțurilor sale. Persoana respectivă are puterea de a înflăcăra auditoriul prin entuziasmul său.

Entuziasmul generat de o cauză este molipsitor, contagios. Entuziasmul vine din interior. Entuziasmul are o forță magnetică.

Din observațiile noastre, principiile și legile sunt mereu aceleași în orice situație. Dacă reușești să convingi jurații de dreptatea cauzei tale, apelând la entuziasm în momentele cele mai dificile, înseamnă că este foarte ușor să aplici aceeași rețetă și în alte aspecte ale existenței.

Entuziasmul — și lipsa de interes — sunt la fel de molipsitoare. Alegerea vă aparține.

Ceea ce v-am prezentat până acum sunt legi universal valabile. Acestea nu le-am descoperit noi — ele au existat în noi dintotdeauna. Ne DESCOPERIM PE NOI ÎNȘINE. Noi nu dezvăluim niște legi, ne dezvăluim pe noi înșine. Aceste legi universale sunt valabile pentru oricine. Cultivați-vă entuziasmul și faceți ca aceste legi să lucreze în favoarea voastră..."

Nu se putea face un comentariu mai bun asupra caracterului unei persoane decât prin aceste vorbe. Ele au fost scrise de către o persoană a cărei întreagă carieră a însemnat aplicarea în propria existență a acestor „legi universale".

Partea a II-a
Ghid pentru un maestru în vânzări

În fiecare zi reușită a existenței voastre, indiferent de ocupație sau de profesie, trebuie să fiți adevărați maeștri ai vânzărilor. Arta vânzării constituie secretul obținerii a tot ceea ce vă doriți de la viață. Această regulă nu este valabilă doar pentru cei care lucrează în domeniul asigurărilor, pentru cei care vând mașini sau pentru cei care se ocupă, în general, de vânzări, ci și pentru gospodine, pentru studenți și pentru oricine dorește să obțină toate binecuvântările vieții.

Cele mai mari descoperiri din toate domeniile — știință, învățământ, industrie, tehnologie, religie — au fost făcute, în majoritatea cazurilor, de către bărbați și femei care au stăpânit și au folosit cum se cuvine puterea de convingere. Napoleon Hill a subliniat importanța acestui punct extrem de important, menționând că această parte din carte este utilă tuturor celor care o vor citi, pentru că se ocupă de datele fundamentale necesare pentru stăpânirea artei vânzărilor.

În cazul în care vă îndoiți de faptul că *toată lumea* are nevoie să dobândească o cât mai mare cunoaștere pentru a fi un maestru în vânzări, dr. Hill recomandă următoarele: subliniați cu cerneală roșie cuvintele „maestru în vânzări" de fiecare dată când apar în acest capitol. Cu cerneală albastră, scrieți în dreptul lor clasificarea personală, indiferent că sunteți studenți, gospodine, oameni de afaceri, artiști sau agenți de vânzări. Pentru a obține cele mai bune rezultate, faceți acest lucru înainte de a parcurge capitolul cu atenție.

După ce ați citit capitolul cu multă atenție, analizând fiecare cuvânt subliniat și fiecare adnotare făcută, veți începe să vă considerați un maestru în gospodărie, un maestru student, un maestru în dactilografie — un maestru în vânzări, indiferent de domeniul în care vă desfășurați activitatea.

La formarea și dezvoltarea unui program de succes în vânzări participă numeroși factori. Cei mai mulți dintre acești factori sunt de natură personală, având o importanță sporită pentru persoana respectivă și mai mică pentru produsul sau serviciul oferit ori pentru compania reprezentată.

Citind cu atenție capitolele precedente și punând în practică tot ceea ce conțin ele, cititorul a făcut deja primul pas către a deveni un maestru în vânzări — practic, el și-a făcut o autoanaliză sinceră. Pe lângă informațiile prețioase pe care le veți găsi în capitolele următoare, există și câteva calități esențiale pe care *trebuie* să le dețineți, dacă intenționați în mod serios să deveniți o persoană de succes.

În continuare, urmează o listă a acestor calități extrem de importante, pe care oricine le poate dobândi cu puțină seriozitate și dăruire. Lista este destul de lungă, iar perfecțiunea nu poate fi atinsă decât printr-un efort constant. Dar atunci când perfecțiunea a fost atinsă, sau măcar o stare aproape de perfecțiune, se poate spune că s-a născut un maestru în vânzări.

Înainte de a intra în amănuntele referitoare la lista completă a calităților necesare, am vrea să definim cele opt *caracteristici* care sunt *obligatorii* — *necesitățile pozitive*.

Premise: opt calități pe care trebuie neapărat să le aibă un foarte bun agent de vânzări

1. CONDIȚIA FIZICĂ este de o importanță colosală pentru simplul motiv că nici mintea, nici trupul nu pot funcționa bine în lipsa ei. Condiția fizică este premisa unei atitudini mentale pozitive. De aceea, aveți grijă ca existența pe care o duceți să fie sănătoasă, să presupună inclusiv un regim alimentar adecvat, somn suficient, perioade de recreere și de sport adecvate.

2. CURAJUL trebuie să existe în fiecare bărbat sau femeie de succes, în special în domeniul vânzărilor, pentru că aceasta este o meserie tensionată și, în mod inerent, profund concurențială.

3. IMAGINAȚIA este o condiție absolută pentru un agent de vânzări de succes. El trebuie să anticipeze diverse situații în relația cu presupusul client. Trebuie să aibă imaginația necesară pentru a înțelege pe deplin poziția, nevoile și obiectivele clientului său. Trebuie să „se pună în pielea celuilalt", iar pentru asta trebuie multă imaginație.

4. VORBIREA. Vocea agentului de vânzări trebuie să fie plăcută. O voce prea ascuțită sau una nazalizată sunt enervante. Cuvintele înghițite pe jumătate sunt greu de înțeles. Vorbiți răspicat și enunțați clar ceea ce aveți de spus. O voce prea blajină dă impresia unei persoane cu slăbiciuni. O voce fermă, răsunătoare, plină de siguranță de sine și de încredere indică în general o persoană entuziastă și fermă.

5. O PERSONALITATE PLĂCUTĂ. Maestrul în vânzări a dobândit deja arta de a-și face plăcută prezența. El știe că potențialul client trebuie să-l „cumpere" și pe

agentul de vânzări, nu numai marfa pe care acesta o oferă.

6. ÎNCREDEREA ÎN SINE este, de fapt, o chestiune de autohipnoză. Dacă vă displace cuvântul „hipnoză", spuneți-i autosugestie. Încrederea în sine este un mod de a determina gândirea să ajute la atingerea scopurilor sau rezultatelor dorite.

Dr. Hill are zece sfaturi invizibile, sau entități, doar pentru unicul scop de a-și menține mintea pozitivă și pentru a o determina să facă exact ceea ce își dorește el.

Filozofia de viață a lui Napoleon Hill a depășit cu mult statutul de clasic în domeniu. Ea a fost recunoscută ca fiind baza pe care s-au construit majoritatea teoriilor motivaționale. Elemente din ideile sale se găsesc practic în orice program de dezvoltare personală scris în ultimii 60 de ani, câți au trecut de când și-a publicat prima carte cu acest subiect.

Hill a observat că toți oamenii de afaceri, asemeni lui W. Clement Stone, care a construit compania gigant Combined Insurance (ulterior Aon Corporation), și Del Smith, președintele și directorul executiv al firmei Evergreen International Aviation — de fapt, toți oamenii de succes — au un sistem prin care își mențin o gândire pozitivă prin autosugestie.

Un bărbat care a reușit în mod cu totul spectaculos atribuie toate meritele soției sale. Când s-au căsătorit, ea a scris o mărturisire de credință, pe care el a semnat-o și a pus-o pe biroul său. O puteți citi la paginile 138–139. Și vă puteți decide dacă vreți sau nu să copiați, să semnați și să așezați mărturisirea pe propriul vostru birou. Cea care a întocmit acest crez era un psiholog de primă mână. Sub influența și călăuzirea unei asemenea femei, orice bărbat poate reuși în mod remarcabil. Observați cât de ușor spunem „eu". Acesta este începutul afirmării încrederii în sine, așa cum trebuie ea să fie.

Acesta este un crez pe care ar trebui să-l adopte orice agent de vânzări. Nu dăunează în nici un fel șanselor *voastre* de reușită, dacă îl veți adopta. Însă simpla lui adoptare nu este suficientă. El trebuie pus în practică. Citiți-l de mai multe ori, până când îl învățați pe dinafară. Apoi repetați-l cel puțin o dată pe zi, până ce îl veți transforma într-un tipar de gândire. Păstrați permanent în fața ochilor un exemplar, pentru a vă aminti de jurământul făcut, adică de acela de a-l pune în practică. Procedând astfel, veți folosi în mod eficient principiul autosugestiei, ca mijloc de cultivare a încrederii în sine. Nu luați în seamă ceea ce spun alții despre acest procedeu. Amintiți-vă doar că scopul vostru este să reușiți cu orice preț și că acest crez, dacă este folosit și aplicat cum trebuie, vă va ajuta în foarte mare măsură.

Orice idee pe care reușiți să o fixați în subconștientul vostru, repetând-o cu convingere, devine în mod automat un fel de plan prin care o putere nevăzută vă ajută să vă stăpâniți mai bine obiectivul.

7. ALIANȚA GENIALĂ. Nimeni nu poate obține rezultate complexe la problemele dificile fără ajutorul altora. Când două sau mai multe persoane se aliază într-o anumită direcție, bazându-se pe un spirit al armoniei și al înțelegerii, fiecare dintre cei implicați într-o astfel de alianță își sporește astfel forța de a reuși. Nicăieri nu se aplică mai bine acest sistem decât într-o afacere în care se practică o muncă de echipă între patron și angajați. Acolo unde există muncă în echipă, există și prosperitate și bunăvoință de ambele părți.

„Cooperare" este considerat cuvântul cel mai important. El are un rol esențial în tot ceea ce se întâmplă într-un cămin, în relațiile dintre soț și soție, dintre părinți și copii. Joacă un rol foarte important în afacerile de stat, oficiale. Principiul cooperării este atât de important, încât nimeni nu poate ajunge un adevărat lider sau nu rezistă atâta vreme cât nu înțelege și nu aplică acest sistem în felul său de a conduce. Lipsa de cooperare a distrus mai multe afaceri decât toate celelalte cauze la un loc.

8. MUNCA, munca plină de strădanie, este singurul lucru care poate transforma cursurile pentru agenții de vânzări și capacitățile lor în bani. Sănătatea, curajul sau imaginația nu valorează nici cât o ceapă degerată atâta vreme cât nu sunt puse la treabă. De obicei, venitul agentului de vânzări este determinat de cantitatea de muncă investită cu seriozitate și inteligență.

Un bun agent de vânzări a înțeles foarte bine care este relația dintre muncă și noroc. Iată cum o explică el colegilor din breaslă:

„Cu cât muncesc mai mult și cu cât fac mai puține șmecherii, cu atât am mai mult noroc. Nu căutați norocul pentru a reuși în viață. Norocul este mai mult o speculație. Munca este cea care oferă marja de siguranță pentru reușita adevărată."

Analizați atent aceste opt calități. Încercați să descoperiți pe care dintre acestea le aveți, sincer vorbind, și de care duceți lipsă. Străduiți-vă să vă îmbunătățiți autodisciplina, pentru că ea este cheia stăpânirii celor opt premise și, deci, calea spre a deveni un maestru în vânzări.

Cele ce urmează sunt de asemenea lucruri foarte importante pentru cel ce studiază arta de a vinde. Sunt calități care duc la cizelare, la o cunoaștere profesionistă, necesară oricărui agent care intenționează să devină un adevărat maestru în vânzări.

Calitățile profesionale

1. CUNOAȘTEREA MĂRFII PE CARE O VINDE. Maestrul în vânzări analizează atent și este foarte familiarizat cu toate aspectele mărfurilor sau ale serviciilor pe care le oferă. Cunoașterea produsului poate reprezenta diferența dintre reușită și eșec.

2. ÎNCREDEREA ÎN MARFA SAU ÎN SERVICIUL PE CARE ÎL VINDE. Nimeni nu poate vinde ceva atâta vreme cât nu înțelege întru totul și nu crede în produsul respectiv. Un maestru în vânzări nu încearcă niciodată să vândă ceva în care nu are încredere, deoarece știe că printr-un flux mental va transmite această neîncredere potențialului client, indiferent cât de plăcută ar fi prezentarea sa.

Crezul încrederii în sine

Eu cred în mine însumi. Eu cred în cei care lucrează cu mine. Eu cred în patronul meu. Eu cred în prietenii mei. Eu cred în familia mea. Eu cred că Dumnezeu îmi va da tot ceea ce am nevoie pentru a reuși dacă voi face tot posibilul să câștig aceste lucruri prin credință și în mod cinstit. Eu cred în rugăciune și nu voi închide niciodată ochii pentru a adormi, fără a mă ruga ca Domnul să mă călăuzească în a avea răbdare cu ceilalți, în a fi înțelegător cu cei care nu cred cu aceeași tărie ca și mine.

Eu cred că reușita este rezultatul unui efort inteligent și nu depinde de noroc sau de o prea mare îndrăzneală, ori de înșelarea prietenilor, a semenilor ori a patronului. Eu cred că mă voi alege de la viață exact cu ceea ce am investit în ea; de aceea, voi avea grijă să mă comport cu ceilalți așa cum aș vrea să se comporte ei față de mine. Nu-i voi calomnia pe cei care nu-mi sunt dragi. Nu-mi voi desconsidera munca, indiferent ce ar face ceilalți. Voi munci cu toată dăruirea, pentru că am jurat să reușesc în viață și știu că reușita este întotdeauna rezultatul unui efort conștiincios și eficient. În final, îi voi ierta pe toți cei care mi-au greșit, pentru că îmi dau seama că și eu, la rândul meu, am greșit altora și voi avea nevoie să fiu iertat.

____

Semnat

3. MARFA POTRIVITĂ. Maestrul în vânzări își analizează potențialul client și nevoile acestuia, oferindu-i doar ceea ce i se potrivește. Niciodată nu va încerca să vândă un Rolls Royce unui tip care are nevoie de un Dodge, chiar dacă, din punct de vedere financiar, clientul și-ar putea permite o mașină mai scumpă. El știe că o afacere proastă pentru cumpărător este una și mai proastă pentru vânzător.

4. VALOAREA OFERITĂ. Maestrul de vânzări nu încearcă niciodată să obțină mai mult decât valorează produsul său, pentru că își dă seama că încrederea și bunăvoința câștigate din partea potențialului cumpărător valorează mai mult decât un „profit serios" la o singură vânzare.

5. CUNOAȘTEREA POTENȚIALULUI CUMPĂRĂTOR. Maestrul în vânzări trebuie să știe să analizeze

caracterul oamenilor. El trebuie să aibă capacitatea de a discerne care dintre principalele motivații se aplică unui anumit client, bazându-și prezentarea de vânzare pe aceste motivații. Dacă potențialul client nu are nici un motiv special să cumpere, atunci maestrul în vânzări, știind că motivația este esențială în încheierea unei vânzări, va crea o motivație anume pentru clientul respectiv.

6. ÎNCADRAREA POTENȚIALULUI CLIENT ÎNTR-O CATEGORIE. Maestrul în vânzări nu încearcă niciodată să facă o vânzare până ce nu a categorisit cum se cuvine potențialul client, informându-se dinainte în privința următoarelor puncte:

a) Disponibilitatea financiară a potențialului client.

b) Nevoia sa de a cumpăra produsul oferit.

c) Motivația acestei achiziții.

Strădania de a face vânzări fără a încadra mai întâi într-o categorie potențialul client este una dintre cele mai frecvente greșeli din cauza cărora oamenii „nu reușesc să vândă".

7. CAPACITATEA DE A „NEUTRALIZA" GÂNDIREA CLIENTULUI. Maestrul în vânzări știe că nu poate face nici o vânzare până ce gândirea potențialului client nu a fost neutralizată sau determinată să fie receptivă. Înarmat cu aceste informații, el nu se străduiește niciodată să încheie o vânzare până ce nu a reușit să deschidă mintea cumpărătorului, făcând în așa fel încât să-i trezească dorința pentru marfa oferită. Neutralizarea gândirii cumpărătorului va fi discutată pe larg în Partea a V-a a acestui capitol.

8. CAPACITATEA DE A ÎNCHEIA O VÂNZARE. Maestrul în vânzări este un adevărat artist în momentul

în care atinge punctul culminant și încheie cu succes o vânzare. El se formează în așa fel încât să sesizeze momentul psihologic cel mai potrivit pentru a-și termina prezentarea și a face vânzarea. Rareori (mai bine zis niciodată) își întreabă clientul dacă este gata să cumpere. În schimb, pornește de la presupunerea că respectivul client este pregătit și își îndreaptă conversația și comportamentul spre acest făgaș. Aceasta înseamnă, de fapt, că folosește în mod eficient forța de sugestie. Maestrul în vânzări nu încearcă să încheie o vânzare până ce nu este sigur că o poate încheia cu bine. El își orientează prezentarea (fără s-o considere „încheiată") astfel încât potențialul client să creadă că a fost hotărârea *lui* să cumpere (vezi „Încheierea vânzării", Partea a VI-a a acestui capitol).

Calități personale

9. ARTA SPECTACOLULUI. Maestrul în vânzări este dotat de asemenea și în ceea ce privește arta spectacolului. El are capacitatea să ajungă până la mintea potențialului client, interpretându-și în mod sincer prezentarea, ca la teatru, dându-i suficientă „culoare" pentru a stimula imaginația potențialului client.

10. AUTOCONTROLUL. Maestrul în vânzări deține un control total și permanent asupra minții și sentimentelor sale. El știe că dacă nu se controlează, nu poate deține controlul nici asupra potențialului client.

11. INIȚIATIVA. Indiferent cu ce v-ați ocupa în prezent, zilnic sunteți confruntat cu ocazia de a face un serviciu în afara îndatoririlor obișnuite și care este de

preț pentru ceilalți. Faceți acest serviciu suplimentar de bunăvoie și, evident, nu cu intenția de a fi recompensați financiar. Faceți acest serviciu pentru că el vă oferă căi și mijloace de a vă exersa, cultiva și întări spiritul puternic de inițiativă, de care aveți foarte mare nevoie înainte de a deveni o persoană remarcabilă în domeniul de activitate pe care vi l-ați ales.

Cei care muncesc doar pentru bani, aceia care nu primesc decât bani pentru munca lor sunt întotdeauna subevaluați material, indiferent cât ar primi. Banii sunt necesari, dar recompensele importante ale vieții nu pot fi măsurate în dolari și cenți. Nici o sumă de bani nu poate ține loc de fericire și de liniște sufletească.

Maestrul în vânzări înțelege valoarea și utilizările principiului inițiativei. Niciodată nu trebuie să i se spună ce are de făcut sau cum. El își folosește propria imaginație pentru a crea planuri pe care le pune în practică prin spiritul său de inițiativă. În general, el nu are nevoie de o supraveghere în această direcție.

12. TOLERANȚA. Maestrul în vânzări este deschis și tolerant în toate direcțiile, știind că o minte deschisă este esențială pentru prosperitatea de orice fel.

13. GÂNDIREA PRECISĂ. Maestrul în vânzări gândește! Își acordă răgazul de a aduna fapte care să stea la baza gândirii sale. El nu merge pe ghicite atunci când are la dispoziție fapte precise. Nu prinde din zbor păreri care nu se bazează pe fapte.

14. PERSEVERENȚA. Niciodată un maestru în vânzări nu se lasă influențat de un „nu" și nici nu recunoaște sensul cuvântului „imposibil". Pentru el, orice se poate obține. Cuvântul „nu" pentru un maestru în

vânzări nu este altceva decât semnalul că trebuie să-și înceapă prezentarea cu și mai multă convingere. El știe că toți cumpărătorii folosesc ca alibi acest „nu", pentru a se opune măcar parțial, în prima fază. Cum agentul știe asta, rareori se lasă influențat de clientul care se opune vânzării și care, inițial, are o abordare negativă.

Ceea ce urmează este un exemplu foarte rațional despre felul în care un agent de vânzări a învățat să audă doar ce-i convine — adică un „da"!

Povestea pâlniei acustice

Pe vremea când conducea o școală de agenți de vânzări din New York, dr. Hill a primit un telefon de la o companie de asigurări din New York, care l-a rugat să vină și să poarte o discuție cu un agent care începuse să aibă rezultate cu totul nesatisfăcătoare. Inițial, fusese printre cei mai buni și dintr-odată pur și simplu s-a blocat din punctul de vedere al eficienței. Cei de la companie doreau să afle ce s-a întâmplat.

Dr. Hill s-a întâlnit cu dl James C. Spring și au stat puțin de vorbă.

Spring a ales zece potențiali clienți și, împreună cu Hill, a pornit la treabă. Chiar înainte de a ajunge la cel dintâi potențial client, dr. Hill deja auzea fatalul „nu" încă înainte ca dl Spring să apuce să vorbească! Când au intrat, dl Spring a zis: „Ei bine, mergem și aici, deși am mai fost de câteva ori și știu că nu are nici un rost." Atunci când povestea, dr. Hill spunea: „Ei bine, mi-am dat seama imediat că atâta vreme cât adopta o asemenea atitudine era inutil. Ne-am dus la cel de-al doilea client și din nou mi-a zis: «Nici aici nu prea avem șanse. Am mai fost o singură dată, dar mi-a lăsat impresia că nu este deloc dispus să cumpere.»

Acest tip de gândire s-a desfășurat în mod similar cam jumătate din zi. În final, i-am spus dlui Spring: «Să ne întoarcem la birou și am să-ți explic care e problema și cum poate fi găsită o rezolvare.»

Dl Spring avea 65 de ani, dar cineva îi spusese «bătrânul» cu mult înainte. Era convins că e prea în vârstă ca să mai vândă asigurări. Avea însă un auz foarte fin — chiar prea fin, astfel încât avea impresia că aude acel «nu» încă înainte ca potențialul client să-l rostească." Dr. Hill a explicat cum stau lucrurile și șeful agenților de vânzări l-a întrebat ce e de făcut. Dr. Hill a răspuns: „Cred că ar trebui ca dl Spring să se ducă și să-și cumpere o pâlnie acustică din aceea de modă veche, dar una chiar foarte veche, care se folosea pe vremuri pentru a auzi mai bine. Apoi, când cineva începe să-i spună «nu» dlui Spring, sugerez să-și pună pâlnia în ureche, să se prefacă că n-a auzit și să continue să vorbească."

Dl Spring a ascultat atent toate acestea și a spus uluit: „Și de ce ați vrea să fac asta?"

„Dle Spring, vreau să faci asta ca să-ți recapeți încrederea în dumneata."

Dl Spring s-a dus în oraș în aceeași zi și a găsit un cornet acustic de modă veche. Nu era în cea mai bună stare, dar se dovedea perfect pentru treaba respectivă. Avea chiar și o sforicică, astfel încât dl Spring l-a legat mai lejer în jurul gâtului. Apoi, cei doi s-au apucat din nou de treabă.

Primul potențial client la care s-au dus s-a uitat la pâlnie și a zis: „Dle Spring, nu știam că ești tare de urechi." Spring și-a pus pâlnia în ureche și a țipat: „Ai?"

Respectivul a repetat remarca.

Spring a făcut o grimasă și i-a zis: „Da, cam așa ceva." Și a început prezentarea. Vânzarea a fost o reușită.

Până la sfârșitul săptămânii, a mai făcut cinci vânzări, iar acesta a fost recordul său absolut.

Dl Spring a învățat să nu se mai considere prea bătrân pentru a vinde asigurări. El a mai învățat să nu mai audă cuvântul „nu" nici măcar după ce a fost pronunțat, darămite *înainte*.

Când un agent de vânzări se adresează unui potențial client, acesta preia atitudinea mentală a agentului, indiferent că-și dă seama sau nu. Dacă agentul are îndoieli, este puțin probabil că va reuși să vândă ceva.

Așa funcționează mintea omenească. Un maestru în vânzări nu-l lasă niciodată pe potențialul client să preia inițiativa. O ia el de la bun început și o menține până la capăt. Dacă potențialul client are obiecții, maestrul în vânzări are o întreagă artilerie de îndepărtare a tuturor obiecțiilor, totul fiind foarte bine ordonat în mintea sa, încă dinainte de a începe să vorbească.

De observat: dr. Hill subliniază că a procedat astfel pentru a-i demonstra într-un mod cât mai pitoresc dlui Spring motivul pentru care avea eșecuri în vânzări. Dl Spring și-a dat repede seama de punctul de vedere al dr. Hill și a renunțat curând la cornetul acustic, redevenind un foarte bun agent de vânzări. Această pâlnie acustică l-a învățat să nu se mai aștepte ca prezentarea lui să se încheie cu „nu se poate".

Jurământul spiritului de inițiativă

Având în vedere că mi-am ales meseria de ____, îmi dau seama că este de datoria mea să transform acest scop în realitate.

De aceea, îmi voi lua obiceiul să pun în practică zilnic ceea ce mă va ajuta pas cu pas să ajung la faza de maestru în vânzări.

Știu că amânarea este un dușman ucigător al tuturor celor care doresc să devină lideri, indiferent de domeniu, drept pentru care voi îndepărta acest prost obicei în următoarele moduri:

1. Făcând un lucru precis și util zilnic, fără să mă împingă nimeni de la spate.
2. Căutând până ce voi găsi cel puțin un lucru pe care să-l pot face zilnic, pe care nu l-am făcut până acum și care să fie de preț pentru ceilalți.
3. Spunându-i zilnic cel puțin încă unei persoane cât de importantă este practicarea acestui obicei de a face ceva fără a fi împins de la spate.

Am observat că mușchii trupului meu devin tot mai puternici pe măsură ce sunt folosiți; de aceea, am înțeles că obiceiul de a avea inițiativă se poate fixa definitiv, în funcție de măsura în care este practicat. Mi-am dat seama că spiritul de inițiativă trebuie dezvoltat începând cu lucruri mărunte și obișnuite, în strânsă legătură cu viața mea de zi cu zi; de aceea, mă voi duce la muncă în fiecare zi ca și cum aș face-o doar pentru a-mi cultiva spiritul de inițiativă necesar.

Înțeleg că prin cultivarea acestui obicei al aplicării spiritului de inițiativă în strânsă legătură cu munca mea de zi cu zi nu numai că voi reuși să îl dezvolt, dar voi atrage și atenția celorlalți, care vor pune mai mult preț pe serviciile mele ca urmare a practicării acestui sistem.

Semnat

15. ÎNCREDEREA. Maestrul în vânzări are capacitatea de a avea o „încredere extraordinară" în:

a) El însuși
b) Ceea ce vinde
c) Potențialul client
d) Realizarea vânzării

El nu va încerca niciodată să facă o vânzare fără să aibă încredere totală. El știe că încrederea este molipsitoare și poate fi transmisă „stației de recepție" aflate la nivelul mental al potențialului client, putându-i astfel influența în mod pozitiv decizia de a cumpăra. Fără încredere, maestrul în vânzări nu mai există. Încrederea este o stare de spirit ce poate fi descrisă ca o formă de maximă intensitate a bazei pe care o pune fiecare pe sine însuși. Se spune că poți „muta munții din loc" atâta vreme cât ai credința necesară. Tot așa de bine ajută și la vânzări.

16. SPIRITUL DE OBSERVAȚIE. Maestrul în vânzări este un fin observator al celor mai mici amănunte. Fiecare cuvânt rostit de potențialul client, fiecare modificare a expresiei sale faciale, fiecare mișcare este atent observată și analizată de agent.

17. OBICEIUL DE A FACE MAI MULTE SERVICII DECÂT SUNT CERUTE. Maestrul în vânzări are obiceiul

să facă mai multe servicii, cantitativ și calitativ, decât i se cer, profitând astfel de legea compensației, precum și de cea a contrariilor.

18. PROFITAREA DE PE URMA EȘECURILOR ȘI A GREȘELILOR. Maestrul în vânzări nu cunoaște ceea ce se numește „efort în zadar". El profită de pe urma greșelilor sale și, printr-o observare atentă, de pe urma erorilor celorlalți. El știe că fiecare eșec și fiecare greșeală, dacă sunt analizate profund, conțin sâmburele unei reușite cel puțin echivalente.

19. PLANUL BINE TICLUIT. Maestrul în vânzări înțelege și aplică principiul planului bine ticluit, prin care își poate spori șansele de reușită. Acest principiu constă în simpla coordonare a două sau mai multe gândiri individuale, care funcționează într-o armonie perfectă, pentru un scop precis.

20. SCOPUL MAJOR BINE DEFINIT. Maestrul în vânzări are o normă precisă de vânzări sau un scop anume în gând. El nu se duce niciodată la treabă având ca obiectiv să vândă cât va putea. Nu numai că muncește cu un scop precis în gând, dar stabilește și niște limite de timp în care trebuie atins obiectivul respectiv.

21. APLICAREA REGULII DE AUR. Maestrul în vânzări folosește Regula de Aur ca bază a tuturor tranzacțiilor în afaceri, încercând să se pună în pielea celuilalt și percepând situația din punctul de vedere al celuilalt.

Aplicarea Regulii de Aur

Cea mai bună ilustrare a aplicării Regulii de Aur este o poveste care s-a întâmplat pe la începutul secolului. Într-o după-amiază ploioasă, cu foarte mulți ani în urmă, o doamnă în vârstă a intrat într-un magazin din Pittsburgh. S-a învârtit pe acolo fără un scop precis, asemeni unei persoane care doar „testează piața". Majoritatea vânzătorilor au „ignorat-o" și și-au văzut de treabă, evitând să-și piardă vremea cu ea. Totuși, un tânăr a observat-o mai atent și a întrebat-o politicos cu ce ar putea să o servească. Ea i-a spus că așteaptă doar să treacă ploaia și că nu vrea să cumpere ceva anume. Tânărul a asigurat-o că este bine-venită și, angajându-se într-o conversație ceva mai lungă, a convins-o că nu sunt doar vorbe în vânt. Când doamna era gata de plecare, tânărul a condus-o până în stradă și i-a deschis umbrela. Aceasta i-a cerut cartea de vizită și și-a văzut de drum.

Tânărul uitase de această întâmplare când, într-o zi, a fost chemat de directorul companiei căreia îi aparținea magazinul și i s-a arătat o scrisoare prin care o doamnă cerea ca el să meargă la conacul acesteia din Scoția și să preia o comandă importantă de accesorii de tot felul.

Doamna cu care tânărul se purtase frumos și politicos cu câteva luni mai înainte era mama lui Andrew Carnegie. În scrisoare, dna Carnegie specificase faptul că dorește ca acest tânăr să vină să preia comanda. Valoarea acesteia s-a ridicat la o sumă enormă, drept pentru care tânărul a fost avansat, lucru care nu i s-ar fi întâmplat dacă n-ar fi făcut acel gest politicos față de o doamnă în vârstă, care nu părea deloc „dispusă să cumpere".

Așa cum legile fundamentale ale vieții sunt incluse în experiențele cele mai banale de zi cu zi, tot așa și șansele reale sunt ascunse adesea în ceea ce par a fi tranzacții neimportante. Nebănuind ce șansă fantastică va antrena politețea sa, tânărul pur și simplu a aplicat doar ceea ce înțelesese el despre principiul Regulii de Aur.

22. ENTUZIASMUL. Maestrul în vânzări are foarte mult entuziasm, pe care și-l poate amplifica după bunul plac. El cunoaște faptul că undele de transmitere a gândurilor pe care le emană prin entuziasmul său pot fi molipsitoare pentru potențialul client tot așa cum încrederea poate influența în mod pozitiv hotărârea cumpărătorului. Entuziasmul este o calitate intangibilă, dar ușor de recunoscut. Toată lumea apreciază persoanele entuziaste. O asemenea persoană este bine dispusă și radiază o atitudine pozitivă, spirit de echipă și încredere. De fapt, entuziasmul probabil că s-a născut dintr-o profundă încredere în sine și în scopul muncii în care este implicat. Entuziasmul poate fi comparat cu strălucirea unui diamant din vitrina unui bijutier. Sclipirea aceea spontană și cu multe fațete trezește admirație și demonstrează valoarea. Orice agent de vânzări ar trebui să ia în seamă acest sfat aparent mărunt: „Pune în toate un strop de entuziasm."

23. O MEMORIE BUNĂ. Principiile conform cărora se poate forma o memorie corectă și fără goluri sunt puține și relativ simple.

a) Reținerea de date. Receptarea unei impresii prin intermediul unuia sau mai multora dintre cele cinci simțuri și înregistrarea acestei impresii în mod logic. Acest proces poate fi comparat cu înregistrarea unei imagini pe o placă fotografică sensibilă.

b) Amintirea. Retrăirea sau amintirea conștientă a impresiilor receptate prin intermediul simțurilor, totul fiind înregistrat în subconștient. Acest proces poate fi comparat cu căutarea într-un index alfabetic și extragerea unei fișe pe care au fost înregistrate anterior informații.

c) Recunoașterea. Capacitatea de a recunoaște o impresie atunci când este reamintită și conștientizată, astfel încât să poată fi identificată ca o copie a originalului și asociată cu sursa inițială. Acest proces ne dă posibilitatea să distingem între „memorie" și „imaginație".

Îmbunătățirea memoriei

Acestea sunt cele trei principii pe care le presupune actul de a-ți reaminti. Să vedem însă cum pot fi aplicate ele și cum pot fi folosite în mod eficient.

a) Când doriți să fiți siguri de capacitatea voastră de a vă aminti o impresie, cum ar fi un nume, o dată, un loc, încercați să faceți cât mai vie această amintire, concentrându-vă asupra celor mai mici amănunte. Un mod eficient de a reuși acest lucru este să repetați de mai multe ori ceea ce vreți să vă amintiți. Asemeni unui fotograf care trebuie să acorde un anumit timp de expunere plăcii sensibile, tot așa subconștientul nostru trebuie să aibă răgazul să înregistreze corect și clar orice impresie pe care vrem să ne-o amintim cu promptitudine.

b) Asociați ceea ce vreți să vă amintiți cu un alt obiect, nume, loc sau dată cu care sunteți familiarizați și pe care vi-l puteți aminti cu ușurință oricând doriți. De exemplu, puteți folosi numele orașului în care v-ați născut, al unui prieten apropiat, data nașterii ș.a.m.d. Atunci, gândirea voastră va prelua impresia pe care doriți să v-o amintiți și o va clasa alături de cea pe care v-o amintiți cu ușurință, astfel încât pătrunderea ei în conștient să o atragă și pe cealaltă.

c) Repetați de mai multe ori ceea ce doriți să vă amintiți, concentrându-vă asupra acestui lucru. De obicei, atunci când nu reușiți să vă amintiți un nume, această situație se datorează faptului că de la bun început nu ați înregistrat numele respectiv. Când sunteți prezentat unei persoane al cărei nume doriți să vi-l amintiți, repetați-vă numele de patru sau de cinci ori, asigurându-vă mai întâi că l-ați înțeles. Dacă el seamănă cu al unei persoane pe care o cunoașteți bine, faceți o asociere între cele două nume, gândindu-vă la cei doi în momentul în care înregistrați noul nume.

Dacă cineva vă dă o scrisoare ce trebuie trimisă prin poștă, uitați-vă la plic, măriți-i în gând dimensiunea și încercați s-o vedeți ca și cum ar ieși afară din cutia poștală. Fixați-vă în minte o dimensiune a scrisorii cam cât ușa, asociind-o cu o cutie poștală de aceleași proporții. Veți constata că prima cutie poștală pe lângă care treceți pe stradă vă va aminti de scrisoarea aceea mare și ciudată pe care o aveți în buzunar.

Să zicem că sunteți prezentat unei doamne care se numește Elizabeth Shearer [foarfecă mecanică de tuns oile] și vreți să vă amintiți numele ei. În vreme ce îi repetați numele în gând, asociați-l cu persoana reginei Elisabeta și cu o foarfecă cam de trei metri lungime. Veți constata că atât gândul unei foarfeci enorme, cât și numele reginei vă vor ajuta să vă amintiți de Elizabeth Shearer.

Crezul lui Barnes (Partener de afaceri al lui Thomas A. Edison)

1. Îmi voi canaliza gândurile spre ideea de prosperitate și reușită, concentrându-mă cât mai mult asupra scopului major pe care mi l-am fixat.
2. Îmi voi elibera gândurile de limitele autoimpuse, bazându-mă pe puterea pe care Creatorul o acordă unei credințe fără limite.
3. În mintea mea nu vor avea ce căuta lăcomia și pizma, împărtășind toată binecuvântarea de care am avut parte cu cei care merită să o primească.
4. Voi înlocui cu nemulțumirea pozitivă orice satisfacție personală indolentă, pentru a putea continua să învăț și să mă dezvolt fizic și spiritual.
5. Voi avea o minte deschisă în toate privințele și față de toată lumea, pentru a fi mai presus de intoleranță.
6. Voi căuta partea bună din ceilalți și voi învăța să fiu cât mai puțin aspru cu defectele celorlalți.
7. Voi evita să-mi plâng de milă. În toate împrejurările, voi căuta stimulentul pentru un efort și mai mare.
8. Voi recunoaște și respecta diferența dintre bunurile materiale de care am nevoie și pe care mi le doresc și dreptul de a le primi.
9. Îmi voi cultiva obiceiul de a „munci peste normă", acordând întotdeauna servicii mai multe și mai bune decât se așteaptă de la mine.

10. Voi transforma dezavantajele și înfrângerile în bunuri sigure, amintindu-mi că întotdeauna poartă în ele sâmburele unor avantaje echivalente.
11. Întotdeauna mă voi purta cu ceilalți astfel încât să nu-mi fie niciodată rușine de cel cu care mă întâlnesc în fiecare dimineață în oglindă.
12. În final, rugăciunea mea zilnică va fi pentru înțelepciunea de a recunoaște și de a-mi trăi viața armonios, așa cum a vrut Bunul Dumnezeu.

Asocierea de idei este cea mai importantă trăsătură a unei memorii exersate, fiind totodată o lege extrem de simplă. Trebuie doar să găsiți legătura dintre ceva familiar sau similar și lucrul despre care doriți să vă amintiți pe viitor. Cu mulți ani în urmă, un prieten i-a dat lui Napoleon Hill numărul său de telefon din Milwaukee, Wisconsin. Deși nu și l-a notat, dr. Hill nu l-a uitat niciodată. Iată cum l-a ținut minte: numărul și interiorul erau Lakeview 2651. Când prietenul i-a dat acest număr, se aflau chiar pe malul Lake [lacului] Michigan. Dr. Hill s-a folosit de lac pentru a-și îndosaria numele. Mai mult, numărul de telefon cuprindea întâmplător vârsta fratelui lui, care avea 26 de ani și pe cea a tatălui său, care avea 51 de ani. A asociat numele lor cu numărul respectiv, iar pentru a-și aminti prefixul și tot restul îi era suficient să se gândească la lacul Michigan, la fratele și la tatăl său!

24. UMILINȚA. Mulți oameni consideră că umilința ar fi o trăsătură negativă. Nu este adevărat. Este una profund pozitivă. Umilința este o forță pe care omul o poate face să acționeze în practică în favoarea lui. Toate

progresele grandioase — spirituale, culturale, tehnice — s-au bazat pe asta. Este principala premisă a adevăratului creștinism. Cu ajutorul ei, Gandhi a adus libertatea în India. Dr. Albert Schweitzer a creat o lume mai bună pentru mii de africani din junglă, dar și pentru noi toți.

Umilința este absolut esențială pentru tipul de personalitate necesar reușitei personale, independent de scop. Veți constata că este chiar mai importantă după ce ajungeți în vârful piramidei.

Fără umilință nu veți deveni niciodată înțelepți, pentru că una dintre cele mai importante trăsături ale înțeleptului este capacitatea lui de a spune: „Poate că am greșit."

Fără umilință nu veți fi capabili niciodată să descoperiți „sâmburele unui avantaj echivalent sau chiar mai mare" în orice dezavantaj sau înfrângere.

Umilința este o forță pozitivă fără limite. E un lucru mărunt, dar nu trebuie neglijat. Umilința este un element vital al măreției.

25. ÎNCREDEREA ÎN REUȘITĂ. Reușita este obținută de către cei care sunt ferm convinși că pot reuși. Ei au încredere într-un lucru, și anume: *Orice concepem sau credem poate fi dobândit*. Ei se străduiesc să își cultive încrederea în sine și în capacitatea lor de a-și atinge scopul fixat. Dacă aveți dorințe neîmplinite, repetarea acestui crez cel puțin o dată pe zi vă va ajuta să vă realizați cele mai mari visuri.

26. HOTĂRÂREA. Orice agent de vânzări bine informat vă va spune că nehotărârea este cea mai mare slăbiciune a celor mai mulți. Toți agenții de vânzări sunt familiarizați cu stratagema prin care se câștigă timp: „Am să reflectez", propoziția aceasta fiind ultimul

resort al potențialului client care pur și simplu nu are curajul să spună da sau nu.

Marii conducători ai lumii au fost bărbați și femei care au știut să ia repede hotărâri. Generalul Grant nu era neapărat virtutea întruchipată, dar era un excelent general de armată pentru că avea această calitate de a lua decizii ferme, care s-a dovedit suficientă pentru a-i eclipsa celelalte slăbiciuni. Întreaga poveste a reușitei sale militare poate fi rezumată în replica pe care a dat-o celor care îl criticau: „Vom lupta și vom reuși să trecem de această linie a frontului, chiar dacă ne va lua toată vara să izbândim."

Hotărâți — și acționați!

Atunci când Napoleon hotăra să-și îndrepte armatele într-o anumită direcție, nimic nu-l mai putea face să se răzgândească. Dacă pe linia frontului soldații lui ajungeau în dreptul unui șanț săpat de dușmani cu scopul de a-i opri, el era gata să dea ordin ca șanțul să fie umplut cu orice preț, chiar și cu cadavre, care să devină un pod.

Indecizia îi face pe milioane de oameni să cunoască eșecul. Un condamnat a spus cândva că nu l-a mai înspăimântat prea tare faptul că se apropia ziua execuției de îndată ce a reușit să accepte inevitabilul. Viziunea lui Andrew Carnegie referitoare la industria oțelului nu s-ar fi putut materializa niciodată, dacă nu ar fi existat decizia de a transforma viziunea în realitate.

Wallace Johnson și Kemmons Wilson din Memphis, Tennessee, au visat să fie hangiii națiunii americane — și așa a apărut rețeaua de hoteluri Holiday Inns, care este dovada vie a unei viziuni ce a aparținut membrilor săi fondatori. Rețeaua hotelieră Holiday Inns a adoptat tehnici de marketing inovatoare, a stabilit o anumită calitate ce trebuia respectată și care a devenit un standard pentru întreaga branșă. Cel mai des se folosea sloganul: „Firmă de calitate sau dacă nu, fără firmă". Dacă vreun hotel al altei firme, dar care aparținea rețelei hoteliere Holiday Inns, nu respecta standardele de calitate impuse de Johnson și Wilson, aceștia trimiteau imediat o macara pentru ca firma cea verde — marca lor — să fie ridicată. Sigur că în această fenomenală poveste a reușitei amânarea nu avea ce căuta.

Imaginația singură nu este de ajuns pentru a asigura reușita. Milioane de oameni au imaginație și-și fac planuri care cu ușurință le-ar putea aduce celebritate și averi, numai că aceste planuri nu ajung niciodată la faza de decizie. Este neapărat necesară o DECIZIE CLARĂ! Cel care știe să ia hotărâri obține ceea ce urmărește, indiferent cât ar dura și cât de greu ar fi. Omul decis nu poate fi oprit din calea sa. Omul indecis nu poate fi pus pe treabă. Voi alegeți!

Dincolo de Azorele cele cenușii,
Dincolo de porțile lui Hercule încă vii;
În fața nălucilor de pe mal;
Și în fața mării fără de mal.

Omul cel bun spuse: „Și acum să ne rugăm ar trebui,
Dar până și stelele de pe cer îmi par că n-ar mai fi,
Grăit-a cel viteaz; ce să mai spun?"
„Ei bine, spune, navighează mai departe, omule bun!"

Când Columb și-a început celebra sa călătorie, a luat una dintre cele mai vizionare hotărâri din istoria omenirii; și dacă nu și-ar fi urmat cu fermitate hotărârea, niciodată libertatea Americii nu ar fi putut deveni realitate.

Venitul său s-a dublat

Răposatul Earl Nightingale, a cărui emisiune radio „Lumea noastră în schimbare" era ascultată zilnic la sute de aparate de radio, a luat o hotărâre și a încercat să descopere care sunt secretele succesului. Veți observa că el a învățat o lecție foarte prețioasă într-o singură săptămână și astfel și-a dublat venitul. Eforturile sale i-au adus o mare siguranță financiară, dar și o recunoaștere la nivel național. Pe lângă emisiunea sa de radio, era binecunoscut și pentru conferințele lui publice, înregistrând nenumărate albume și casete audio.

Earl Nightingale a fost vocea și personalitatea pe care s-a bazat înregistrarea *De la idee la bani*, preluată după celebra carte a dr. Hill — *De la idee la bani*.

Earl Nightingale a spus: „În cei peste 20 de ani petrecuți pentru a căuta o formulă care să mă ajute în orice condiții să transform orice element înconjurător în avantaj propriu, n-am reușit să găsesc toate răspunsurile decât după ce l-am citit pe Napoleon Hill.

Folosind formula reușitei sugerată de dr. Hill, am reușit să-mi dublez venitul într-o săptămână, ceea ce a fost o mare realizare, având în vedere că venitul meu din acea vreme era unul considerabil. După aceea, mi-am dat seama că sistemul ar putea să mai funcționeze o dată și să îmi dublez din nou câștigul, îndepărtând totodată toate îndoielile în privința eficacității procedeului. Am repetat același sistem.

Orice persoană care a studiat cu atenție și a pus în practică sârguincios metodele lui Napoleon Hill nu poate da greș; ea va reuși în ceea ce și-a propus.

Opera dr. Hill mi-a schimbat viața și o recomand din tot sufletul oricui își dorește o viață mai bună."

Observați cu atenție ce anume se aplică și în cazul vostru și mai ales nu uitați acest lucru semnificativ — *Oamenii care reușesc în viață sunt aceia care iau rapid hotărâri, pe care mai apoi le respectă cu fermitate.*

Dacă aveți obiceiul să vă hotărâți azi și să vă răzgândiți mâine, sunteți sortiți eșecului. Dacă dovediți nesigurantă în ceea ce privește direcția pe care ar trebui s-o apucați, este mai bine să închideți ochii și să o porniți în beznă decât să rămâneți pe loc și să nu faceți nici un pas.

Lumea vă va ierta dacă veți face greșeli, dar nu vă va ierta niciodată dacă nu aveți puterea să luați decizii, pentru că de altfel niciodată n-o să se știe măcar că existați, de-a lungul unei vieți întregi, în afara comunității imediate în care trăiți.

Folosiți timpul pe care îl aveți la dispoziție. Întotdeauna e rândul vostru să acționați. Acționați rapid, hotărât și timpul va fi în favoarea voastră. Dacă stați degeaba, timpul vă va distruge. Nu întotdeauna puteți face mișcarea cea mai potrivită. Dar dacă faceți suficiente mișcări, veți ajunge să cunoașteți forța interioară care vă ajută să mergeți mai departe, spre reușită.

Stăpânirea deplină a acestor calități le dă dreptul celor care vând să fie categorisiți drept maeștri în vânzări. Studiați cu atenție lista. Puteți dobândi toate calitățile conținute de ea.

Și voi puteți învăța

Un foarte bun exemplu pentru infirmarea opiniei eronate că „agenții de vânzări sunt născuți și nu făcuți", precum și dovada că arta de a vinde poate fi stăpânită de cei care au dorința să învețe este însăși povestea lui Clarence Walker din Atlanta, Georgia.

Clarence N. Walker a ieșit la pensie după ce ajunsese un membru marcant al companiei Coca-Cola din Atlanta, Georgia, unde își făcuse o carieră strălucită prin arta sa de a vinde. Capacitatea remarcabilă a dlui Walker de a capta și de a menține trează atenția clienților nu numai că l-a făcut să fie unul dintre cei mai importanți specialiști în relații publice, dar l-a răsplătit și cu cea mai de preț avere, cea a prietenilor adevărați. Înțelepciunea și umorul său sunt de fapt expresia unui mesaj mult mai consistent — valoarea pe care o are un cetățean responsabil și atent, care se străduiește în meseria aleasă, în orice domeniu.

Vânzarea este o artă ce poate fi stăpânită de oricine are voința s-o învețe. Clarence Walker a demonstrat aceasta de-a lungul întregii sale vieți. El s-a ocupat de mulți agenți, trăind la rândul său din ceea ce îi învăța — adică din valoarea puterii de convingere. El nu-și demonstra puterea de convingere mergând pe la diverși negustori sau vânzând bunuri, ci prin aceea că reprezenta foarte bine compania în relațiile cu ceilalți, prin intermediul serviciilor oferite. Viața sa este un foarte bun exemplu despre faptul că arta vânzării este vitală și despre cât de necesară este ea în toate domeniile.

Odată, luând cuvântul la Clubul Rotary din New York, dl Walker a spus: „Aveți grijă să vă formați o viziune cât mai impresionantă pe care să doriți s-o puneți în practică. Reușita și fericirea nu vor fi nicicând mai pure sau mai strălucitoare ori mai grozave decât ideea pe care v-ați făcut-o sau imaginea de sine... Aveți încredere în viziunea voastră. Aveți încredere în planurile voastre, aveți încredere în afacerile voastre, aveți încredere în guvernul vostru, în orașul vostru, credeți în Dumnezeu și în rugăciuni, aveți încredere în tot ceea ce este minunat și fundamental... și mai ales, cel mai important — aveți încredere în voi. Aveți curaj. Acest lucru este uneori cel mai complicat. Dar aveți curajul de a acționa și de a vă strădui cât este necesar pentru a vă pune în practică viziunea, având încredere în ceea ce susțineți. Cred că Shakespeare avea dreptate când spunea: «Dacă a face ar fi fost la fel de lesne cu a ști ce este bine de făcut, capelele ar fi fost biserici, iar casele săracilor palate împărătești», dar nu este atât de lesne, nu-i așa? Uneori, este mai greu să trăiești și să muncești pentru ceea ce se cade decât să lupți și să mori pentru același lucru.

Dar nu uitați niciodată de aceste lucruri... precum și de valoarea unei investiții în prietenie... În ceea ce mă privește — «Lăsați-mă să trăiesc în căsuța mea de la marginea drumului/Pe lângă drumul cursei în care se întrec ceilalți./Oameni buni și oameni răi,/La fel de buni și de răi ca mine./Nu voi sta niciodată ca un simplu spectator/Și nici nu voi împroșca totul cu cinism./ Lăsați-mă să trăiesc în căsuța mea de la marginea drumului/Și să fiu prieten omului.»"

Născut în Ellijay, Georgia, dl Walker a absolvit Berry Schools, Mt. Berry, Georgia. Și-a luat licența la Universitatea din Georgia. În timpul Primului Război Mondial, a fost ofițer și inginer într-o fabrică de avioane, iar în cel de-al Doilea Război Mondial a fost director regional al Agenției Naționale de Construcții, având în subordine opt state din sud-estul țării.

El a practicat dreptul în Georgia și Carolina de Nord vreme de șase ani. Ulterior, a lucrat în bănci, în domeniul imobiliar și în investiții și a ajuns director la Berry Schools. Vreme de 14 ani a un fost membru marcant al companiei Coca-Cola.

Foarte activ în viața religioasă, cu mult spirit civic, participând la diverse organizații comunitare, dl Walker a fost membru al Clubului Rotary vreme de peste 40 de ani. El este membru în Consiliul Bisericii Baptiste din Atlanta, ținând cursuri pe teme biblice.

Dl Walker este de fapt agent de vânzări în fiecare clipă a existenței sale. Indiferent de domeniul în care se angajează, el gândește și acționează ca un vânzător experimentat. Aceasta este o artă pe care a exersat-o pentru a ajunge să aibă o carieră împlinită și cu numeroase satisfacții. Dacă vreți, și voi puteți avea o poveste similară.

Partea a III-a
Slăbiciuni fundamentale în personalitatea și obiceiurile agentului de vânzări

Așa cum există trăsături pozitive esențiale pentru a deveni maestru în vânzări, la fel există și trăsături negative pe care învățăcelul într-ale vânzărilor trebuie să le evite. Acestea sunt punctele slabe din personalitatea și capacitatea sa profesională.

Citiți cu atenție această listă a slăbiciunilor. Verificați pe care dintre slăbiciunile cunoscute ați reușit deja s-o depășiți. Unde aveți impresia că ați mai putea ameliora situația, puneți câte un „X".

Reanalizați situația până când apar ameliorările

Dacă doriți sincer să reușiți, reveniți asupra acestei părți și studiați-o până când puteți să obțineți punctajul maxim. După ce ați făcut acest lucru, apelați la un prieten apropiat, la cineva care vă cunoaște bine, pentru a vă împărtăși o părere cât mai sinceră și a vă pune note. Dacă acest coleg sau prieten vă punctează în funcție de ceea ce făceați până atunci, iar între timp ați îmbunătățit situația la nivelul personalității sau al obiceiurilor, treceți în dreptul calității respective de pe listă „îmbunătățit". Aveți grijă să abordați o poziție pozitivă și să-i spuneți prietenului când și în ce fel v-ați schimbat. Dați exemple precise. Împărtășindu-le și altora ameliorările din programul propus, veți avea o sursă suplimentară de inspirație și de încurajare.

1. OBICEIUL DE A AMÂNA. Nimic nu poate înlocui o acțiune promptă și perseverentă.

2. UNA SAU MAI MULTE DINTRE CELE ȘASE TEMERI DE BAZĂ. Cel care este cuprins de vreo teamă de orice fel nu va reuși niciodată să aibă succes în vânzări. Aceste șase temeri de bază sunt:

a) Teama de sărăcie

b) Teama de comentarii răuvoitoare

c) Teama de boală

d) Teama de a nu mai fi iubit de cineva

e) Teama de bătrânețe

f) Teama de moarte

La această listă a temerilor de bază, poate că ar trebui să adăugăm și teama că potențialul client nu va cumpăra.

3. PREA MULT TIMP ACORDAT „TELEFOANELOR" ȘI NU VÂNZĂRILOR. Un „telefon" nu este de fapt o întrevedere. Iar o întrevedere nu este o vânzare. Din păcate, unii, care se cred agenți de vânzări, nu au aflat încă acest adevăr. Ca agent de vânzări, trebuie să vezi persoana care-ți poate spune da sau nu.

4. TRANSFERAREA RĂSPUNDERII CĂTRE DIRECTORUL DE VÂNZĂRI. Directorul de vânzări nu este

obligat să meargă cu agentul de vânzări la clienți. Nu are nici destul timp, nici destulă forță fizică pentru asta. Treaba lui este să-i spună agentului de vânzări ce să facă, și nu să o facă în locul lui.

5. PERFECȚIUNEA ÎN A CREA ALIBIURI. Explicațiile de fapt nu explică nimic. Ordinele însă, da. Nimic altceva nu funcționează. Nu uitați asta.

6. PREA MULT TIMP PETRECUT PE HOLURILE HOTELURILOR SAU ÎN CAFENELE. Holul unui hotel sau cafeneaua este locul ideal de „parcare", dar agentul care parchează aici prea multă vreme mai devreme sau mai târziu se va trezi cu „amenzi".

7. „CUMPĂRAREA" UNOR POVEȘTI CU „GHINION" ÎN LOC DE VINDEREA MĂRFII. Actualele tendințe în afaceri și pe piață sunt un subiect des întâlnit în conversații, dar nu lăsați potențialul client să se folosească de asta pentru a vă distrage de la propria poveste.

8. ÎMBIBAREA CU PREA MULT ALCOOL „CU O SEARĂ ÎNAINTE". Petrecerile sunt minunate, dar nu ajută în nici un fel la afacerile ce urmează să se încheie a doua zi.

9. A DEPINDE DE DIRECTORII DE VÂNZĂRI PENTRU GĂSIREA CLIENȚILOR. Cei învățați să primească ordine se așteaptă ca potențialii clienți să fie legați fedeleș, numai buni să fie convinși să cumpere. Maestrul în vânzări își prinde clienții „din zbor". Acesta este unul dintre principalele motive pentru care ei au ajuns maeștri.

10. AȘTEPTAREA UNOR PERIOADE MAI ÎNFLORITOARE PENTRU AFACERI. Afacerile sunt întotdeauna profitabile pentru vrăbiuțe. Ele nu așteaptă ca altcineva

să sape în locul lor pentru a-și găsi viermișorul în pământ. Fiți măcar la fel de deștepți ca vrăbiuțele. Comenzile nu vă caută singure pe-acasă.

11. A AUZI CUVÂNTUL „NU". Acest cuvânt pentru un adevărat agent de vânzări este doar un semnal că trebuie să înceapă bătălia. Dacă toți cumpărătorii ar spune „da", agenții de vânzări ar rămâne pe drumuri, pentru că n-ar mai fi nevoie de ei.

12. TEAMA DE CONCURENȚĂ. Henry Ford a avut o foarte mare concurență, dar el nu s-a temut de ea pentru că a avut curajul și capacitatea de a scoate pe piață o mașină cu motor în opt cilindri la un preț uimitor de mic, într-o perioadă foarte dificilă, în care soluția multor altor producători de automobile a fost aceea de a face restrângeri masive de personal.

Planificarea, echipamentul necesar, manierele

13. INCAPACITATEA DE A PLĂNUI O ZI DE MUNCĂ. Cel ce știe să-și plănuiască dinainte ziua muncește mult mai logic și mai eficient, reușind să facă ceea ce și-a pus în gând. Atunci când nu există un program bine organizat, agentul de vânzări pur și simplu „nu știe de unde să înceapă".

14. ÎNREGISTRAREA INSUCCESELOR ȘI A DATELOR PRECISE DE CONTACTARE A POTENȚIALILOR CLIENȚI. Potențialii clienți și cei deja stabili își pierd interesul pentru agenții care în mod repetat „uită" să își înainteze oferta în anumite zile. Clientul, când vrea o marfă, o vrea pe loc!

15. ÎNTÂRZIERILE. Vânzătorul care întârzie de obicei la ședințe, la întâlnirile de afaceri și la birou se va

trezi curând că e nevoit să-și caute alți clienți și, adesea, altă slujbă.

16. FOLOSIREA UNOR MATERIALE MOTOTOLITE SAU NEACTUALIZATE. Materialele publicitare mototolite, neîngrijite sau depășite denotă lipsă de organizare și de interes din partea agentului de vânzări.

17. LIPSA UNUI INSTRUMENT DE SCRIS. Instrumentul de scris este un factor vital în eficiența agentului de vânzări. Maestrul în vânzări știe să investească într-un stilou sau un pix de calitate, care să-i satisfacă necesitățile. El mai știe că potențialii clienți renunță repede la agentul de vânzări care trebuie să împrumute ceva de scris pentru a avea cu ce nota comanda. Pe client îl enervează și mai tare atunci când agentul împrumută un stilou sau un pix și uită să-l mai dea înapoi.

18. FOLOSIREA OCHELARILOR SAU A ALTOR BUNURI PERSONALE CA „RECUZITĂ". Jucatul cu ceasul de la mână, învârtitul verighetei, mușcatul din rama ochelarilor sau folosirea lor ca scobitoare, ca și cum ar ajuta la o gândire mai profundă, sunt modalități sigure de a-i călca pe nervi pe clienți și, prin urmare, de a pierde vânzarea.

19. O PREZENTARE OBOSITĂ. Trecerea rapidă în revistă a prezentării ca și cum v-ați fi săturat să o tot auziți — recitarea ei pe un ton monoton și aparenta plictiseală pe care o afișați — toate acestea îl determină pe clientul mai vechi sau pe potențialul client să se plictisească de *voi și de prezentările voastre*.

20. RELATAREA PROBLEMELOR PERSONALE ÎN FAȚA COLEGILOR ȘI CLIENȚILOR. Problemele personale sunt importante doar pentru voi. Fiecare are parte de așa ceva și nu vrea să le mai audă și pe ale voastre.

21. INCAPACITATEA DE A CITI ȘI DE A RESPECTA MATERIALUL DE PREZENTARE CEL MAI PERTINENT. Compania voastră nu produce pliante și nici nu ține neapărat să cotizeze la industria hârtiei pentru ca acestea să fie transformate în avioane sau să ajungă necitite la coșul de gunoi. Ele sunt tipărite pentru a vă spune ceva. Citiți-le pentru a fi bine informați.

22. LIPSA DE POLITEȚE ÎN PRIVINȚA PARCĂRII MAȘINII. Clientul care găsește mașina agentului de vânzări parcată pe locul lui nu e foarte încurajat să mai cumpere ceva. Un blocaj de circulație este o cale sigură de a trezi mânia oricărui client potențial și de a pierde posibilitatea de a-i mai vinde măcar pe viitor. Nu e chiar așa de complicat să vă străduiți să mergeți puțin pe jos pentru a ajunge la locul de întâlnire.

23. A PROMITE CEVA CE FIRMA VOASTRĂ NU POATE FURNIZA. Când agentul îi promite ceva clientului, acesta se așteaptă să și primească. Incapacitatea de a respecta o promisiune nu numai că este penibilă față de client și față de companie, dar este un dezavantaj pentru afacere în sine.

24. A FI NEPREGĂTIT PENTRU PLOAIE. Agentul de vânzări ud leoarcă, șiroind de apă și care n-a fost în stare să ia măsuri pentru a se proteja de o zi ploioasă este o apariție jalnică pentru client. O haină ușoară de ploaie și o umbrelă sunt întotdeauna de mare preț la nevoie.

25. LIPSA DE REZERVE. Agentul care nu este blindat cu contracte, broșuri, comenzi în alb ș.a.m.d. rămâne adesea fără clienți la fel de ușor cum rămâne și fără rezerve.

26. PESIMISM ABSOLUT. Ideea de a vă aștepta ca potențialul client să vă dea afară este puțin probabil să

se transforme în realitate, odată ce ați intrat. Viața are un mod ciudat de a încerca să mulțumească pe toată lumea. De obicei, oferă exact ceea ce aștepți.

Aceasta nu este o listă completă a lucrurilor care nu trebuie făcute de agenții de vânzări, ci doar o mostră. S-ar putea ca unii să interpreteze lista ca fiind una mult prea intimă. Alții ar putea-o socoti sarcastică. Pe măsură ce o citiți, nu uitați că ea a fost scrisă cu gândul doar la cei care au nevoie de așa ceva. Ceilalți nu trebuie să se simtă ofensați.

Lista nu este una originală, nu-i aparține lui Napoleon Hill personal. Ea a fost completată în urma studierii a mii de agenți de vânzări de către dr. Hill, pe care acesta i-a format sau i-a condus de-a lungul îndelungatei și distinsei sale cariere.

Mai este cazul să amintim că nimic din ceea ce este cuprins în această listă nu constituie un atribut al unei personalități plăcute?

Partea a IV-a
Factorii majori pe care se bazează încrederea

Printr-o observare atentă a mii de agenți de vânzări, de la care Napoleon Hill spunea, cu modestie, că a învățat multe despre această artă, el a descoperit că la cultivarea încrederii contribuie numeroși factori. Lista celor mai importanți dintre aceștia este următoarea:

1. Obiceiul de a face servicii mai consistente și mai bune decât cele care vi se plătesc.

2. Neparticiparea la tranzacții din care nimeni nu are de câștigat, ba mai mult — toată lumea este afectată negativ.

3. Nu faceți nici o declarație despre care nu credeți că ar fi reală, indiferent de avantajele temporare pe care vi le-ar putea oferi.

4. Însușiți-vă dorința sinceră de a fi o persoană de cea mai mare utilitate pentru cât mai multă lume.

5. Cultivați-vă admirația totală pentru oameni; îndrăgiți oamenii mai mult decât banii.

6. Faceți tot posibilul să trăiți și să vindeți conform filozofiei voastre în afaceri. Fapta este mai valoroasă decât vorba.

7. Nu acceptați favoruri — mici sau mari — fără a oferi ceva în schimb.

8. Nu întrebați niciodată nimic la care n-ați avea dreptul să primiți un răspuns.

9. Nu vă certați cu cineva pentru lucruri mărunte, neesențiale.

10. Împărtășiți cât mai multă lumină și bucurie oriunde și ori de câte ori aveți ocazia. Fiți persoane cât mai fericite și mulțumite de viață.

11. A te pune în slujba a ceea ce vinzi poate fi o frază banală, dar foarte adevărată, și reprezintă cea mai bună garanție pentru repetarea afacerilor încheiate.

12. Nu uitați că, în cazul în care reușiți în viață, cineva v-a ajutat să reușiți.

Această listă merită învățată pe dinafară, dar merită și pusă în practică.

Agent de vânzări — nu escroc

Un maestru în vânzări poate vinde cuiva tot ceea ce dorește, cu condiția ca acel cumpărător să aibă încredere în agent. El poate să-i vândă și lucruri de care nu are nevoie, dar n-o va face. Nu uitați, un maestru în vânzări are dublul rol de cumpărător și vânzător. De aceea el nu încearcă să vândă orice oricui, mai ales atâta vreme cât el personal nu ar cumpăra dacă s-ar afla în situația potențialului client.

Există însă un tip bine cunoscut de escroc care se autodenumește maestru în vânzări. El pare o persoană de încredere. Unica sa avuție este capacitatea de a-și face victimele să aibă încredere în el. Înșelătoriile lui pot atinge sume de milioane, iar victimele se pot număra printre oamenii de afaceri abili, profesioniști și nespecialiști.

Acești escroci adesea își „vânează" victimele luni de zile sau chiar ani pentru a crea o relație de perfectă încredere. Odată puse bazele solide ale acestei încercări, până și oamenii cei mai deștepți pot „cădea în capcană". Suntem cu toții neajutorați în fața celor în care avem o încredere oarbă.

De vreme ce încrederea poate fi folosită cu succes ca unică unealtă a escrocilor, cu siguranță ea poate fi utilizată cu un efect mult mai mare în cazul afacerilor cinstite și pentru atingerea scopurilor adevăraților profesioniști. Agentul care știe cum să construiască acest pod al încrederii între el și potențialul client își poate asigura un venit respectabil, cum procedează, de altfel, numeroși agenți de vânzări.

Metodele tensionate, afirmațiile exagerate, interpretările voit greșite, fie că sunt expuse printr-o declarație deschisă sau indirectă, pot distruge încrederea.

Orice companie de succes trebuie să aibă toată încrederea patronilor. Agentul de vânzări este intermediarul prin care se dobândește această încredere — ori poate fi mijlocul prin care se pierde. Un Maestru în Vânzări, cunoscând importanța dobândirii și menținerii încrederii clienților, îi abordează ca și cum ar fi proprietarul firmei pe care o reprezintă. El îi tratează pe clienți exact cum ar vrea să fie tratat, dacă într-adevăr ar fi proprietarul firmei.

Încrederea stă la baza tuturor relațiilor armonioase. Agentul care neglijează acest lucru este pierdut. El nu va putea dobândi niciodată puterea de convingere a maestrului în vânzări. Aceasta înseamnă că își limitează capacitatea de a câștiga și posibilitățile de a avansa.

Există două forțe care îi determină pe bărbați și pe femei să vorbească și, deci, să facă reclamă favorabilă sau nefavorabilă unui lucru. Ei vorbesc atunci când cred că au fost înșelați sau când au impresia că au fost tratați mai bine decât se așteptau.

Toți oamenii sunt așa. Ei sunt impresionați de legea contrastelor. Orice lucru neobișnuit sau neașteptat, indiferent că impresionează favorabil sau nefavorabil, lasă în urma sa o impresie de durată.

Cele zece motive de bază

Motivația este o forță care acționează asupra voinței umane, determinând-o să acționeze. În cazul agentului de vânzări, acesta își face prezentarea către potențialul client bazându-se pe ceea ce l-ar putea determina pe cel din urmă să cumpere. Iată trei abordări de bază pentru a-l motiva:

1. Instinctul.
2. Sentimentul.
3. Rațiunea.

Motivul care îi va determina pe cei mai mulți dintre oameni să cumpere alimente, haine și un adăpost va ține mai cu seamă de prima categorie și într-o mai mică măsură s-ar putea să-și găsească expresia și în celelalte două.

Toate lucrurile frumoase de pe lumea asta sunt de dorit, pentru că frumusețea lor poate fi vândută prin cea de-a doua modalitate: apelând la sentimente.

Iubirea, căsnicia și religia au de-a face în mare măsură cu latura emoțională.

Multe bunuri și servicii sunt vândute pornind de la abordarea emoțională. Învățământul, cărțile, teatrul, muzica și arta, asigurările de viață, reclamele, produsele cosmetice, cele de lux și jucăriile sunt printre acelea ale căror rațiuni de vânzare se situează la nivel emoțional.

Investițiile, economiile, aplicațiile tehnice, aparatura și lucrările științifice se pot „comercializa" cel mai adesea prin rațiune.

Există zece motivații de bază prin prisma cărora reacționează oamenii și care — singure sau în combinație — influențează practic orice gând sau faptă umană. Când maestrul în vânzări își analizează potențialul client, caută mai întâi motivul cel mai logic care l-ar putea convinge și-și bazează abordarea pe cunoaștere.

Cele zece motivații de bază sunt:

1. Dorința de autoconservare.
2. Dorința de câștig financiar.
3. Dorința de iubire.
4. Dorința de sex.
5. Dorința de putere și celebritate.
6. Dorința de a-și învinge frica.
7. Dorința de răzbunare.
8. Dorința de libertate (trupească și psihică).
9. Dorința de a construi și de a crea în gând și în faptă.
10. Mila de cel neajutorat.

Aceste motivații sunt consemnate aproximativ în ordinea importanței și a utilității lor.

A vinde prin motivare

Maestrul în vânzări își stabilește prezentarea în funcție de cele zece motivații, pentru a se asigura că trezește interesul în cât mai multe direcții posibile. El știe că o prezentare de vânzări este mai eficientă atunci când se bazează pe mai multe motivații.

Nici un agent de vânzări nu are dreptul să încerce să vândă ceva cuiva atâta vreme cât prezentarea nu oferă o motivație logică în virtutea căreia potențialul client să achiziționeze ceva — fără motivare, nici un maestru în vânzări nu trebuie să încerce să vândă ceva. Măiestria în vânzări presupune a-i oferi cumpărătorului servicii utile. Metodele stresante nu intră în categoria măiestriei, mai ales pentru că ele presupun lipsa unor motivații logice pentru a cumpăra. Metodele tensionate nici n-ar trebui să fie folosite atâta vreme cât persoana care vinde îi poate arăta potențialului client motivația logică pentru a cumpăra.

Agenții de vânzări care strâng cu ușa se bazează de obicei pe superlativele care iau locul motivațiilor de a cumpăra. Aceasta este o metodă incorectă, la care un maestru în vânzări nu trebuie să apeleze niciodată.

Cele șase slăbiciuni cel mai des întâlnite

Dacă planul de prezentare în vederea vânzării nu pune accentul pe una sau mai multe dintre cele zece motivații de bază, înseamnă că este slab și trebuie revizuit. O analizare atentă a agenților de vânzări a arătat că slăbiciunile cele mai reprezentative în aproape 98% dintre cazuri sunt următoarele:

1. Incapacitatea de a prezenta o motivație pentru acțiunea de cumpărărare.
2. Lipsa de perseverență în vânzări și în încheierea afacerii.
3. Incapacitatea de a face o categorisire exactă a potențialilor clienți.
4. Incapacitatea de a neutraliza gândurile potențialilor clienți.
5. Lipsa de imaginație.
6. Absența entuziasmului.

Aceste lipsuri sunt des întâlnite la majoritatea agenților din toate domeniile de vânzări. Una singură dintre aceste slăbiciuni este suficientă pentru a distruge orice șansă a unei vânzări.

Veți constata că *incapacitatea de a prezenta motivația cumpărării* se situează în fruntea listei celor șase cel mai des întâlnite slăbiciuni în cazul agenților de vânzări. Această slăbiciune poate fi explicată prin indiferență sau lipsa de cunoaștere a științei vânzărilor.

Partea a V-a
Neutralizarea gândurilor clientului

Înarmați cu o bună cunoaștere de sine, dar și a capacităților și dorințelor lor, agenții aflați încă la cursurile de formare sunt gata să treacă la studierea clientului. Înțelegerea din punct de vedere psihologic a relației vânzător–client face diferența dintre reușita și eșecul în vânzări.

Primii pași

Relația vânzător–client depinde de două condiții, ambele ținând de capacitatea agentului de vânzări:

1. Agentul de vânzări trebuie să creadă în el însuși și în produsul său.
2. Agentul de vânzări trebuie să neutralizeze gândurile clientului. Acestea trebuie cultivate și pregătite înainte de a semăna dorința ce urmează a fi implantată cu succes.

Pentru a neutraliza gândurile cumpărătorului, agentul trebuie să stabilească mai întâi trei lucruri:

1. *Încrederea.* Cumpărătorul trebuie să aibă încredere în agent și în produsul său.
2. *Interesul.* Cumpărătorul trebuie stimulat la nivelul imaginarului, marfa oferită spre vânzare trebuie să-i trezească interesul.
3. *Motivația.* Clientul trebuie să aibă o motivație logică pentru a cumpăra.

Incapacitatea de a neutraliza gândurile clientului este una dintre cele cinci slăbiciuni majore ale celor mai mulți dintre agenții care nu reușesc. Nu există o regulă fixă ce trebuie urmată pentru a neutraliza gândurile potențialilor clienți; fiecare caz în parte trebuie abordat în mod diferit. Agentul de vânzări cu imaginație își va da repede seama care sunt cele mai potrivite metode de abordare pentru un anumit client.

Câteva dintre metodele folosite cu succes în prezentările de vânzare sau în acțiunea de neutralizare a gândirii clientului sunt următoarele:

1. STABILIREA DE CONTACTE MONDENE PRIN INTERMEDIUL CLUBURILOR. Se spune că cele mai multe afaceri se fac pe terenurile de golf, și nu în birouri. Sigur că toți maeștrii în vânzări cunosc valoarea relațiilor mondene din cluburi.

2. AFILIERILE RELIGIOASE. La biserică îți poți face noi cunoștințe fără prea multe formalități, pentru că situația în sine are tendința de a stabili implicit o relație bazată pe încredere.

3. OBLIGAȚII ȘI ALTE ASOCIAȚII. În multe domenii de vânzare, agenților li se va părea util să stabilească legături prin intermediul cluburilor și al restaurantelor acestora, unde nu există bariere de protocol.

4. AMABILITĂȚI PERSONALE. Cina oferă o ocazie favorabilă pentru a sparge gheața și a stabili o relație de încredere, condiție indispensabilă în vederea neutralizării gândurilor clientului.

5. PASIUNI SAU PREOCUPĂRI COMUNE. Aproape toată lumea are o pasiune sau un interes oarecare, în afara serviciului sau afacerii în care este implicat. Atunci când se discută despre pasiuni, toată lumea este înclinată să nu mai fie atât de defensivă ca în timpul unor discuții de afaceri.

A juca un rol în cadrul comunității

6. SERVICIILE PUBLICE. Vă puteți afișa talentul în cea mai mare măsură sprijinind inițiativele locale. Nimeni nu va avea nimic de spus atâta vreme cât veți face o treabă bună pentru diverse organizații, eventual caritabile, sau pentru orice alte organizații civice care au nevoie de o muncă entuziastă. Dacă nu vi se cere acest ajutor, pur și simplu vă puteți oferi serviciile. De îndată

ce vor descoperi că munciți cu adevărat, veți primi nenumărate misiuni. Acesta poate fi un prag extrem de important pentru reușita oricărui tânăr sau tinere.

7. SCRISORILE. Scurte scrisori de mulțumire față de cei care au adus un serviciu vital comunității sau care v-au ajutat în rezolvarea unei probleme sunt o idee foarte bună. Serviciile deosebite merită mulțumiri în scris. Nu trebuie să fie o scrisoare oficială, ci una scurtă, într-o notă personală, sinceră și fără exagerări. Este extrem de important să știți exact numele persoanei, poziția (dacă este cazul), adresa și codul.

8. VORBITUL ÎN PUBLIC. Poate că n-ar fi rău să vă oferiți să țineți niște conferințe în cadrul ședințelor cu părinții, al cluburilor sau al altor organizații nonprofit, pornind de la subiecte de genul *Puterea de convingere* sau orice alte cărți motivaționale. Dacă veți face acest serviciu gratuit pentru comunitate, nu trebuie să fiți neapărat un profesionist în domeniu. Deși majoritatea autorilor și editorilor permit scurte citări din lucrările publicate de ei pentru cronicile din presă sau pentru conferințe publice, în cazul unor cărți cu drepturi de autor, avocații îi sfătuiesc cu căldură pe cei care doresc să folosească acest tip de materiale să obțină un acord scris din partea deținătorului drepturilor de autor.

Odată ce ați neutralizat gândurile clientului și ați stabilit o relație bazată pe încredere, următorul pas pentru a vinde este să transformați această încredere într-un interes cât mai mare față de produsul vostru. Aici, agentul de vânzări trebuie să-și construiască întreaga prezentare în jurul unei motivări centrale, în funcție de statutul profesional și financiar al respectivului cumpărător. Când cele trei premise — încrederea, interesul și motivația — au fost atinse, agentul de vânzări a ajuns în punctul în care poate încheia afacerea.

Partea a VI-a
Încheierea afacerii

Nu este adevărat că încheierea afacerii ar fi partea cea mai dificilă a întregii tranzacții. Ea nu e deloc grea, dacă terenul a fost pregătit în mod eficient. De fapt, atunci când vânzarea a fost planificată și desfășurată așa cum se cuvine, punctul culminant al încheierii afacerii devine un simplu detaliu.

Știința de a încheia o afacere contează enorm și este ceea ce stă la limita dintre reușită și eșec. Indiferent dacă vindeți acțiuni de orice fel, mobilă, produse cosmetice, asigurări, reclame, o casă nouă sau o vacanță în cadrul unui plan de creditare pe 12 luni, trebuie să încheiați afacerea practic înainte de a semna contractul propriu-zis.

Multe afaceri s-au pierdut încă înainte de a se face ceva pentru a obține o decizie favorabilă în vederea vânzării produsului sau serviciului oferit. Acest lucru se întâmplă atunci când agenții nu discern dacă persoana o să le spună un „da" sau un „nu" clar.

Odată ajuns în biroul clientului căruia urmează să-i vândă ceva, agentul trebuie mai întâi să-i câștige atenția. (Studiați „Neutralizarea gândurilor clientului", Partea a V-a.) Mulți agenți încearcă cu o glumă, folosindu-se de expresia total neinspirată „O știți pe aia cu..." Dacă e cazul să spuneți un banc, o puteți face după ce cumpărătorul a stabilit un anumit ritm și v-a spus el mai întâi câteva glume sau a creat atmosfera propice umorului. Nu trebuie niciodată să vă bateți joc de o afirmație serioasă, spunând: „Asta îmi amintește de povestea cu...", pentru că în acest caz într-adevăr ați încheiat-o, adică vi s-a trântit ușa în nas.

Agentul de vânzări insuficient informat crede că subiectul sex este calea cea mai sigură, oprindu-se la cea mai deocheată întâmplare din ultima perioadă, care de obicei nu stimulează și nici nu amuză pe nimeni.

A fuma sau a nu fuma

Multe vânzări au fost pierdute după cel de-al doilea fum de țigară. Nu se cade să fumați când vreți să faceți o vânzare. Unii cred că se cuvine să fumați în cazul în care ați cerut voie. Este de-a dreptul ridicol, pentru că puțini vă vor interzice să fumați. Alții cred că se cade să fumeze doar dacă țigara este oferită de client.

Un agent de vânzări cu o funcție importantă a văzut cum șansa de a mai vinde ceva „s-a făcut praf" în mai puțin de 30 de secunde, după ce potențialul client i-a oferit o țigară și el a replicat volubil: „Nu, mulțumesc, le prefer pe ale mele." Când și-a aprins propria țigară, a dat foc și vânzării, mai ales dacă apoi a fumat țigările una după alta în cursul prezentării.

Trei luni mai târziu, potențialul client l-a întrebat pe directorul de vânzări numele celui care l-a însoțit când i-a propus o ofertă promoțională. Acesta și-a amintit oferta, dar nu și numele agentului. S-au mai făcut câteva remarci foarte ascuțite, care au indicat exact de ce vânzarea n-a avut loc până la urmă.

„Adesea m-am întrebat", a zis potențialul client total nemulțumit, „ce a crezut că fumez — marijuana sau țigări din acelea pe care ți le faci singur?"

Deși agentul de vânzări a înțeles că vânzarea nu a fost încheiată din cauza incidentului cu fumatul, cu toate că fusese posibilă, i se părea exagerat ca acest lucru să ucidă atât de repede dispoziția clientului. Abia 15 ani mai târziu a descoperit că soția domnului respectiv moștenise o companie de tutun și în acea perioadă toate visurile de viitor erau strâns legate de reușita mărcii respective de țigări.

Regula cea mai simplă și cea mai sigură este să spuneți „Nu, mulțumesc" atunci când clientul vă oferă o țigară. În mod sigur nu-l interesează cum v-ați lăsat de fumat sau cum reușiți să evitați acest obicei prost.

Calea simplă, directă

Ce vrea, de fapt, să audă clientul? Doar atât: cu ce-l puteți ajuta.

Clar și concis, spuneți-i de ce vă aflați acolo și ce știți despre ceea ce vindeți. Evidențiați care ar fi câștigul lui. Enumerați avantajele, serviciile, calitatea și valoarea pentru client.

După ce (1) ați văzut persoana care ar putea spune „da" sau „nu" clar și (2) i-ați explicat ce aveți de oferit și de ce ar avea nevoie de produsul sau serviciul respectiv, sunteți gata să faceți următorul pas, ultimul, în încheierea afacerii.

Un maestru în vânzări niciodată nu repetă sau reformulează ceea ce a spus deja. Un agent care nu știe cum să încheie o afacere intră într-un fel de moriscă verbală, care nu se mai oprește.

Sunt multe modalități de a încheia o afacere, ele fiind recomandate și susținute de companii serioase din întreaga țară. La un moment dat, veți întâlni agenți care folosesc o parte dintre aceste sisteme. În orice caz, părerea noastră este că o vânzare este la fel de simplă ca și cum „ai arăta cuiva calea spre o achiziție". Folosirea unei abordări sincere și cinstite pentru a vă asigura un răspuns pozitiv s-a dovedit cea mai reușită soluție.

Principalele prezentări de vânzări și încheieri de contracte sunt simple și directe, dar mulți agenți sunt înclinați să le complice, riscând mult atunci când apelează la tot felul de șmecherii sau înșelăciuni. Un fost director al unei fundații a avut parte de o prezentare făcută de un profesionist, care vindea un anumit serviciu angajaților companiei, însoțit de un supliment săptămânal pentru partenerul de viață al angajatului. După 20 de minute de prezentare bine pregătită și bine exprimată, agentul, frumos îmbrăcat într-un costum de mătase și o cămașă la comandă, a început ceea ce se numește „încheierea afacerii".

Mai întâi, a băgat mâna în buzunar și a scos o cursă de șoareci, a fixat-o și s-a folosit de stiloul lui de aur pentru a explica faptul că serviciul pe care îl oferă este atât de bun, încât patronul nu va cădea niciodată în capcana de a angaja veșnic noi angajați. După care a scos un pachet de cărți și a făcut un *full,* spunând că serviciul este valabil pentru toți angajații și că reprezintă o carte categoric câștigătoare. În acel moment, a scos dosarul de comenzi din servietă și l-a strecurat pe birou. În final, a scos doi bănuți, i-a pus pe biroul potențialului client și i-a spus că serviciul acesta nu costă „mai nimic".

Fiind la rândul său specializat în vânzări, directorul respectiv n-a uitat niciodată această întâmplare. Inutil să vă mai spun că răspunsul său a fost „Nu, mulțumesc". Totuși, a considerat că nu și-a pierdut vremea, pentru că a avut ocazia să întâlnească un exemplu nefericit — dar perfect — al celei mai sigure căi de a rata o vânzare — și aceasta în cazul unui agent competent, care ar fi putut să încheie afacerea cât ai clipi cu condiția să fie cinstit și să se rezume la fapte. Potențialul cumpărător a fost încântat de suplimentul acordat de serviciul respectiv și chiar se gândea să-l cumpere, dar cum nu se făcuse nici o precizare exactă a prețului ori a contractului, nu se discutase nimic din punct de vedere financiar, ceva l-a reținut. Nu numai că explicațiile erau insuficiente, dar era și o modalitate de a-l lua de fraier pe potențialul client.

E foarte amuzant să vinzi. Este o treabă fascinantă, cu un potențial nelimitat. Atunci când poți să-ți dai seama dacă respectivul client va spune „da" sau „nu", când îi explici ce știi despre produs și încerci să îl determini să cumpere, practici, de fapt, arta vânzării adevărate. Atunci când vezi că potențialul client este interesat să cumpere, oferă-i motivele necesare pentru a cumpăra de la tine. Informează-l în legătură cu viitoarele creșteri de prețuri, subliniază faptul că este o ofertă specială, descriindu-i toate atuurile de care poate profita. Întotdeauna prezintă faptele, acele fapte care sunt prețioase pentru client sau pentru compania pe care o reprezintă.

Ieșirea din scenă

Nu se poate face nici o vânzare până nu se ajunge la o înțelegere precisă. Nu vă temeți să-i arătați cum funcționează ceea ce-i oferiți. Dacă firma vă cere să obțineți un acord de principiu sau o comandă plătibilă în cec sau cu bani gheață, aveți grijă ca totul să se producă într-o manieră cât mai serioasă și de încredere. Este bine să îi sugerați cum face afaceri firma voastră. Dacă este prima dată când face o comandă, explicați-i sistemul, dacă a mai făcut comenzi, discutați subiectul, în caz că e necesar. Treceți la fapte și acționați cu fermitate, abordând situația eficient și scutind timp. Trebuie să se știe că acceptați să dați toate aceste amănunte pe lângă vânzarea propriu-zisă.

Odată încheiată afacerea, pregătiți-vă să plecați. Exprimați-vă sincer recunoștința, fără multe vorbe și mulțumiți-i că a încheiat afacerea. Uneori prinde bine o invitație la prânz sau la cină, pe care să i-o adresați în acel moment. În timp ce vă strângeți lucrurile, puteți face și o remarcă personală, în funcție de durata de timp de când îl cunoașteți pe client și de natura relației cu el.

Părăsiți biroul cu același sentiment de prietenie cu care ați intrat. O mulțumire politicoasă și un „la revedere" pentru secretară sunt de ajuns. Unii agenți intră într-un birou cu umerii drepți și capul ridicat, adresându-se tuturor încă din dreptul fântânii din fața clădirii și continuând cu liftierul. Odată ce încheie vânzarea și închid ușa clientului, brusc se dezumflă și-și pierd elanul. Păstrați un echilibru între momentul sosirii și cel al plecării. Acesta nivelează drumul următoarei întâlniri și al următoarei vânzări.

Rezumând, nu uitați că încheierea unei vânzări este simplă, cu condiția să faceți acești trei pași esențiali:

1. Întâlniți-vă doar cu cei care vă vor da un răspuns categoric.
2. Spuneți-le ce aveți de vânzare și de ce credeți că ar fi în interesul lor să cumpere.
3. Determinați-i să cumpere.

Pentru a ilustra această lecție a încheierii unei vânzări, am vrea să vă prezentăm o poveste uluitoare în legătură cu o situație în care dr. Hill a considerat că este absolut necesar să facă o vânzare. De fapt, nu suma contractului încheiat îl interesa. Trebuia să-i demonstreze unuia dintre elevii săi că principiile artei de a vinde funcționează. Dr. Hill și-a dat seama că, dacă va da greș, multe alte vânzări vor fi ratate de către elevul său și de către directorul de vânzări, tânărul Jack Randall. Acesta este un bun exemplu pentru ceea ce poate face un maestru în vânzări, și chiar face, totul într-un cadru de o sinceritate absolută, cu condiția să aibă o motivație reală. Acesta este și cazul unei vânzări așa cum a fost ea povestită pe măsură ce se derula de însuși dr. Hill.

O vânzare către compania Newark Laundry

Într-o dimineață, la sediul meu din New York, am primit un telefon de la președintele companiei Newark Laundry. El m-a rugat să vin și să discutăm despre formarea unor agenți de vânzări. Până atunci, n-am știut că o asemenea companie de spălătorii și curățătorii are și agenți de vânzări. Ulterior, am aflat că toți șoferii companiei activau pe cont propriu și erau nevoiți să își procure singuri clienții și să și-i mențină. Pentru a face asta, aveau nevoie să știe câte ceva despre vânzări. Și pentru mine era un domeniu nou la acea vreme, drept pentru care m-am hotărât să accept propunerea, orice-ar fi.

Am decis, înainte de a mă duce la Newark, să gândesc în așa fel încât să nu fie posibil să mă întorc fără să închei vânzarea. „Chiar puteți face așa ceva?", m-a întrebat toată lumea. Reușisem în acest fel și altă dată și știam că aș putea repeta performanța.

I-am dat instrucțiuni secretarei să nu mă deranjeze până ce nu termin, am intrat în birou și am închis ușa. M-am așezat și am început să mă autosugestionez. Mi-am spus: „Napoleon, te vei întâlni cu acest tip care lucrează în domeniul spălătoriei și curățătoriei și nu te vei întoarce până ce nu vei încheia vânzarea." Am repetat asta de 500 de ori, cel puțin, până ce s-a creat acel moment psihologic în care mi-am dat seama că voi încheia vânzarea, și asta încă înainte de a mă întâlni cu acel domn. Ca să mă asigur însă, l-am sunat totuși pe directorul meu de vânzări, pe Jack Randall, și i-am spus: „Jack, o să mergem împreună la Newark ca să încheiem o afacere pentru compania Newark Laundry și nu ne întoarcem până nu reușim."

El mi-a zis: „De unde ți-a venit ideea asta cu «Nu ne întoarcem»? Eu am familie, trebuie să mă întorc."

„Și eu am familie și am să mă întorc. Dar nu înainte de a încheia afacerea", i-am răspuns. Ba chiar mi-am făcut și o valijoară, pentru a fi pregătit în cazul în care aș fi fost nevoit să rămân peste noapte.

Când am fost poftiți în biroul președintelui companiei, acesta a spus: „Domnilor, ați nimerit în momentul cel mai potrivit. Este ora 12 fără un sfert. Să mergem la Clubul Sportiv să luăm prânzul, după care putem să intrăm în bibliotecă, să ne așezăm acolo liniștiți, ca să nu ne deranjeze nimeni cât vorbim." M-am uitat la Jack Randall și el mi-a făcut cu ochiul ca și cum mi-ar fi zis: „Șefu', e ca și făcută treaba." Cel puțin asta a gândit — și de altfel și eu tot așa am crezut.

În timpul prânzului, specialistul în spălătorii automate a început să-mi povestească ce probleme are. Cineva răspândise un zvon printre clienții săi că nu sunt respectate condițiile de igienă. Zvonul îi afectase și pe șoferii firmei, care au început să piardă client după client. Imediat ce am auzit povestea, am știut ce e de făcut.

I-am explicat ce credeam eu că merge prost și cum poate fi corectat, cât timp va dura și cât va costa. Tot timpul cât am vorbit, mi-am dat seama după expresia de pe chipul său că e de acord. Orice maestru în vânzări știe că trebuie să urmărești mimica potențialului client, pentru a ști dacă te urmărește cu atenție sau nu. Chipul acelui om indica faptul că el receptează în mod favorabil prezentarea mea și mi-am dat seama imediat că vânzarea e ca și făcută.

După ce mi-am prezentat punctul de vedere, am încetinit puțin ritmul. Tipul mi-a spus: „Dle Hill, îmi place planul dvs. Chiar foarte mult. Îmi plăceți și dvs. Și directorul de vânzări, dar..."

Obstacolul

Acesta este de regulă un moment la care se ajunge în majoritatea cazurilor în care se discută despre o vânzare. Este momentul în care apare ceva neașteptat, care blochează totul.

„Dar", a spus el, „înainte să sun la firma dvs., am mai sunat doi domni care se ocupă cu același lucru, adică cu formarea agenților de vânzări, și am fixat întâlniri și cu ei. Ei vor sosi mâine. Eu sunt sigur că voi încheia contractul cu dvs., așa că vom lua legătura de îndată ce discut și cu ei. Vă voi telefona la birou."

Acesta ar fi fost un moment foarte potrivit pentru mine să mă ridic și să spun: „Mulțumesc pentru masă și pentru amabilitate, iar când veți afla cum stau lucrurile, telefonați-mi." Majoritatea agenților de vânzări așa ar fi reacționat. Poate și eu, dacă nu mi-aș fi promis înainte de a pleca să nu mă întorc până ce nu închei vânzarea.

Ce-ați fi făcut dacă ați fi fost în situația mea?

Iată ce am făcut eu. Am ignorat ceea ce a zis clientul și am trecut la faza a doua a explicațiilor mele. Orice bun agent de vânzări are două, trei sau patru abordări diferite, pe care însă nu le expune deodată.

Am mai vorbit vreo cinci sau șase minute, după care am încetinit din nou ritmul.

În sfârșit, domnul cu spălătoria m-a întrebat: „Dle Hill, dacă ați fi în locul meu, ce-ați face?" Era exact ceea ce așteptam.

I-am spus: „Am să vă spun ce aș face. Le-aș telefona celorlalți doi și le-aș zice că l-am angajat deja pe Napoleon Hill, le-aș mulțumi pentru atenția acordată, scutindu-i de un drum până aici." El a replicat: „Măi să fie, chiar așa am să fac." Ne-am strâns mâna și asta a fost!

Rezultatele vor apărea cu siguranță

Întreprinderile industriale și financiare de succes sunt conduse de persoane care aplică la nivel conștient sau subconștient principiile descrise în acest manual. Puteți deveni lideri în orice domeniu dacă veți aplica aceste principii și vă veți înconjura de oameni dispuși să gândească în spiritul cooperării.

Indiferent dacă vă aflați deja în vârf sau doar sunteți pe drumul cel bun, manualul vă va fi de ajutor pentru a pune bazele și a vă concentra asupra calităților pozitive.

Încercați și voi. Adoptați politica și principiile dorite ca și cum v-ar aparține. Este o metodă testată. Cu toții știm că materialul din aceste pagini este extrem de practic și de solid. El vă va ajuta să reușiți în afaceri din punct de vedere financiar, să vă găsiți liniștea sufletească, cu condiția să aveți dorința de a-i utiliza informația. Puterea de convingere vă va sprijini în a căuta calitățile membrilor familiei voastre sau ale colegilor și va servi ca oglindă sau ca reflectare a analizei de sine.

Will Rogers spunea cândva: „Orice ființă umană are cel puțin o calitate." El susținea că a căutat-o cu asiduitate de fiecare dată când a întâlnit pe câte cineva și apoi a încercat să-i facă un compliment.

Unul dintre elevii lui Napoleon Hill povestea odată despre un client care-i datora o sumă mare de bani: „Voi scoate ce e mai bun din el și astfel mă voi face pe mine mai bun." În acel moment, după părerea doctorului Hill, acel elev înțelesese sensul real al principiului potrivit căruia „În orice dezavantaj există sâmburele unui avantaj echivalent." Deși nu a fost mulțumit de atitudinea clientului, de faptul că se dovedea un rău-platnic, elevul a făcut mari servicii altor clienți și a sporit afacerile, pentru că a știut să abordeze situațiile cele mai neplăcute. În felul acesta, a profitat la maximum de experiența sa vreme de mulți ani, în care s-a aflat în fruntea recordurilor la vânzări, combinând totul cu roadele experienței de o viață ale doctorului Hill, ca profesor în arta vânzării.

În ultima parte a acestei cărți, veți învăța căile precise și mijloacele prin care să deveniți mai productivi. Veți afla despre un om care niciodată nu a încălcat drepturile celorlalți și totuși a făcut o avere personală importantă, păstrându-și liniștea sufletească și fericirea, respectând principiile enunțate în această carte. Veți afla cât de umil a început și faptul că a învățat această filozofie de viață într-un orfelinat, aplicând-o cu mare succes de la o vârstă foarte fragedă. Veți mai afla motivul pentru care această persoană excepțională a fost aleasă de Fundația Napoleon Hill pentru a fi inclusă în volumul *Puterea de convingere*.

După ce veți studia și capitolul următor — despre putere — veți putea face cunoștință cu dl Delford Smith de la Evergreen International Aviation, Inc., McMinnville, Oregon. Nu săriți peste următoarele capitole despre putere. Sunt absolut necesare pentru a profita la maximum de această poveste uluitoare.

8
Stăpânirea puterii gândurilor

Când crezi că poți, trezești în mintea ta acea forță care îți dă putere

Aveți nevoie de mai multă forță — pentru a munci și pentru a reuși, pentru a studia și a învăța, pentru a gândi așa cum se cuvine, pentru a iubi mai mult și pentru a face mai multe servicii dezinteresate omenirii?

Aveți nevoie de o și mai mare forță pentru a face față schimbărilor cu care vă confruntați în viața de zi cu zi?

Aveți nevoie de mai multă forță pentru a obține ceea ce doriți de la viață, fără a încălca drepturile celorlalți?

Vă folosiți cumva de Puterea Supremă de Convingere care sălășluiește în „celălalt eu"?

Vă dați seama de forța subconștientului vostru — o forță pe care o puteți canaliza și utiliza chiar și în somn? Recunoașteți sursa de putere generatoare de reușită și succes, sursă ce poate fi câștigată prin unirea resurselor mentale personale cu cele ale celorlalți, în scopuri reciproc avantajoase?

Forța oricărei reușite, forța de care aveți nevoie pentru a înțelege și a aplica filozofia succesului vă este deja disponibilă. Forța de care aveți nevoie pentru o viață productivă este deja înmagazinată în mintea voastră.

Obiectivul major al acestui capitol îl reprezintă descrierea celor mai importante forțe de care dispuneți și încercarea de a vă ajuta să vă stăpâniți gândurile, direcționându-le spre scopurile alese de voi.

Forța gândirii precise

Ne apropiem acum de analizarea „misterului tuturor misterelor" — forța minții umane. Să abordăm acest subiect cu venerație, pentru că este cel mai profund din tot ceea ce conține această carte. El deține secretul tuturor reușitelor și eșecurilor. Este un principiu care trebuie să se afle pe lista lucrurilor „obligatorii" în cazul tuturor celor care încearcă să ajungă la Puterea Supremă de Convingere. Acesta este cel mai important subiect pentru omenire — și totuși, în mod paradoxal, este cel mai puțin înțeles dintre toate subiectele — *gândirea precisă*.

Puterea gândului poate fi asemănată cu o grădină. Printr-un efort organizat, solul poate fi transformat într-unul fertil, care să producă hrană, sau poate fi neglijat, ducând astfel la apariția unor buruieni inutile. Mintea este mereu pusă pe treabă, construind sau dărâmând permanent, aducând nenorocire, nefericire și sărăcie sau bucurie, plăcere și prosperitate. Niciodată nu stă degeaba. Acesta este bunul cel mai de preț de care dispune omenirea; și totuși este cel mai puțin utilizat și cel mai tare maltratat din toate câte avem. Cel mai mare abuz este tocmai neutilizarea lui.

Știința a scos la iveală multe dintre cele mai profunde secrete ale naturii, dar nu și taina celei mai importante resurse de bogăție pentru om — puterea propriilor sale gânduri. Acesta este un secret care nu a fost niciodată dezvăluit omenirii, poate și din cauza faptului că omenirea s-a dovedit de o indiferență de neiertat față de acest har divin.

Puterea gândului este cea mai periculoasă sau cea mai benefică dintre toate puterile de care dispune omul, acest lucru depinzând în mod evident de felul în care este utilizată. Prin puterea gândului, omul poate construi mari imperii de civilizație. Prin aceeași putere, unii pot zdrobi imperii de parcă ar fi fost din chirpici.

Orice creație a omului, bună sau rea, este creată mai întâi mental. Toate ideile sunt concepute prin puterea gândului. Toate planurile, scopurile și dorințele sunt create în gând, iar acesta este singurul lucru asupra căruia omul are privilegiul de a deține controlul absolut.

Gândul este stăpânul tuturor celorlalte forme de energie, pentru că este o energie amestecată cu inteligență. Gândul deține soluția tuturor problemelor umane. Atunci când este folosit cum se cuvine, este cel mai eficient remediu din câte există pentru orice durere fizică. Puterea sa terapeutică este nelimitată. Gândul este resursa tuturor bogățiilor, fie ele materiale, fizice sau spirituale, pentru că este mijlocul prin care pot fi însușite cele 12 Mari Bogății ale Vieții, pe care cu toții ni le dorim. Oamenii caută toată viața bogățiile lumești, nerecunoscând faptul că sursa tuturor bogățiilor este la îndemâna lor, că au controlul absolut asupra ei, iar ea așteaptă doar să fie recunoscută și folosită.

Un gânditor corect recunoaște toate faptele vieții, atât bune cât și rele, și-și asumă răspunderea de a le despărți și de a le ordona în două categorii, păstrându-le pe cele care îi sunt necesare și respingându-le pe celelalte. El nu se lasă impresionat de argumentele nedovedite. El nu este robul, ci stăpânul propriilor sale emoții. Trăiește printre oameni fără a le da privilegiul să-i tăgăduiască gândurile interioare ori metodele de gândire. Părerile lui sunt rezultatul unei analize limpezi și atente, ce presupune studierea faptelor pe baza unor dovezi clare. El se arată dispus să asculte sfaturile celorlalți, dar își rezervă dreptul să accepte sau să respingă fără să-și ceară scuze. Când planurile sale dau greș, își întocmește rapid altele, cu care să le înlocuiască pe cele dintâi și nu se lasă doborât ori abătut de la scopul său din pricina unei înfrângeri temporare. Este un filozof care determină cauzele prin analizarea efectelor. Majoritatea indiciilor le obține respectând legile naturii și adaptându-se la ele. Când se roagă, primul lucru pe care îl dorește este mai multă înțelepciune. El nu insultă niciodată Divinitatea, cerându-I să ocolească legile firii sau rugându-se pentru ceva fără a depune nici un efort. Astfel, rugăciunile sale sunt de obicei întru totul ascultate, pentru că s-a dovedit de partea Creatorului. El nu râvnește la bunurile altora; are alte căi mai drepte de a-și satisface nevoile, prin propriul câștig. Nu-și pizmuiește semenii, deoarece știe că bogăția sa este mai mare decât a multor oameni, numărând valorile care contează cel mai mult în viață. Îi ajută cu dragă inimă pe ceilalți și acceptă să fie ajutat doar atunci când acest lucru este pe deplin justificat.

O mică minoritate

Acestea sunt trăsăturile unui gânditor corect. Studiați-le cu atenție, dacă vreți să faceți parte din această mică minoritate a celor care gândesc corect, așa cum se cuvine. Trăsăturile sunt simple și ușor de înțeles, dar nu sunt la fel de ușor de cultivat, pentru că asta presupune o autodisciplină mai mare decât sunt dispuși să respecte cei mai mulți dintre oameni. Însă răsplata pentru o gândire corectă merită efortul necesar obținerii sale. Ea constă în multe lucruri de preț, printre care liniștea sufletească, libertatea de gândire, libertatea trupească, înțelepciunea și înțelegerea legilor firii, satisfacerea necesităților materiale ale vieții și, mai presus de toate, armonia cu grandiosul plan al universului, așa cum a fost el stabilit și menținut de către Creator. Nimeni nu poate nega faptul că cel care gândește corect a stabilit o relație funcțională cu Creatorul. Gândirea corectă este un bun neprețuit, ce nu poate fi cumpărat cu bani sau împrumutat de la alții. Trebuie atinsă de fiecare om în parte, prin obiceiuri foarte stricte de autodisciplină, așa cum au fost ele definite de cei care au reușit în viață, bărbați și femei din diverse domenii.

Se întâmplă extrem de rar să întâlnești o persoană, oricând și oriunde, dispusă să-și trăiască viața, să gândească și să își formeze obiceiurile încercând să facă un cât de mic efort de a fi ea însăși. Cei mai mulți oameni sunt simpli imitatori ai altora, unii fiind adevărați nevropați, care preferă „să fie asemeni celor mulți" decât să fie ei înșiși. Observați-i cu atenție pe cei pe care îi cunoașteți mai bine, studiați-le în amănunt obiceiurile și veți constata că marea majoritate sunt simple imitații ale altora, fără a avea o gândire proprie. Cei mai mulți se târăsc acceptând și acționând conform tiparelor de gândire și obiceiurilor altora, într-un spirit de turmă, pornind mereu pe aceleași cărări bătute. Foarte rar, cineva care se remarcă printr-o gândire corectă va ieși din rând, va avea opinii și va îndrăzni să fie el însuși. Atunci când întâlniți o asemenea persoană, băgați de seamă că vă aflați față în față cu un gânditor adevărat.

Forța dorinței și a motivației

Orice reușită se obține prin punerea în practică a unei forțe. Păstrând permanent în gând definiția succesului (forța cuiva de a obține ceea ce-și dorește de la viață fără a încălca drepturile celorlalți), ne dăm seama că punctul de pornire al reușitei este o dorință arzătoare de a atinge un obiectiv precis, bine definit.

Așa cum stejarul, în faza de embrion, sălășluiește într-o ghindă, la fel și succesul ia naștere dintr-o dorință intensă. Dintr-o dorință puternică apare forța motivațională care duce la nutrirea speranței, întocmirea planurilor, cultivarea curajului și îndemnul de a trece la fapte, în urmărirea unui proiect sau scop bine definit. În spatele dorinței nu există altceva decât stimulul ce poate fi transformat în faptă.

S-a spus, și nu fără temei, că poți obține ceea ce dorești, în limite rezonabile, cu condiția să îți dorești cu suficientă intensitate. Oricine este în stare să-și stimuleze gândirea pentru a ajunge la această dorință intensă va fi capabil să își împlinească această dorință. Trebuie să nu uităm însă că a-ți dori ceva nu este același lucru cu acea dorință devoratoare, de o asemenea intensitate încât să genereze forța constructivă a faptei.

Cele zece motivații fundamentale la care reacționează omul în încercarea sa de a-și atinge scopul sunt prefațate de dorința pentru un anumit lucru. Dorința definește obiectivul, iar motivația este punctul de pornire al acțiunii.

Oamenii obișnuiți devin supraoameni atunci când sunt treziți de acea dorință care stimulează una sau mai multe dintre motivațiile de a trece la faptă. În momentul în care cineva este pus față în față cu eventualitatea morții, într-o situație neașteptată, acesta va dezvolta pe loc o putere și o strategie de care nu ar fi capabil decât în condiții extrem de critice.

Atunci când sunt călăuziți de dorința firească a unui contact sexual, oamenii știu să-și facă planuri precise, să-și cultive imaginația și să treacă la fapte ce păreau imposibile fără acea dorință arzătoare.

Dorința de câștig financiar reușește adesea să-i ridice pe oamenii de capacitate mediocră în poziții care presupun o mare putere. Dorința de celebritate și de putere personală reprezintă forțele motivatoare principale ale liderilor din toate domeniile.

Dorința animalică de răzbunare îi determină adesea pe oamenii obișnuiți, lipsiți de imaginație, să creeze planuri complicate și ingenioase pentru a-și atinge obiectivele.

Dorința de viață după moarte este o forță motivatoare atât de puternică, încât îl determină în general pe om să atingă extremele, atât constructive cât și distructive, în încercarea de a atinge nemurirea. De asemenea, aceeași dorință dezvoltă calități foarte eficiente în poziții de conducere, lucru dovedit mai cu seamă de cei care sunt adevărați fondatori ai diverselor credințe. Dacă doriți să atingeți mari succese, însămânțați în mintea voastră o motivație puternică!

Milioane de oameni se luptă toată viața, fiind motivați doar de dorința de a-și asigura traiul de zi cu zi, hrana, adăpostul și îmbrăcămintea. Rareori iese cineva din rând, cerând pentru sine mai mult decât o viață oarecare. El se motivează cu ajutorul dorinței și își găsește împlinirea prin a o pune în practică.

Elbert Hubbard spunea cândva: „Spune-mi ce-ți dorești cel mai mult și eu îți voi spune cine te va putea ajuta."

Când a fost întrebat care este persoana la care se referă, Hubbard a replicat: „Priviți-vă în oglindă și veți vedea."

Când omul obișnuit dorește ceva la care nu poate ajunge, se gândește cum să dea peste persoana care l-ar putea ajuta să izbândească. Dacă va înțelege că întotdeauna există cel puțin un lucru pe care să-l facă din proprie inițiativă și care ar fi un bun început pentru scopul său, va învăța să-și utilizeze propriile resurse, fără să mai depindă de alții. Odată ce omul descoperă forța din mintea sa și faptul că se poate bizui pe sine, atunci înseamnă că a pornit pe drumul cel bun în a atinge ceea ce-și dorește cel mai mult de la viață.

Forța credinței puse în practică

Nimic măreț nu s-a putut dobândi vreodată fără sprijinul unei atitudini mentale pozitive, care pornește de la un scop precis, activat de dorința arzătoare de atingere a obiectivului, dorință ce se intensifică până ce ajunge să fie o credință pusă în practică.

Simplele dorințe nu sunt arzătoare, pentru că din acestea are toată lumea cu duiumul. Simpla curiozitate inspiră adesea la fapte, dar în general duce spre o fundătură din care nimeni nu are de câștigat. Speranțele ajută, însă cei mai mulți își trăiesc viața în speranțe care nu se materializează niciodată, pentru că speranța nu este de ajuns pentru a inspira la fapte îndreptate spre un scop precis. Dorința arzătoare este o combinație de dorințe simple, curiozități și speranțe. Nimeni nu a reușit vreodată să atingă scopuri mărețe fără acea nevoie ce împinge la faptă, pornind de la o stare mentală.

Credința aplicată în faptă este o stare mentală care poate exista doar atunci când atitudinea mentală este pozitivă. Este forța care deschide ușa spre trăirea succesului. Credința aplicată este o formă de concentrare a unor dorințe, speranțe și deziderate atât de intense, încât să inspire începutul unui drum ce duce la atingerea scopurilor.

Credința ne permite să privim spre viitor și să ne justificăm convingerea în ce privește atingerea dorințelor încă înainte de a ne apuca să le punem în practică. Când obiectivul nostru are la bază o atitudine mentală pozitivă, fiecare dorință devine o rugăciune.

Priviți în jur și veți constata că cei care au reușit cel mai bine sunt aceia care au recunoscut și și-au utilizat capacitatea de a crede. Totuși, această forță nu poate fi declanșată și oprită asemeni unui comutator de curent electric. Ea trebuie cultivată și întărită printr-o utilizare permanentă, de zi cu zi.

Temerile ce vă pot paraliza

Oare ce temeri ciudate invadează mintea omului, blocându-i accesul spre acea forță absolută care-l poate ajuta să atingă culmile marilor reușite? Cum și de ce majoritatea oamenilor devin victime ale ritmului hipnotic negativ care le distruge capacitatea de utilizare a propriei forțe mentale?

Mult prea des, oamenii lasă teama sau forța negativă să le domine hotărârile și faptele. Își doresc, de fapt, un fel de protecție absolută, ce poate fi însumată prin acest veșnic clișeu al „siguranței".

Persoana care reușește cu adevărat nu gândește astfel. Raționamentul său se bazează pe creativitate și productivitate. Sau cum spunea fostul președinte Eisenhower: „Un grad mare de siguranță se poate obține și într-o celulă de închisoare, dacă doar asta vrem de la viață."

Cel care reușește în viață este cel dispus să-și asume riscurile ce par necesare în atingerea scopului dorit.

Cu toții suferim de frică. Ce este ea de fapt? Frica este un sentiment care are ca scop păstrarea spiritului de conservare și atenționarea omului asupra situațiilor primejdioase pentru viața sa. Și totuși, frica poate fi și o binecuvântare atunci când devine precauție și ne determină să ne oprim și să studiem mai amănunțit o anumită situație înainte de a lua o hotărâre sau de a trece la fapte.

Trebuie să ne stăpânim frica, nu să-i îngăduim să ne stăpânească ea pe noi. Odată ce și-a depășit scopul pur emoțional de semnal de avertisment, nu trebuie să-i permitem să se strecoare în rațiunea noastră, prin care hotărâm ce direcție trebuie să ia anumite fapte.

Celebra afirmație din discursul inaugural al lui Franklin Delano Roosevelt: „N-avem a ne teme decât de teama în sine" este la fel de valabilă ca pe vremea când a fost exprimată, adică în perioada Marii Crize a Statelor Unite.

Cum vă puteți depăși temerile? Una dintre cele mai sigure căi este să vă întrebați deschis: „De ce mă tem de fapt?" Adesea se dovedește că ne este frică de simple umbre.

Să examinăm unele dintre cele mai des întâlnite îngrijorări și să vedem cum funcționează de fapt acest sistem.

BOALA. Organismul uman este dotat cu un sistem foarte ingenios de autoîntreținere și recuperare. Și atunci de ce să ne facem griji că ceva ar putea să se defecteze? Mai bine ne-am minuna de felul în care știe să funcționeze cum trebuie, în ciuda tuturor solicitărilor cărora îl supunem.

BĂTRÂNEȚEA. Vârsta de Aur este un lucru pe care ar trebui să-l așteptăm cu nerăbdare, și nu de care să ne temem. Practic, dăm tinerețea pe înțelepciune. Nu uitați, nimic nu ni se ia fără a ni se oferi ceva egal sau chiar mai mult în schimb.

EȘECUL. Eșecul momentan este de fapt un bine care încă nu ni s-a dezvăluit, care poartă în el sâmburele unui avantaj echivalent sau chiar mai mare, drept pentru care ar trebui să învățăm să aflăm care este cauza și să folosim cunoașterea de care dispunem pentru a ne întări eforturile în următoarea încercare.

MOARTEA. Trebuie recunoscută ca fiind o parte necesară în marele plan al universului, creată de Dumnezeu ca o cale de a ajunge într-un loc mai bun în veșnicie.

CRITICILE. La urma urmelor, trebuie că sunteți cei mai aspri critici în ceea ce vă privește, așa încât de ce v-ați mai teme de criticile celorlalți? Unele comentarii pot include sugestii constructive, care vă vor ajuta să deveniți mai buni.

Cum să faci față fricii

Cel mai adesea, frica apare din neștiință.

O analiză atentă asupra tuturor polițelor fricii voastre este foarte utilă. Care sunt riscurile? Răsplata merită toate riscurile pe care le implică? Care ar fi celelalte posibilități? Cu ce probleme neașteptate vă puteți confrunta? Aveți toate datele necesare, statisticile și faptele la îndemână? Ce au făcut alții în situații similare și care au fost rezultatele?

După ce ați încheiat acest studiu, treceți la fapte — imediat. Amânările duc la și mai multe îndoieli și temeri. Un reputat psiholog spunea cândva că o persoană sperioasă, care rămâne singură peste noapte și-și imaginează tot felul de zgomote, își poate potoli repede temerile. Este suficient să facă un pas pe podea. Procedând astfel, a făcut primul pas spre o direcție pozitivă de depășire a fricii.

Persoana care urmărește să reușească în viață trebuie să se forțeze în mod similar, să-și stăpânească temerile prin credință, făcând primul pas spre scopul propus.

Frica, forța negativă a minții, poate fi stăpânită dacă vom învăța să extragem forța și curajul din puterea pozitivă care există în fiecare dintre noi.

Cum poate canaliza cineva această forță interioară? Răspunsul este: prin credință — credință bazată pe fapte. Credința bine înțeleasă este întotdeauna activă, niciodată pasivă. Credința pasivă nu are mai multă putere decât un dinam stricat. Pentru a genera o forță, orice aparatură trebuie pusă în mișcare. Credința activă nu cunoaște teamă și nici limitări autoimpuse. Prin tăria credinței, chiar și cel mai neajutorat muritor devine mai puternic decât dezastrul ori decât eșecul și cu siguranță face față fricii.

Situațiile extreme din viață îi fac adesea pe oameni să cunoască momente de cumpănă, în care trebuie să aleagă pe ce drum s-o apuce, pe cel al Credinței sau pe cel al Fricii. Oare ce-i face pe cei mai mulți să se poticnească pe drumul fricii? Alegerea depinde direct de atitudinea mentală și Creatorul a făcut în așa fel încât puterea fiecărui om să poată fi controlată de el însuși.

Omul cu credință este cel care s-a autodeterminat să creadă. El a făcut-o încetul cu încetul, luând hotărâri prompte și curajoase, acționând astfel până la cele mai mici detalii în munca de zi cu zi. Ca urmare, cel ce trăiește în teamă o face pentru că nu a fost în stare să își determine gândirea să abordeze o atitudine pozitivă.

Nevoia de schimbare

Adevărata piatră de încercare pentru încrederea cuiva într-o atitudine mentală pozitivă și pentru credința lui constă în felul în care abordează schimbările din viața de zi cu zi. Una dintre necesitățile absolute în cazul unei credințe sincere și a unei reușite pe măsură este capacitatea de a accepta și de a profita de pe urma schimbării.

S-a spus că singurul lucru permanent pe care îl cunoaște omul este schimbarea. Pentru a păstra credința care vă va da forța de a cunoaște reușita, trebuie să fiți suficient de flexibil pentru a vă adapta la toate tipurile de schimbare. Dacă veți fi flexibili, veți merge pe creasta valului schimbărilor în loc să ajungeți la fund.

Gândiți-vă la următoarele sugestii și discerneți care dintre ele, în cazul în care sunt folosite, vă vor întări puterea credinței de care aveți nevoie zi de zi.

Schimbați-vă obiceiul de a vă gândi și de a vă teme de lucrurile pe care nu vi le doriți în obiceiul de a crede că veți putea face viața să fie mereu în avantajul vostru.

Schimbați-vă obiceiul de a gândi și de a vorbi despre dureri fizice pe care le-ați putea avea sau de care vă temeți și luați-vă obiceiul de a vorbi și de a vă gândi la sănătatea ideală, cea pe care o doriți, până ce veți reuși să aveți o „conștiință sănătoasă". Nu uitați că durerile imaginare vă pot pricinui tot atât de mult rău ca și cele reale, în cazul în care le acceptați și le încurajați prin frică.

Schimbați-vă obiceiul de a vă dori cât mai mult din punct de vedere material, mai mult decât ați avea nevoie, în obiceiul de a împărți bunurile voastre astfel încât să fie de folos și altora, înmulțindu-le astfel în avantajul vostru.

Schimbați-vă obiceiul de a fi mereu satisfăcuți de voi înșivă în acela de a cunoaște o nemulțumire pozitivă, suficientă pentru a vă continua căutările printr-o cunoaștere mai aprofundată și mai înțeleaptă în ce privește îmbogățirea vieții voastre atât din punct de vedere spiritual, cât și material.

Schimbați-vă obiceiul de a fi intoleranți în acela de a fi deschiși la minte în toate direcțiile, către toată lumea și nu uitați că o minte îngustă nu se dezvoltă, ci se atrofiază și își pierde puterea.

Schimbați-vă obiceiul de a găsi cusururi în acela de a găsi aspectele bune în oameni, spunându-le de fiecare dată când le descoperiți. Este adevărat că oamenii vor vedea la voi ceea ce vedeți voi în ei, bun sau rău.

Schimbați-vă obiceiul de a vă plânge de milă în acela de a înfrunta faptele care vă privesc și cauzele reale ale temerilor și îngrijorărilor voastre. Nu uitați că oglinda vă va fi de mare ajutor în direcția acestei schimbări.

Schimbați-vă obiceiul de a vorbi despre alții cu dispreț în acela de a-i lăuda, pentru că și acesta este un obicei care inspiră reciprocitate.

Câtă vreme veți analiza aceste sugestii, aveți grijă să distingeți diferența dintre nevoile voastre și dreptul de a primi. Avem nevoie de multe lucruri față de care nu ne-am câștigat dreptul de a le primi. O cale sigură pentru a obține dreptul de a primi este depășirea normei, îndatorându-i pe ceilalți față de voi prin faptul că le-ați făcut servicii și prin faptul că, în general, ați făcut mai mult decât erați plătit.

Marele filozof german Goethe a stabilit următoarele principii pentru a avea o viață echilibrată:

Suficientă sănătate astfel încât munca să fie o plăcere.

Suficientă bogăție astfel încât să acopere nevoile.

Suficientă forță pentru lupta cu dificultățile și pentru depășirea lor.

Suficientă răbdare spre a trudi până ce un bine este îndeplinit.

Suficientă evlavie pentru mărturisirea păcatelor și lepădarea de ele.

Suficientă milă pentru a vedea ce e bun în aproapele vostru.

Suficientă iubire care să vă anime să fiți utili și să-i ajutați pe ceilalți.

Suficientă credință pentru a transforma în faptă voia Domnului.

Suficientă speranță pentru a îndepărta temerile legate de viitor.

Toată lumea are nevoie de un plan pe baza căruia să-și construiască viața. Acest crez al lui Goethe poate constitui o bază de la care să vă concepeți un plan personal, care să vă ajute să vă trăiți viața în favoarea voastră, fără a încălca drepturile celorlalți. Un crez zilnic ajută pe oricine la menținerea unei imagini clare, care să-i înfățișeze permanent persoana ce și-ar dori să devină. Este de mare ajutor în a-i da forța de a face față înfruntării și depășirii obstacolelor întâlnite în cale.

Dacă vă doriți sincer reușita, atunci trebuie să căutați cu entuziasm până ce veți găsi abordarea ideală în ce privește forța conducătoare din sinele nostru. Atunci când o veți descoperi, înseamnă că v-ați descoperit adevăratul sine, „acel sine" care folosește toată experiența de viață. Reușita vă va surâde indiferent cine ați fi sau care ar fi natura și motivul eșecurilor anterioare. Trebuie să vă puneți credința în practică. Trebuie să vă stăpâniți puterea minții și s-o direcționați cu entuziasm spre scopul dorit.

Marele om de litere american Emerson avea multă dreptate atunci când afirma: „Nimic măreț nu poate fi obținut fără entuziasm." Entuziasmul este o trăsătură importantă pentru o personalitate plăcută. Este o componentă necesară a reușitei în viață în această lume, care trăiește într-un ritm extrem de rapid. Marile figuri ale trecutului, dar și cei care au reușit în prezent sunt oameni care și-au definit bine dorințele sub forma unor scopuri precise, aplicând și direcționând puterile credinței lor spre atingerea acestor scopuri.

Entuziasmul nu este o trăsătură care se poate cumpăra sau copia de la cei care îl dețin, dar poate deveni un bun neprețuit pentru toți cei care învață să-l aplice și își iau obiceiul de a-l introduce în relațiile cu ceilalți în viața de zi cu zi. Pentru a fi entuziast, acționați în mod entuziast. Trebuie să vă dați seama că entuziasmul deține o putere unică, pentru că reprezintă o combinație de energie mentală și fizică. Entuziasmul este pur și simplu credința în faptă. Această credință, respectiv capacitatea de a crede, este cea mai mare forță mentală ce poate fi declanșată și direcționată pentru atingerea scopului dorit. Oamenii de succes de astăzi și cei care vor reuși în viitor vor fi mereu cei care știu să stăpânească și să utilizeze vastele forțe ce zac în propriile lor minți.

Forța subconștientului

Subconștientul este cea mai mare sursă de putere umană. El poate fi influențat astfel încât să acționeze în direcția scopurilor dorite chiar și în somn, ca și în timpul orelor de veghe.

Deși omul încă nu a învățat să folosească întreaga forță a subconștientului, el știe să utilizeze ceea ce înțelege ca un fel de călăuză spre atingerea scopurilor sale.

Într-o întreagă existență de cercetare a tiparelor reușitei, am studiat cazurile reale a sute de conducători din multe domenii de activitate. În timpul acestor studii m-a impresionat în mod deosebit un lucru — și anume, felul în care multe dintre aceste persoane care au reușit spectaculos și-au folosit forța subconștientului, în special în momentele de solicitare extremă sau de luare a unei decizii capitale.

De exemplu, Woodrow Wilson avea obiceiul să își noteze o frază clară cu puțin timp înainte de a se retrage în dormitorul său, referitoare la ceea ce dorea să ducă la bun sfârșit a doua zi. O citea cu glas tare de mai multe ori, iar în rugăciunea de seară îi cerea lui Dumnezeu să-i călăuzească pașii spre reușită.

Adesea, se trezea în timpul nopții cu o soluție completă în gând. Alteori, răspunsul dorit nu venea niciodată.

În timpul unei discuții cu dr. Hill, Wilson a afirmat: „Starea mentală în care mă aflu atunci când cer sprijin din partea subconștientului se pare că are mult de-a face cu rezultatele obținute. În momentele de mare solicitare, sub imperiul stresului unei emoții intense, călăuzirea de care am nevoie vine mai rapid. Dacă există cea mai mică îndoială în mintea mea, în general și rezultatul este unul negativ. Dar atunci când cred cu foarte mare intensitate în ceea ce gândesc, încât simt că sunt în posesia rezolvării problemelor mele, rezultatul care decurge din asta este întotdeauna pozitiv."

Wilson era convins că subconștientul este poarta spre inteligența infinită a Creatorului nostru și poate fi folosit în mod eficient doar printr-o atitudine mentală de încredere absolută, care se mai numește și credință. Atunci când reușiți să vă armonizați gândurile cu cele ale Creatorului, veți beneficia de îndrumare, forță și acea revelație ce nu poate fi cunoscută prin nici o altă metodă. În modul acesta, subconștientul vă poate ajuta să reușiți să atingeți siguranța atât materială, cât și spirituală.

Oricum, trebuie să-i acordați o șansă să acționeze în favoarea voastră. O posibilitate în acest sens este să vă rezervați o perioadă de timp zilnică pentru meditație. Concentrați-vă mintea într-o stare de contemplație în rugăciune.

Veți constata că în acest fel timpul de meditație este petrecut eficient. După fiecare ședință în parte, vă veți simți mai împliniți spiritual și plini de idei care vă pot spori bunăstarea personală.

Cu ajutorul celor cinci simțuri, putem detecta și ne putem apăra împotriva multor primejdii, cum ar fi tăieturile și arsurile. Dar suntem pradă altor primejdii și mai mari decât cele pe care le putem detecta cu ajutorul simțurilor noastre. Cel mai mare pericol care se poate strecura în subconștientul nostru prin autosugestie ia forma unor experiențe zilnice pe care le considerăm inevitabile, cum ar fi afecțiunile fizice, frica, îngrijorarea, eșecul și înfrângerea.

O atitudine mentală pozitivă nu poate vindeca toate bolile fizice, dar îi poate vindeca pe mulți dacă înțelegem cum funcționează sistemul și împiedicăm acceptarea lucrurilor pe care nu le dorim.

Omul începe să învețe că forța autosugestiei este un fel de muncă în tăcere, care poate aduce reușita sau eșecul, sănătatea sau boala, liniștea sufletească sau nefericirea.

În privința subconștientului, există ceva ce-l poate influența să accepte orice impresii care ajung până la el ca fiind reale, indiferent dacă sunt negative sau pozitive, constructive sau distructive, de încredere sau de suspiciune. De aceea trebuie să ne determinăm mintea să se concentreze asupra situațiilor și lucrurilor pe care ni le dorim, protejându-ne de influențele prin care ni s-ar putea sugera lucruri pe care nu le dorim.

Imaginația poate ucide un om sau îl poate ajuta să atingă culmile reușitei, chiar cele de la granița cu miraculosul, cu condiția ca mintea sa să fie mereu angajată în direcția lucrurilor pe care și le dorește cel mai mult. De exemplu, convingerea ipohondrilor că boala este permanent prezentă în trupul lor și că nu se poate face nimic în acest sens are ca rezultat sigur o sănătate precară. Cum subconștientul acceptă orice gând și orice impresie care îi sunt furnizate, forța sa poate să fie distructivă în aceeași măsură în care poate fi uneori minunat de constructivă. Acesta este motivul pentru care trebuie să avem permanent o atitudine mentală pozitivă.

Pași spre întărirea potențialului mental

Mintea omului este foarte apropiată de un *perpetuum mobile,* pentru că funcționează și atunci când dormim, ca și când suntem treji. Dacă ne culcăm cu teamă și cu griji, subconștientul le acceptă ca pe niște lucruri pe care le dorim și se pune pe treabă pentru a le materializa.

Pe de altă parte, subconștientul va accepta imediat și ne va ajuta să facem planuri pentru a obține lucrurile pe care ni le dorim, cu condiția să-i dăm ordine precise și mai ales încrederea că vor fi respectate.

Iată câteva fapte importante referitoare la folosirea minții, de care trebuie să fim conștienți și pe care să le respectăm:

1. Mintea poate fi controlată, ghidată și direcționată spre propriile scopuri alese. De fapt, există anumite consecințe în cazul în care cineva nu procedează astfel.
2. Mintea poate îndruma întâmplările neplăcute și nedorite în sensul indicat de acestea, dacă nu ne concentrăm asupra obținerii a ceea ce dorim.
3. Toate reușitele constructive ale omului sunt rezultatul unei gândiri organizate, direcționate spre scopuri precise, a unei atitudini mentale pozitive, susținute de încredere.
4. Majoritatea gândurilor care pătrund de bunăvoie în mintea noastră nu sunt corecte sau precise; de aceea, orice proces de gândire trebuie analizat atent înainte de a fi acceptat și de a acționa în consecință.
5. Orice concepe sau crede mintea omenească poate fi dobândit. Acest lucru se poate face prin aplicarea legilor firii și a principiilor acceptate de om ca funcționale.

Nici una dintre aceste cinci fapte referitoare la utilizarea minții nu presupune o pregătire deosebită. Valabilitatea fiecăreia poate fi verificată de orice om interesat să afle care este forța potențială a propriei sale gândiri.

Pentru a vă ajuta să vă canalizați forțele nelimitate ale subconștientului, vă oferim următoarele sugestii.

1. Scrieți o declarație clară a celor mai importante obiective pe care doriți să le îndepliniți în următoarele

30 de zile. Fiți atenți să fie ceva la care aveți dreptul sau la care veți avea dreptul în cele 30 de zile care reprezintă data limită. De exemplu, avansarea într-un post mai bun, dezvoltarea afacerilor, îmbunătățirea sănătății sau niște schimbări constructive la nivelul personalității, toate acestea pot fi scopuri posibile.

2. Purtați discuții cu subconștientul vostru de mai multe ori pe zi, inclusiv seara, chiar înainte să vă culcați. Comunicați-i obiectivul vostru, inclusiv motivele pentru care credeți că aveți dreptul să obțineți ceea ce urmăriți. Prezentați-vă cazul cu entuziasm.

3. Faceți o declarație clară, în scris, a tuturor motivelor pentru care considerați că aveți dreptul să vă atingeți scopul. Nu fiți prea modești în această descriere, dar nici nu includeți ceva în care nu credeți sau care este neadevărat. Aveți grijă să includeți în listă o declarație clară asupra a ceea ce intenționați să oferiți în schimbul îndeplinirii scopului. Acest lucru este important. Subconștientul nu va încălca legile firii și dorința de a cere ceva pe gratis se va solda cu un eșec. Dacă urmăriți reușita printr-un parteneriat în afaceri, de exemplu, aveți grijă ca partea voastră din tranzacție să fie limpede și pe deplin justificată, pentru că întotdeauna va exista un partener tăcut în toate asocierile cu alții, pe care nu-l veți vedea. El este cel care ține scorul zilnic, consemnând fiecare faptă și intenție, și care înregistrează toate lucrurile ce s-ar putea transforma ulterior într-o binecuvântare sau într-un blestem. Fie că va scădea, fie că va adăuga în contul nostru, el nu va face nici o greșeală. Emerson numea acest partener invizibil legea compensației.

4. Faceți două promisiuni către sine, în scris, pentru a nu le uita; ele trebuie să se refere la ce anume căutați

să obțineți în următoarele 30 de zile (sau într-un alt interval de timp) și în al doilea rând la motivul pentru care credeți că meritați să primiți și ce aveți intenția să dați în schimb. Repetați aceste afirmații zilnic și încheiați prin a vă exprima recunoștința pentru faptul că ați reușit.

5. Dacă sunteți căsătoriți, încercați să faceți un fel de alianță cu partenerul de viață, astfel încât să vă respectați programul așa cum a fost el descris. Dacă nu sunteți căsătoriți, încercați o alianță cu cel mai bun prieten sau cu un asociat în afaceri și respectați aceleași instrucțiuni. Totuși, nu vă dezvăluiți programul unui străin, care v-ar putea lua în derâdere procedeul pentru că nu înțelege forța subconștientului.

6. Subconștientul se transformă și acționează mult mai rapid în funcție de dorințele și necesitățile care sunt prezentate sub imperiul unei emoții extreme, decât în funcție de cele prezentate într-o formă mai calmă. De aceea, faceți o faptă bună și vindeți credința nestrămutată în reușita finală chiar vouă înșivă. Împănați-vă cuvintele și gândurile cu entuziasm, apoi porniți de la ideea că vorbiți cu o altă persoană, care poate spune „da" sau „nu" și faceți tot posibilul pentru a o convinge să fie în favoarea voastră.

Forța unei minți deschise

O minte deschisă este o minte liberă. Cel care refuză ideile noi, conceptele și experiențele de acest tip își înrobește propria personalitate.

Intoleranța, care reprezintă produsul unei minți închise, este spada cu două tăișuri care retează oportunitatea, pe de-o parte, dar și liniile de comunicare, pe de altă parte.

Când vă deschideți mintea, îi dați imaginației libertatea de a acționa în favoarea voastră. Vă utilizați darul de vizionar pe care îl posedați.

Este greu de înțeles cum se face că persoane aparent inteligente au râs de experiențele fraților Wright în privința zborului, cât și de acea legendă a aviației, Charles Lindbergh, care abia și-a găsit susținători pentru zborul său transatlantic.

În prezent, adevărații vizionari au reușit să-l ducă pe om pe Lună, să fotografieze celelalte planete din sistemul nostru solar, ajutându-se de vehicule de explorare a spațiului, iar noi visăm acum la stații spațiale, hoteluri și locuri în care să ne petrecem timpul liber. Scopul NASA este să dezvolte și să demonstreze posibilitatea de a călători pe alte planete. Oare unde sunt cei care luaseră în derâdere zborul pe Lună?

O minte îngustă este semnul unei personalități statice. O astfel de minte lasă progresul să treacă pe lângă ea și nu profită niciodată de ocaziile pe care acesta i le-ar putea oferi.

Doar cu o minte deschisă puteți profita la maximum de impactul primei reguli care-l conduce pe om pe drumul oricărui tip de reușită: *Orice concepe sau crede mintea umană poate fi dobândit*.

Persoana binecuvântată cu o minte deschisă poate face minuni în afaceri, industrie și în orice tip de carieră, în vreme ce aceea cu o minte închisă dă mereu o singură replică: „imposibil".

Concentrați-vă puțin asupra voastră. Vă numărați printre cei care spun „pot" și „se face" sau intrați în categoria lui „nimeni nu poate" chiar în momentul în care altcineva reușește în direcția respectivă?

O minte deschisă presupune încredere — în sine, în ceilalți și în Creatorul care a conceput un tipar al progresului pentru om și universul său.

A trecut vremea superstițiilor, sau cel puțin așa ar trebui. Din păcate, umbra prejudecăților este mai întunecată ca niciodată. Puteți să ieșiți la lumină, examinându-vă atent personalitatea. Luați hotărâri bazându-vă pe logică și pe raționament sau pe emoții și pe idei preconcepute? Ascultați atent și îndeaproape argumentele celorlalți? Căutați fapte și nu doar zvonuri și bârfe?

Mentalitatea umană se ofilește dacă nu este stimulată de o gândire proaspătă. Un dictator știe că soluția cea mai rapidă în vederea unei reprogramări a creierului pentru distrugerea voinței cuiva este aceea de a-l izola mental, despărțindu-l de ceilalți, de cărți, de ziare, de radio, de televiziune și de alte canale normale ale comunicării intelectuale.

În această situație, intelectul moare din lipsă de hrană. Numai voința cea mai puternică și credința cea mai curată îl mai pot salva.

Se poate oare să vă fi închis mintea într-un lagăr de concentrare, social și cultural? Este posibil să vă fi supus singuri spălării creierului?

Dacă da, este timpul să vă depărtați de gratiile prejudecăților în spatele cărora vă este „arestat" intelectul. Deschideți-vă mintea și dați-i frâu liber. Descoperiți singuri forța crescândă a unei minți care nu cunoaște limite.

Puterea gândurilor voastre

Thomas Paine a fost posesorul uneia dintre cele mai strălucite minți din timpul Revoluției Americane. Lui, poate mai mult decât oricui altcuiva, îi datorăm atât începutul, cât și finalul fericit al Revoluției Americane. Mintea lui ascuțită a ajutat la întocmirea Declarației de Independență a Statelor Unite, convingându-i pe semnatarii acestui document să-l transpună în realitate.

Referitor la imensul său bagaj de cunoștințe, Paine declara: „Oricine a observat cu atenție felul în care progresează mintea umană, urmărindu-se pe sine, nu se poate să nu-și fi dat seama că există două categorii distincte în ceea ce numim gânduri: cele pe care le producem prin reflecție și prin actul gândirii și cele care există în mintea noastră de capul lor.

Întotdeauna mi-am făcut o regulă din a trata aceste viziuni întâmplătoare cu respect, având grijă să le examinez — pe cât am fost în stare — ca și cum ar fi meritat să fie păstrate și pornind de la ele am dobândit cea mai mare parte a cunoștințelor pe care le am. În ceea ce privește faptul că orice persoană are de câștigat de pe urma a ceea ce învață la școală, pot spune că acest lucru reprezintă doar un mic capital, ce stă la baza învățăturii ulterioare pe care o dobândim de unii singuri. Orice persoană care învață este în cele din urmă propriul său profesor, deoarece principiile funcționează prin atribute dinstincte în funcție de circumstanțe, ele nu pot fi gravate în memorie; ele pot exista în minte doar prin înțelegere și nu sunt niciodată mai durabile decât atunci când pornesc de la o concepție."

În paragraful care urmează, Paine, un mare patriot și filozof american, a descris un fenomen care este trăit de orice om la un moment dat. Cine oare să fi fost atât de ghinionist încât să nu fi primit vreo dovadă pozitivă că gândurile, ba chiar și idei complete provenite din surse exterioare, sunt gata să „încolțească" în propria minte?

Ce alte mijloace de transmitere a acelor gânduri ar mai putea exista, în afara eterului? Eterul cuprinde spațiul nelimitat al universului. Este mediul de transmitere a tuturor formelor de vibrații pe care le cunoaștem, cum ar fi sunetele, lumina și căldura. De ce n-ar putea să fie și un mediu de transmitere a vibrațiilor gândului?

Fiecare minte sau creier este în legătură directă cu orice alt creier prin intermediul eterului. Orice gând emis de un creier poate fi imediat preluat din zbor și interpretat de toate celelalte creiere care se află în legătură (vibrează în același ritm) cu creierul care a transmis mesajul. Napoleon Hill era la fel de convins de acest lucru pe cât de mult credea că formula H_2O ar produce apa.

Proprietatea eterului de a transmite gândurile de la o minte la alta nici măcar nu este cea mai uimitoare dintre trăsăturile sale. Există dovezi clare că fiecare vibrație a gândului generată de orice creier este preluată de eter și păstrată în mișcare pe lungimi de undă circulare, care corespund intensității energiei folosite la eliberarea lor, astfel că aceste vibrații rămân în mișcare pentru totdeauna. De aceea, devin una dintre cele două surse prin care gândurile „încolțesc" în mintea cuiva — cealaltă sursă fiind contactul direct și imediat prin eter cu creierul care a eliberat acea vibrație a gândului.

Astfel, se va constata că dacă această teorie este reală, atunci spațiul nelimitat al întregului univers este și va fi o adevărată bibliotecă în care s-ar putea regăsi toate gândurile pe care le-a avut vreodată omenirea.

Una dintre cele mai minunate descoperiri ale omenirii de până acum este principiul radioului, care funcționează cu ajutorul eterului, extrem de important în legile naturii. Imaginați-vă cum eterul preia o vibrație sonoră obișnuită și transformă (mărind ritmul vibrației) frecvența audio în frecvență radio. Vibrația este transportată spre o stație de radio-recepție reglată pe frecvența potrivită, iar acolo revine la forma sa inițială de frecvență audio, totul într-o fracțiune de secundă. N-ar trebui să surprindă pe nimeni că o asemenea forță poate aduna vibrațiile gândurilor și poate menține această vibrație în mișcare pentru totdeauna.

Transmisia instantanee a sunetului cu ajutorul eterului, prin intermediul aparaturii radio moderne, o modalitate bine cunoscută, înseamnă și faptul că teoria transmiterii vibrațiilor gândului de la o minte la alta nu este o simplă posibilitate, ci chiar o probabilitate.

În capitolul care urmează, veți afla cum puteți îmbunătăți capacitatea minții voastre de a primi și de a transmite vibrațiile emise de gânduri. Asigurați-vă că sistemul de comunicare continuă să rămână unul pozitiv în ce privește acest studiu extrem de important.

9

Puterea spiritului

În această fază de studiu, este momentul să vă acordați trei minute de meditație, concentrându-vă asupra a ceea ce ați învățat în legătură cu forța propriei minți. Notați-vă gândurile pentru mai târziu și revizuiți ce ați scris după ce terminați de citit acest capitol. Cele trei minute de meditație ar putea fi trei dintre cele mai importante momente pe care le veți petrece studiind Puterea Supremă de Convingere. Valoarea acestor clipe va depinde de capacitatea voastră de a vă concentra serios și în liniște.

Este absolut vital să înțelegeți materialul prezentat în Capitolul VIII înainte de a continua studiul în profunzime al alianței spirituale și al reacțiilor chimice la nivelul gândirii. Cele trei minute de meditație vă vor activa mental, dându-vă o mai mare vioiciune, legând subconștientul de conștient pentru o mai profundă înțelegere.

Mintea poate da dovadă de atracție sau de repulsie

Este un lucru bine știut, atât de către profani cât și de către cercetătorii științifici, că unele minți reacționează foarte puternic în momentul în care intră în contact una cu alta. Din întâlnirea sau contactul a două minți poate rezulta atât antagonism, cât și afinitate, dar între aceste extreme există o vastă gamă de posibilități de reacție, care variază de la o minte la alta.

Unele minți sunt atât de firesc adaptate altora, încât apare inevitabil o „dragoste la prima vedere". Cine nu a trecut printr-o asemenea experiență? În alte cazuri, mințile sunt atât de antagonice, încât o antipatie reciprocă violentă iese la iveală încă de la prima întâlnire. La aceste manifestări se ajunge fără a se rosti o vorbă și fără să fi apărut vreun semn al cauzelor firești pentru iubire și ură, care ar trebui să acționeze ca stimulent.

Se prea poate ca mintea să fie făcută dintr-o substanță sau dintr-o formă de energie similară eterului (dacă nu chiar din aceeași substanță). Când două minți se apropie îndeajuns pentru a intra în legătură, contopirea acestor minți (am putea să le definim ca fiind alcătuite din electronii eterului) generează o reacție chimică și declanșează vibrații care afectează cele două persoane în mod plăcut sau neplăcut.

Efectul întâlnirii a două minți este evident chiar și pentru persoanele cu un spirit de observație redus. Orice efect are și o cauză. Cel mai simplu de presupus ar fi faptul că motivul modificării atitudinii mentale a celor două minți care tocmai au intrat în contact este de fapt tulburarea electronilor sau a părților componente ale fiecărei minți, precum și rearanjarea lor într-un nou câmp, creat de contactul propriu-zis.

În drumul nostru de a stabili bazele acestei filozofii, am înaintat mult, recunoscând că întâlnirea sau intrarea într-un contact foarte apropiat a două minți stabilește în fiecare dintre acestea un oarecare „efect" observabil sau o stare mentală diferită de cea existentă inițial, adică dinaintea contactului. Este de dorit, dar nu este esențială, stabilirea „cauzei" reacției petrecute între cele două minți. Este bine știut faptul că reacția are loc în fiecare clipă, ceea ce ne dă un punct de pornire pentru explicarea termenului „spiritual".

Spiritul superior poate fi creat prin alăturarea sau contopirea a două sau mai multe minți într-un spirit de armonie perfectă față de un anumit obiectiv. Din acest amestec armonios reacția chimică mentală creează o a treia minte, ce poate fi însușită și folosită de una sau de toate mințile în parte. Acest spirit rămâne disponibil atâta vreme cât există o alianță bazată pe prietenie și armonie între mințile existente. El va dispărea, și odată cu el orice dovadă a existenței sale, în momentul în care este distrusă legătura de prietenie.

Așa ceva nu se găsește în manuale

Termenul „spirit" este abstract și nu are un echivalent în câmpul faptic, decât pentru un număr mic de persoane, care au studiat atent efectul unei minți asupra altor minți.

De-a lungul întregii sale existențe, Napoleon Hill a căutat zadarnic în manualele existente și în eseurile ce tratau despre mintea umană; el nu a găsit nici o referință la principiul numit aici cu termenul de „spirit".

Acest termen i-a atras pentru prima dată atenția doctorului Hill într-un interviu cu Andrew Carnegie. Dl Carnegie atribuia acumularea enormei sale averi din industria oțelului utilizării acestui principiu. El explica faptul că încheiase o alianță la nivel mental cu aproximativ 20 de persoane, care își investiseră experiența, educația și datele personale într-un singur scop bine definit, acela al fabricării și vânzării oțelului.

Acest grup deținea tot ceea ce se știa în legătură cu industria oțelului în perioada respectivă. Principala îndatorire a dlui Carnegie era să păstreze această alianță în spiritul unei armonii perfecte pentru atingerea unui obiectiv comun.

Orice adult știe că primii doi sau trei ani de căsnicie sunt marcați adesea de multe neînțelegeri, mai mult sau mai puțin neînsemnate. Aceștia sunt anii de „adaptare". Dacă mariajul depășește această perioadă, are toate șansele să devină o legătură permanentă. Nici o persoană cu experiență în căsnicie nu va putea nega aceste fapte. Din nou percepem efectul fără a înțelege cauza.

Deși, în general, există și alte cauze concurente, lipsa de armonie din timpul primilor ani din căsnicie este rezultatul unei reacții chimice mai încete a minților ce ar trebui să se contopească în mod armonios. Altfel spus, electronii sau formele de energie numite „minte" sunt de multe ori nu foarte prietenoase, dar nici antagonice la primul contact, exceptând cazurile în care apare efectul contrar, ceea ce duce în final la o formă de ostilitate directă.

Este un lucru bine știut că după ce un bărbat și o femeie au trăit împreună 10 până la 15 ani, ei și-au devenit practic indispensabili unul altuia, chiar dacă nu mai există urme din ceea ce numim iubire. Mai mult, în cadrul acestei legături, nu numai că se formează o afinitate firească între cele două minți, dar ea duce și la faptul că cei doi ajung să aibă o mimică similară și seamănă mult și sub alte aspecte importante.

Orice analist competent al firii umane, odată ce a pătruns într-un grup de necunoscuți, poate detecta cu ușurință care este soția domnului care tocmai i-a fost prezentat. Expresia ochilor, conturul feței și tonul vocii a doi parteneri care sunt de multă vreme împreună devin asemănătoare în foarte mare măsură.

Reacție chimică mentală aplicată

Atât de pronunțat este efectul reacției chimice asupra minții umane, încât orice conferențiar cu experiență poate interpreta rapid felul în care îi sunt receptate afirmațiile de către publicul din sală. Antagonismul din mintea unei singure persoane dintr-o sală cu 1 000 de oameni poate fi detectat de către un vorbitor care a învățat să „simtă", să înregistreze efectele antagonismului. De aceea, publicul îl poate determina pe un vorbitor să-și dovedească măiestria în oratorie sau să transforme conferința într-un eșec, fără să scoată vreun sunet sau să adopte vreo mimică ce să denote satisfacție sau nemulțumire.

Toți maeștrii în vânzări detectează momentul psihologic în care trebuie să încheie afacerea nu din ceea ce spune cumpărătorul, ci prin efectul reacției chimice la nivelul său mental, ce poate fi interpretat sau „simțit" de către agentul de vânzări. Cuvintele dezmint adesea intențiile persoanei urmărite, dar o interpretare corectă a reacției chimice la nivel mental nu lasă loc de așa ceva. Orice agent de vânzări priceput știe că majoritatea clienților au obiceiul de a manifesta o atitudine negativă aproape până în momentul culminant al vânzării.

Orice avocat abil și-a dezvoltat un al șaselea simț cu care își „croiește" drum chiar și printre cuvintele cele mai potrivit alese de un martor inteligent care minte, pentru că avocatul știe să interpreteze corect realitatea. Mulți avocați și-au dezvoltat această capacitate fără a ști exact care este sursa ei reală. Ei posedă tehnica fără a înțelege, din punct de vedere științific, pe ce se bazează ea. Mulți agenți de vânzări au procedat în mod similar.

O persoană dotată în ce privește arta interpretării corecte a reacției chimice mentale a altora poate, în sens figurat, să pătrundă pe ușa din față a unei anumite minți și să exploreze în voie întreaga clădire, observând atent toate amănuntele, iar apoi poate ieși cu o imagine completă asupra interiorului, fără ca proprietarul să-și fi dat seama că l-a vizitat un musafir.

Deja s-au spus destule lucruri pentru a face o introducere la principiul reacției chimice la nivel mental și pentru a dovedi — sprijinindu-ne pe experiența de zi cu zi a cititorilor și pe observația lor măcar întâmplătoare — faptul că în momentul în care două minți se apropie suficient are loc un schimb mental ce poate fi observat la ambele părți, uneori într-o manieră antagonică, iar alteori, prietenească. Fiecare minte în parte are ceea ce am putea numi un câmp electric. Natura acestui câmp variază în funcție de dispoziția minții și de natura reacției chimice care creează acest câmp.

Se pare că starea normală sau firească a unei minți umane reprezintă rezultatul eredității fizice și a naturii gândurilor dominante. Fiecare minte se modifică permanent într-o asemenea măsură, încât filozofia și obiceiurile unui individ pot modifica reacția chimică a minții sale.

Napoleon Hill considera că aceste principii sunt reale. Este bine cunoscut faptul că orice individ poate modifica de bunăvoie reacția chimică a minții sale, astfel încât să-i atragă sau să-i respingă pe toți cei cu care intră în contact. Cu alte cuvinte, orice persoană poate adopta o atitudine mentală care să-i atragă și să-i mulțumească pe ceilalți sau una care va respinge și va fi în dezacord cu ceilalți, iar aceasta fără ajutorul cuvintelor, al expresiilor faciale ori al unor gesturi sau comportamente.

Esprit de corps la treabă

Să ne întoarcem la definiția „spiritului", o formă mentală care se dezvoltă din contopirea și coordonarea a două sau mai multe minți, pe baza unei perfecte armonii — cuvânt a cărui semnificație, sub forma în care este utilizată aici, o veți înțelege mai bine acum. Două minți nu se pot amesteca și nici nu se pot coordona în lipsa unei armonii perfecte — acesta fiind elementul care deține secretul succesului sau al eșecului la nivelul oricărei afaceri sau parteneriat social.

Orice director de vânzări, comandant militar sau conducător înțelege necesitatea unui *esprit de corps*, adică a unui spirit de înțelegere comună și de cooperare în atingerea unui scop comun. Acest spirit de armonie în ce privește scopul este obținut prin disciplină, impusă sau autoimpusă, astfel încât din contopirea minților individuale să rezulte un spirit. Acest lucru se petrece atunci când reacțiile chimice mentale se contopesc, iar mințile funcționează la unison.

Metodele prin care are loc această contopire sunt tot atât de numeroase ca și indivizii antrenați în diverse forme de conducere. Fiecare lider are propria metodă de coordonare a minților celor care îl urmează. Unul va folosi forța, altul puterea de convingere, altcineva va miza pe teama de pedepse sau, din contră, pe diverse forme de răsplată. Nu trebuie să căutăm prea departe în istoria oamenilor de stat, a politicienilor, a oamenilor de afaceri sau de finanțe pentru a descoperi tehnicile folosite de liderii din aceste domenii.

Adevărații mari lideri ai acestei lumi însă au fost hărăziți de natură cu o combinație chimică mentală favorabilă, care să servească drept nucleu de atragere a altor minți.

Din gruparea mai multor minți nu poate rezulta un spirit, dacă cel puțin una dintre acestea are o orientare negativă sau chiar de respingere. Mințile negative și pozitive nu se pot contopi în acel gen de spirit pe care l-am descris aici. Ignorarea acestui lucru i-a dus pe mulți, chiar și dintre liderii abili, la eșecuri spectaculoase.

Orice lider care înțelege acest principiu al reacțiilor chimice mentale poate să contopească pentru un timp mințile oricărui grup de persoane, astfel încât să se ajungă la o gândire de masă, numai că acest compus se va dezintegra chiar în momentul în care liderul va dispărea din grup. Cele mai eficace companii de vânzări stabilesc o dată la o săptămână sau mai des întâlniri de echipă; scopul acestor întâlniri este acela ca mințile membrilor grupului să fuzioneze într-un spirit; aceasta va servi pentru câteva zile drept stimul pentru mințile individuale.

Poate fi adevărat, și de obicei chiar este, că liderii acestor grupuri nu înțeleg ce anume ar trebui să se întâmple la aceste întâlniri destinate discuțiilor dintre lideri și ceilalți membri ai grupului. În acest timp, mințile participanților la discuție intră în legătură și se încarcă una pe alta.

Creierul ființei umane poate fi comparat cu o baterie electrică, ceea ce înseamnă că la un moment dat se va descărca total sau parțial, făcându-l pe deținător să se simtă dezamăgit, descurajat și lipsit de elan. Oare cine a avut norocul să nu trăiască niciodată un asemenea sentiment? Când creierul uman se află într-o asemenea stare de epuizare, el trebuie reîncărcat. Acest lucru se poate face prin contactul cu una sau mai multe minți mai vii. Marii lideri înțeleg necesitatea acestui proces de reîncărcare a bateriilor. Această înțelegere face diferența dintre un lider și cei care îl urmează.

Fericită este persoana care înțelege acest principiu îndeajuns pentru a-și menține creierul viu sau pentru a-l reîncărca printr-un contact periodic cu o minte mai vie. Rareori ne simțim mai revigorați decât atunci când împărtășim o experiență intelectuală stimulatoare cu cineva de o inteligență egală sau mai mare. O asemenea interacțiune ne menține într-o stare de vioiciune mentală. În mod similar, nimic nu este mai deprimant și mai contraproductiv decât asocierea permanentă cu persoane negative.

Și atunci, care ar putea fi posibilitățile din domeniul reacțiilor chimice la nivel mental?

Prin intermediul principiului unei contopiri mentale armonioase se poate ajunge la o stare de sănătate perfectă. Cu ajutorul acestui principiu simplu se poate crea o forță suficientă pentru rezolvarea problemelor economice care apasă veșnic asupra fiecărui individ.

Putem judeca posibilitățile viitoare ale acestor reacții chimice mentale inventariind vechile reușite, fără a uita că aceste reușite au fost în mare parte rezultatul unor descoperiri accidentale și al unor grupări întâmplătoare ale minților umane. Ne apropiem de vremurile în care profesorii universitari vor preda ca obiect de studiu reacția chimică mentală, subiectul fiind inclus și în programă. Între timp, studiul și experiențele referitoare la acest subiect ne deschid posibilități impresionante de dezvoltare mentală.

Forța provine din unire

Este un fapt demonstrat că reacția chimică la nivel mental poate fi aplicată cu succes în activitățile zilnice din domeniul economic sau comercial. Datorită acestui principiu al reacției chimice la nivel mental, două sau mai multe minți se pot contopi în spiritul unei armonii perfecte, astfel încât să se degaje suficientă forță pentru ca acei oameni să fie înzestrați cu trăsături aproape supraomenești. Puterea este forța prin care oamenii reușesc în tot ceea ce întreprind. Orice grup de oameni care posedă înțelepciunea de a se scufunda cu personalitățile proprii și cu interesele imediate proprii în minunea minților lor se poate bucura de o putere nemăsurată.

Observați cât de frecvent apare cuvântul „armonie". Spiritul nu se poate dezvolta acolo unde acest element al armoniei perfecte nu există. Elementele unei minți individuale nu se vor putea contopi cu elementele unei alte minți până când cele două minți nu vor fi stimulate și înviorate de spiritul armoniei perfecte a scopului. În momentul în care două minți încep să aibă căi și interese diferite, elementele individuale ale fiecăreia dintre minți se vor separa, iar cel de-al treilea element, spiritul, se va destrăma.

Când două sau mai multe persoane își armonizează gândirea astfel încât să își facă apariția spiritul, fiecare persoană din acel grup capătă puterea de a contacta și de a folosi date din subconștientul tuturor celorlalți membri ai grupului. Această forță este ușor de observat; ea are efectul de a stimula mintea la un nivel mai ridicat al vibrației, care ia forma unei imaginații mai vii și conștientizează ceea ce pare a fi cel de-al șaselea simț.

Prin intermediul acestui al șaselea simț, noile idei vor înflori la nivel mental. Aceste idei vor împrumuta forma și natura subiectului dominant din mintea individului. Dacă întregul grup s-a adunat pentru a discuta un anumit subiect, ideile referitoare la acel subiect vor curge din senin în mințile celor de față, ca și cum ar exista o influență exterioară care să le dicteze aceste idei. Mințile acestora reunite în spirit devin asemeni unor magneți, care vor atrage acele idei și impulsuri ale gândirii foarte clare și de natură practică — de acolo de unde nimeni nu știe.

Atunci când conectăm mai multe baterii electrice la un singur cablu de transmisie, cantitatea de energie obținută este mai mare; acesta este un proces asemănător cu acela în care mințile se contopesc, ducând la obținerea unui spirit superior. Fiecare minte le stimulează pe toate celelalte din grup până ce energia sa devine atât de mare, încât se conectează și pătrunde în energia universală care se mai numește și eter, care atinge fiecare atom de materie din univers.

Am menționat influența reacției chimice la nivel mental în cazul unui conferențiar experimentat și am văzut că măiestria sa oratorică poate atinge cote foarte înalte dacă simte că mințile din public sunt în raport direct cu el.

Primele cinci până la zece minute dintr-un discurs obișnuit sunt destinate așa-numitei „încălziri". Acesta este procedeul prin care mintea vorbitorului se contopește cu mințile publicului într-un spirit de armonie perfectă.

Orice vorbitor știe ce se întâmplă atunci când acea stare de armonie perfectă nu este obținută.

Este bine cunoscut faptul că oricine poate explora întreaga cunoaștere înmagazinată în mintea altui individ în cazul în care este aplicat acest principiu al reacției chimice mentale. Ar fi rezonabil să presupunem că această putere poate fi extinsă prin contactul cu vibrațiile disponibile în eter.

Teoria conform căreia vibrațiile mai înalte sau mai rafinate (cum ar fi gândurile) se păstrează în eter este sprijinită de faptul bine cunoscut că materia și energia nu pot fi nici create, nici distruse. Putem presupune că toate vibrațiile care au fost amplificate suficient pentru a fi preluate și absorbite în eter vor dispărea pentru totdeauna. Vibrațiile de mai mică intensitate, care nu se amestecă și nu intră în contact cu eterul, probabil că duc o viață normală și apoi mor. Toate așa-zisele genii și-au câștigat reputația probabil pentru că au creat alianțe cu alte minți, care le-au ajutat să-și amplifice vibrațiile mentale astfel încât să poată contacta enormul templu al cunoașterii care a fost înregistrat și localizat în eterul din univers. Toate aceste mari genii, în măsura în care Napoleon Hill a reușit să adune datele necesare, erau persoane cu o activitate sexuală intensă. Faptul că, practic, contactul sexual este cel mai puternic stimulent mental cunoscut pare să vină în sprijinul acestei teorii.

Big Six

Dar să cercetăm în continuare resursele puterii economice, așa cum se manifestă ele în reușitele oamenilor din zona afacerilor, analizând cazul grupului din Chicago supranumit și Big Six. Grupul era format din William Wrigley, Jr., care deținea compania de gumă de mestecat ce îi purta numele și al cărui venit se spunea că ar fi fost de 15 milioane de dolari pe an, John R. Thompson, care se ocupa de un lanț de localuri ce îi purtau numele, A. D. Lasker, care deținea Agenția de publicitate Lord & Thomas, Dl McCullough, care deținea compania Parmalee Express, cândva cea mai mare companie de intermedieri de afaceri din America, și domnii Ritchie și Hertz, care dețineau compania Yellow Taxicab.

Venitul anual al acestui grup de șase oameni era estimat la peste 25 de milioane de dolari, ceea ce însemna o medie de peste 4 milioane de dolari de persoană, într-o vreme când un venit de câteva mii de dolari pe an era considerat relativ mare.

Analiza făcută de Napoleon Hill asupra acestui grup a dus la concluzia că nici unul dintre membri nu avea vreo pregătire universitară specială, că toți începuseră fără un capital sau vreun împrumut excesiv și că reușita lor financiară se datora propriilor lor planuri, și nu norocului circumstanțial.

Acești șase bărbați au format o alianță bazată pe prietenie; ei se întâlneau la date fixe în scopul de a se sprijini reciproc cu idei și sugestii pentru diversele lor domenii de activitate.

Cu excepția lui Hertz și a lui Ritchie, nu erau în nici un fel parteneri oficiali în afaceri. Aceste întâlniri aveau scopul strict de a-și împărtăși idei. Fiecare dintre componenții grupului Bix Six era multimilionar. Nu e nimic special de remarcat sau de formulat ca regulă generală pentru cineva care a acumulat câteva milioane de dolari.

Și totuși, există un aspect referitor la reușita financiară a acestui grup special, care merită comentat, studiat, analizat și chiar copiat. Acest „ceva" este faptul că fiecare a învățat să-și coordoneze mintea în așa fel încât ea să se contopească într-un spirit de armonie perfectă, care să creeze un sistem capabil să deschidă fiecărei minți din grup multe uși închise oamenilor, în general. De câte ori veți întâlni o reușită ieșită din comun în lumea afacerilor, a finanțelor, în industrie sau în orice alt domeniu profesional, puteți fi siguri că în spatele acestui succes există cineva care a aplicat principiul reacției chimice la nivel mental pentru a crea un spirit superior. Aceste reușite excepționale par adesea doar strădania unei singure persoane, dar la o examinare mai atentă, va fi descoperită și prezența altora, care și-au unit mințile pentru a coordona mai bine întreaga poveste.

Puterea este, de fapt, o cunoaștere bine organizată, exprimată printr-o acțiune inteligentă. Însă nici un efort nu este bine organizat dacă participanții nu-și coordonează informațiile și energia în spiritul unei armonii perfecte. Lipsa unei coordonări armonioase a eforturilor este principala cauză a tuturor eșecurilor în afaceri.

Care au fost bunurile lui Henry Ford?

Napoleon Hill a făcut o experiență interesantă în colaborare cu studenții unui bine cunoscut colegiu american. Fiecăruia i s-a cerut să scrie un eseu despre „Cum și de ce s-a îmbogățit Henry Ford".

Fiecăruia i s-a cerut să-și expună părerea despre natura bunurilor lui Ford și în ce constau ele. Cei mai mulți dintre ei s-au referit la bunurile financiare care constituiau averea lui Ford.

În resursele lui Ford erau incluși banii din bănci, stocuri de materii prime și finite, proprietăți imobiliare, garanții estimate între 10 și 25% din valoarea bunurilor materiale.

Un singur student din întregul grup de câteva sute a notat însă:

„Bunurile lui Henry Ford constau în special în două chestiuni importante:

1. Capitalul de lucru și materiile prime și finite.
2. Experiența dobândită precum și colaborarea cu o companie foarte bine pregătită, care a știut să-și aplice cunoștințele în avantajul maxim al lui Ford. Este imposibil de estimat valoarea exactă în dolari și cenți a oricăreia dintre aceste două categorii de

bunuri, dar, după părerea mea, valoarea lor relativă este după cum urmează:

Cunoștințele bine sistematizate ale companiei Ford — 75%.

Valoarea banilor gheață și a bunurilor fizice de orice natură, inclusiv materiile prime și finite — 25%."

Dr. Hill a fost de părere că această afirmație nu putea aparține tânărului care o semnase și că el fusese ajutat de o persoană sau de mai multe persoane cu un spirit analitic cu totul special.

Fără îndoială că cel mai de preț bun al lui Henry Ford era propriul său creier. După aceea, urmează creierul colaboratorilor imediați, căci cu siguranță tocmai prin coordonarea unor asemenea bunuri fizice a reușit să-și acumuleze averea.

Dacă toate fabricile companiei Ford Motor ar fi fost distruse, inclusiv tot echipamentul, toate materiile prime sau finite ori automobilele propriu-zise, depozitele din bancă până la ultimul dolar, Ford tot ar fi rămas una dintre cele mai importante forțe economice ale Americii. Creierele care stăteau la baza afacerii lui Ford ar fi putut oricând să refacă totul. Capitalul este oricând disponibil în cantități nelimitate în cazul unor minți ca aceea a lui Ford și a celor din jurul lui.

În ciuda marii reușite financiare și a marii puteri pe care o reprezenta Ford, cu siguranță că el s-a împiedicat adesea în aplicarea principiilor prin care și-a acumulat această poziție. Fără îndoială că metodele de coordonare mentală ale lui Ford erau adesea destul de primitive, mai ales în prima perioadă a experienței sale, înainte de a câștiga înțelepciunea aplicării lor, lucru ce nu vine decât odată cu anii de maturitate.

Tot așa cum nu există nici o îndoială că aplicarea de către Ford a acestui principiu al reacției chimice la nivel mental a fost rezultatul contopirii minții sale cu alte minți strălucite, în special a lui Edison. Se prea poate ca flerul remarcabil al dlui Ford să fi fost stimulat în primul rând ca urmare a legăturii de prietenie cu propria sa soție, cu mult înainte de a-i fi întâlnit pe Edison sau Firestone.

Mulți bărbați sunt ridicați (sau distruși) de propriile lor neveste, prin aplicarea acestui principiu al spiritului armoniei. Dna Ford era o femeie extrem de inteligentă și avem motive să credem că mintea sa combinată cu cea a dlui Ford a constituit startul spre putere.

Trebuie menționat, fără a-i știrbi din onoare sau glorie lui Ford, că la începuturile sale a fost nevoit să se lupte cu dușmani foarte puternici, analfabeți și ignoranți, spre deosebire de legătura sa ulterioară cu Edison și Firestone, care erau amândoi hărăziți cu o mare capacitate de a dobândi și de a-și aplica informațiile și cunoștințele. Ford a fost nevoit să se formeze pornind de la o stare brută, căci inițial s-a ocupat de cheresteaua de pe terenurile moștenite de el.

Într-o foarte scurtă perioadă de timp, Ford a reușit să stăpânească trei dintre cei mai încăpățânați dușmani ai omului, transformându-i în bunuri de valoare. Acești dușmani erau ignoranța, analfabetismul și sărăcia. Oricine reușește să stăpânească aceste trei forțe sălbatice — ba chiar mai mult, să le domesticească și să le folosească în propriul avantaj — merită studiat îndeaproape.

Sursa oricărei puteri adevărate o constituie un efort bine sistematizat. Cunoașterea, atunci când este dezorganizată, nu constituie o forță. Este doar o putere potențială, materia din care poate fi cultivată puterea reală. Orice bibliotecă modernă conține o bază de date valoroase, pe care le-a moștenit actuala civilizație, numai că aceste date, aceste cunoștințe nu constituie o putere în sine atâta vreme cât nu sunt bine organizate, ordonate. Orice formă de energie și orice specie de animal sau de plantă, pentru a supraviețui, trebuie să fie organizată. Animalele gigantice ale căror oase umplu cimitirele naturii sunt o dovadă mută, dar clară că dezorganizarea înseamnă distrugere, anihilare. Una dintre primele legi ale naturii este cea a organizării. Fericit este cel care recunoaște importanța acestei legi și se familiarizează cu diversele feluri în care ea poate fi aplicată în propriul avantaj.

Nu există putere fără organizare

Omul de afaceri abil nu numai că a înțeles care este importanța organizării efortului, dar a și pus acest principiu la baza puterii sale.

Fără a avea vreo noțiune despre principiul reacției chimice la nivel mental, mulți oameni au reușit să acumuleze o mare putere prin simpla sistematizare a cunoștințelor pe care le dobândiseră. Majoritatea celor care au descoperit principiul reacției chimice la nivel mental și l-au cultivat, transformându-l într-un spirit armonios, au dat peste această noțiune cu totul accidental, adesea fără ca măcar să înțeleagă adevărata natură a acestei descoperiri sau faptul că ar reprezenta o sursă de putere.

Este bine știut faptul că una dintre cele mai complicate misiuni ale oricărui om de afaceri este să-și convingă asociații ca și ei la rândul lor să-și coordoneze eforturile într-un spirit de armonie. A induce ideea de cooperare continuă la nivelul unui grup de persoane care conlucrează la un proiect este aproape imposibil.

Totuși, din când în când, apare câte un asemenea om într-un domeniu industrial, al afacerilor sau al finanțelor și atunci lumea întreagă vestește că s-a născut un nou conducător.

„Puterea" și „reușita" sunt termeni sinonimi. Fiecare derivă din celălalt; de aceea, oricine deține cunoștințele necesare și are capacitatea de a-și cultiva puterea poate reuși în orice încercare corect gândită, care permite o finalizare reușită.

Creierul uman și sistemul nervos constituie o parte dintr-o mașinărie foarte complicată, pe care foarte puțini o înțeleg (uneori chiar nimeni). Când este bine stăpânită și direcționată, această mașinărie poate face minuni în privința reușitelor, iar dacă nu este stăpânită, poate duce la tot felul de grozăvii, așa cum putem observa lesne dacă urmărim cu atenție niște pacienți dintr-un sanatoriu de boli mintale.

Creierul uman este într-o legătură directă cu fluxul continuu de energie din care omul își trage seva puterii de a gândi. Creierul primește această energie pe care o amestecă în energia creată de hrana ajunsă în corp și o distribuie către toate părțile organismului, cu ajutorul sistemului circulator și al celui nervos. Acest lucru produce ceea ce noi numim viață. Nimeni nu știe din ce sursă provine această energie exterioară. Ceea ce știm însă este că, dacă nu avem această energie, murim. Drept pentru care este logic să presupunem că această energie nu este altceva decât ceea ce numim eter și că ea pătrunde în corp odată cu oxigenul din aerul pe care îl inspirăm.

Orice corp omenesc normal posedă un laborator chimic de cea mai bună calitate, care se ocupă cu descompunerea, asimilarea și amestecul corect al hranei pe care o introducem în organism, fiind gata să distribuie totul acolo unde este necesar în corp.

S-au făcut analize atât pe oameni, cât și pe animale pentru a demonstra că energia căreia îi mai spunem și minte joacă un rol foarte important în privința operațiunilor de transformare chimică și de combinare a alimentelor în substanțele necesare corpului, pentru ca acesta să rămână în starea normală sau eventual să fie „reparat".

Se știe că îngrijorările, agitația și frica afectează procesul digestiv și, în cazuri extreme, blochează total acest proces, ceea ce duce la boală sau chiar la moarte. Astfel este clar că mintea participă la procesul de digestie alimentară și de distribuție din organism.

Mulți cred că, deși nu s-a demonstrat încă niciodată științific, energia pe care o denumim gândire poate fi contaminată de anumite entități negative sau „străine" într-o asemenea măsură, încât întregul sistem nervos să fie deranjat, digestia să fie întreruptă și să apară boala. Dificultățile financiare și poveștile de dragoste neîmplinite sunt în capul listei cauzelor unor asemenea tulburări mentale.

Un mediu negativ, cum ar fi cel în care anumiți membri ai familiei se „ciondănesc" întruna, va avea un impact negativ asupra reacțiilor chimice la nivel mental într-o asemenea măsură, încât cel care trăiește în acel mediu își va pierde orice ambiție și treptat se va cufunda într-o izolare absolută. Acest lucru stă la baza vechii zicale că partenerul de viață te poate face om sau te poate distruge.

Orice adolescent știe că anumite combinații alimentare, odată ajunse în stomac, pot să ducă la indigestii, suferință profundă sau chiar deces. O sănătate bună depinde, în parte cel puțin, de combinațiile alimentare care se „armonizează". Dar armonia unui regim alimentar nu este suficientă pentru a asigura o sănătate solidă. Trebuie să existe o armonie și la nivelul energiei mentale.

Armonia, o „necesitate" absolută

Armonia este una dintre legile firii și fără ea nu poate exista o energie bine organizată în cazul nici unei forme de viață. Sănătatea trupească, precum și cea mentală este bazată pur și simplu pe principiul armoniei. Energia vieții începe să se dezintegreze și moartea se apropie atunci când organele din corp nu mai funcționează armonios. În momentul în care încetează armonia, ca sursă a oricărei forme de energie organizată, se ajunge la o stare de haos și forța interioară devine neutră sau pasivă. Acest adevăr a fost afirmat și reafirmat în speranța ca acest principiu să fie învățat și aplicat, altfel acest capitol asupra spiritului este inutil.

Reușita în viață — indiferent ce se înțelege prin reușită — e în mare parte o chestiune de adaptare la mediu, într-o asemenea măsură încât să se producă o stare de armonie între individ și mediul înconjurător. Palatul unui rege poate valora mai puțin decât un bordei atâta vreme cât nu există armonie între zidurile sale. Tot așa cum căsuța unui țăran poate aduce multă fericire atâta vreme cât acolo domnește armonia.

Fără o armonie perfectă, știința astronomiei ar fi la fel de inutilă precum „datul în bobi", pentru că stelele și planetele s-ar zdrobi între ele și totul ar fi într-un haos absolut.

Fără armonie, cunoașterea n-ar mai putea fi organizată. Pentru ce altceva este organizată cunoașterea, dacă nu pentru o armonie a faptelor, realităților și legilor naturii?

În momentul în care se strecoară discordia, armonia dispare. Acest lucru este valabil și în cazul unei asocieri în afaceri și în acela al mișcării ordonate a planetelor din univers.

Dacă cititorul are impresia că această filozofie pune un accent prea mare pe importanța armoniei, să-i amintim că lipsa de armonie este prima și adesea singura cauză a eșecului.

Nu poate exista poezie sau muzică ori oratorie adevărată fără armonie.

O lucrare de arhitectură reușită este în mare măsură o chestiune de armonie. Fără armonie, o casă nu este altceva decât o grămadă de materiale de construcții cu un aspect mai mult sau mai puțin monstruos.

Chiar un management sănătos al unei afaceri se bazează tot pe armonie. Orice bărbat bine îmbrăcat sau femeie bine îmbrăcată este o imagine vie și un exemplu în mișcare al armoniei.

Pornind de la toate aceste exemple din viața de zi cu zi ale importanței rolului jucat de armonie în tot ceea ce se întâmplă în această lume și în întregul univers, cum ar putea o persoană inteligentă să ignore armonia ca scop major în viață?

Corpul omenesc este o organizare complexă a organelor, glandelor, vaselor sangvine, nervilor, materiei cenușii, mușchilor ș.a.m.d. Energia mentală care stimulează la fapte și coordonează eforturile părților componente ale organismului este și ea o pluralitate de energii extrem de variate. De la naștere până la moarte, există o luptă continuă, adesea deschisă, între forțele mentale. Un exemplu este chiar lupta de-o viață între forțele motivatoare și dorințele minții omenești, între impulsurile de bine și de rău.

Orice ființă omenească posedă cel puțin două personalități distincte, deși pot fi descoperite până la șase forțe distincte care există în fiecare dintre noi. Una dintre cele mai delicate misiuni ale omului este armonizarea acestor forțe mentale, astfel încât să poată fi organizate și direcționate pentru atingerea în mod calculat a unui obiectiv dat. Fără acest element al armoniei nimeni nu poate fi un gânditor corect, la obiect.

Ce înseamnă spirit de conducere?

Nu este de mirare că mulți conducători consideră o acțiune foarte dificilă organizarea unor grupuri de oameni care să funcționeze fără fricțiuni în vederea atingerii anumitor obiective. Fiecare ființă umană posedă forțe interioare greu de armonizat chiar și atunci când se află în mediul cel mai favorabil armoniei. Dacă reacția chimică mentală este de așa natură încât mintea nu poate fi ușor armonizată, gândiți-vă cât de greu este să armonizezi un grup de minți astfel încât acestea să funcționeze ca una singură.

Conducătorul care reușește să cultive și să direcționeze energiile unui spirit de grup trebuie să aibă tact, răbdare, perseverență, încredere în sine, o cunoaștere precisă a reacțiilor chimice care se petrec la nivel mental și capacitatea de a se adapta (într-un perfect echilibru și într-o armonie desăvârșită) la schimbările rapide care au loc permanent, fără să dea nici un semn de disconfort.

Oare câți sunt aceia care pot să îndeplinească toate aceste cerințe?

Conducătorul de succes trebuie să aibă capacitatea de a-și schimba „culoarea minții" asemeni unui cameleon, pentru a se adapta tuturor împrejurărilor care se ivesc în raport cu obiectul său de interes. Mai mult, trebuie să aibă capacitatea de a trece dintr-o stare într-alta fără să dea nici cel mai mic semn de mânie sau de lipsă de autocontrol. Liderul de succes trebuie să înțeleagă cele 17 principii ale Științei Reușitei Personale și să fie capabil să pună în practică orice combinație a acestor legi de câte ori se ivește ocazia.

Fără această capacitate, nici un lider nu poate deține puterea și fără putere nici un lider nu rezistă prea mult.

De mult există o înțelegere total greșită a cuvântului „educație". Dicționarele n-au ajutat cu nimic la eliminarea acestei confuzii, pentru că au definit cuvântul „educație" drept „un act de comunicare a cunoașterii".

Cuvântul „educație" își are rădăcina în latinescul *educo,* care înseamnă a se dezvolta din interior, a se forma, a se cultiva.

Natura urăște inutilitatea sub orice formă. Ea nu acordă viață decât acelor elemente care sunt utile. Dacă veți lega un braț sau orice alt membru al corpului, scoțându-l din uz, acesta se va atrofia curând și va fi lipsit de viață. În sens invers, utilizați mai mult decât de obicei un braț, ca în cazul unui fierar, de exemplu, care mânuiește un baros toată ziua, și brațul (dezvoltat din interior) va deveni mai puternic.

Puterea se dezvoltă în urma unei cunoașteri organizate. Ea se dezvoltă prin punere în practică și utilizare.

Un individ poate deveni o enciclopedie ambulantă fără să dețină vreo valoare intrinsecă. Această cunoaștere devine putere numai în măsura în care este bine organizată, clasificată și pusă în practică. Unii dintre oamenii cei mai învățați din lume dețin mai puține cunoștințe generale decât cei care sunt considerați niște proști, diferența dintre cele două categorii constând în faptul că aceia din prima categorie utilizează acele puține cunoștințe pe care le au, în vreme ce ceilalți nu sunt în stare să-și pună numeroasele cunoștințe în practică.

Adevăratul înțeles al educației

O persoană educată este cea care știe cum să dobândească tot ceea ce îi trebuie în încercarea de a-și atinge scopul principal în viață, fără a încălca drepturile semenilor.

Un avocat de succes nu este neapărat cel care învață pe dinafară cele mai multe legi. Dimpotrivă, avocatul de succes este cel care știe unde poate găsi această lege, dar și o multitudine de opinii care să susțină principiul respectiv, adaptându-l situației cazului pe rol.

Cu alte cuvinte, avocatul de succes știe unde să găsească legea pe care o dorește atunci când are nevoie de ea. Acest principiu se aplică în egală măsură și în lumea afacerilor de orice fel.

Henry Ford avea foarte puțină școală și totuși era un tip foarte educat, pentru că dobândise capacitatea de a combina legile naturii cu cele ale economiei pentru a dobândi forța de a obține orice își dorea din punct de vedere material.

În timpul Primului Război Mondial, Ford a dat în judecată ziarul *Chicago Tribune,* acuzându-l de calomnie, pentru că făcuse împotriva lui mai multe afirmații, printre care faptul că Ford era „un pacifist ignorant și neștiutor de carte" și altele asemenea.

Când s-a ajuns la proces, avocații de la ziarul *Chicago Tribune* au hotărât să demonstreze că afirmațiile scrise erau reale, că el era un ignorant; pornind de la această idee, i-au pus tot felul de întrebări din diverse domenii.

Una dintre acestea a fost: „Câți soldați au trimis britanicii pentru a înăbuși revolta din colonii în 1776?" Cu un rânjet sec pe față, Ford a răspuns nonșalant: „Nu știu exact câți au trimis, dar am auzit că oricum au trimis mult mai mulți decât s-au întors."

Evident că asta a stârnit un hohot de râs în sala de judecată, atât în rândul juraților, cât și al celor care asistau la proces, ba chiar și din partea avocatului care pusese întrebarea.

Întrebările au continuat vreme de mai bine de o oră, în care Ford și-a păstrat calmul absolut. În final, s-a săturat de acest tratament și a răspuns la o întrebare extrem de insultătoare arătând cu degetul către avocat și replicându-i:

„Dacă într-adevăr aș dori să răspund la aceste întrebări prostești pe care mi le-ați pus sau la toate celelalte, aș vrea mai întâi să vă amintesc că la mine pe birou există un întreg șir de butoane pe care pot apăsa cu arătătorul de la mâna dreaptă pentru a chema anumiți oameni care pot să-mi dea răspunsul corect la toate întrebările puse aici și încă la multe altele pe care n-ați avut inteligența să le formulați. De ce credeți că ar trebui să îmi umplu eu creierul cu tot felul de amănunte inutile pentru a răspunde la tot felul de întrebări prostești, pe care nimeni nu mi le va pune vreodată, când am oameni capabili, care îmi pot furniza toate datele atunci când le solicit?"

Acest răspuns este citat din memorie de dr. Hill, dar reflectă în mare măsură răspunsul lui Ford. În tribunal s-a așternut liniștea. Avocatul a rămas uluit și a căscat ochii mari. Judecătorul s-a aplecat de la locul său și s-a uitat fix spre dl Ford. Mulți dintre jurați s-au trezit și s-au uitat împrejur de parcă ar fi fost o explozie, ceea ce nu era departe de adevăr.

Răspunsul lui Henry Ford le-a dovedit tuturor celor care aveau inteligența să accepte această dovadă că adevărata educație înseamnă o cultivare a minții, și nu neapărat o grămadă de date puse într-o ordine.

Mai mult ca sigur că Ford nu ar fi putut să spună care sunt capitalele tuturor statelor americane, dar cu siguranță ar fi putut — ceea ce a și făcut — să adune capitalul necesar pentru a face în așa fel încât automobilele fabricate de el să circule pe tot cuprinsul Statelor Unite.

Ford probabil că n-ar fi putut merge în laboratorul său de chimie să descompună apa în atomii săi componenți de hidrogen și oxigen și să-i recombine în forma inițială, dar știa să se înconjoare de chimiști care să facă asta. Cel care știe să folosească în mod inteligent cunoștințele pe care le au ceilalți este mai educat decât acea persoană care știe doar ceea ce a învățat și nu știe ce să facă cu asta.

Cum poate fi formată o alianță spirituală

Înainte de a concentra într-o frază cheia fantasticei forțe pe care o veți căpăta prin stăpânirea puterii mentale, aș vrea mai întâi să rezum principiile alianței spirituale și să enumăr fazele formării unei asemenea alianțe.

Acest spirit superior constă într-o alianță între două sau mai multe minți ce funcționează într-o armonie perfectă pentru atingerea unui obiectiv precis.

Pentru a forma acest spirit de grup sau de echipă, trebuie îndeplinite următoarele obiective:

1. Să întocmiți o listă cu pregătirea pe care trebuie să o aibă fiecare dintre membrii acestui grup.

2. Pe cine să alegeți? Gândiți-vă la calitățile unui bun angajat sau prieten:

a) Încrederea pe care o inspiră

b) Loialitatea

c) Capacitatea profesională

d) O atitudine mentală pozitivă

e) Disponibilitatea de a munci peste normă

f) Credința pusă în practică

3. Asigurați-vă că sunteți într-o armonie totală cu prima persoană care a intrat în alianță și hotărâți de comun acord dacă trebuie să fiți trei în alianță, apoi toți trei puteți decide dacă vreți să fiți patru ș.a.m.d. Acest lucru este foarte important. Trebuie să acordați toată încrederea membrilor alianței. Fiecare membru trebuie să accepte fără rezerve „valoarea" celuilalt.

4. Alegeți și *eliminați,* dacă este necesar, până când aveți grupul de lucru ideal într-o perfectă armonie.

5. Asigurați-vă că există o motivație suficient de puternică pentru a pune treaba pe roate. Dacă este vorba de un profit, fiți dispuși să-l împărțiți cu cei care vă ajută, în funcție de contribuția lor. Munciți peste normă.

6. Asigurați-vă că există o oră și un loc precis de întâlnire pentru a discuta planurile de acțiune ce urmează să fie puse în practică. Nu luați în seamă inadvertențele de moment.

7. Păstrați o armonie perfectă. Aceasta este treaba voastră ca lideri. Este momentul să vă amintiți care era scopul major al lui Carnegie: „Să facă oameni."

8. *Înțelegeți-vă cât mai bine cu voi înșivă.* Încercați să realizați un fel de alianță spirituală cu „celălalt eu",

care nu cunoaște înfrângerea, până când veți fi complet familiarizat cu el. Fără acest tip de alianță nu veți putea reuși. Succesul începe cu voi. Atunci când folosiți principiul spiritului superior pentru a vă pune pe voi înșivă în slujba alianței cu ceilalți, aveți grijă să vă stăpâniți perfect mintea.

O excelentă rezumare a principiului stăpânirii propriei forțe mentale și a puterii spiritului este repetarea unei fraze care ilustrează de unde derivă puterea spiritului: ORICE CONCEPE SAU CREDE MINTEA UMANĂ POATE FI DOBÂNDIT.

„Mintea omenească", așa cum este prezentată ea aici, constă într-o sumă de cunoștințe care au fost reorganizate, sistematizate și înregistrate de omenire de la începuturile civilizației. Acest lucru stă la dispoziția tuturor celor care doresc și au inteligența de a-și însuși și de a folosi această cunoaștere, tuturor celor care își stăpânesc mintea și încearcă să reușească prin Puterea Supremă de Convingere.

10

În căutarea unui simbol

Fundația Napoleon Hill l-a ales pe Del Smith ca exemplu de personalitate care a ajuns la reușită prin aplicarea celor 17 principii pentru obținerea succesului și pentru a te bucura de adevăratele bogății ale vieții. În Capitolul VI am descris fiecare dintre cele 17 principii. După ce veți citi acest capitol, încercați să depistați câte dintre aceste principii au fost folosite de Del Smith de-a lungul vieții și experiențelor sale.

După ce focul a încetat și războiul cu Irakul s-a încheiat, primul avion comercial care a aterizat în Kuwait City a fost un Gulfstream II, un avion particular care aparținea președintelui companiei Evergreen International Aviation. Fumul care venea dinspre câmpurile petrolifere incendiate de armata irakiană în retragere era atât de gros, încât Noel Fletcher, pilotul în vârstă de 30 de ani al acelui avion, nu a putut să vadă pista de aterizare.

Nu exista nici un sistem ajutător de ghidaj. Radarul, instrumentele de aterizare și restul aparaturii electronice fuseseră distruse de irakienii care se retrăgeau învinși. Fletcher și-a anunțat poziția pe o frecvență specială, astfel încât alte avioane din zonă să nu intre pe aceeași traiectorie. Acest sistem foarte primitiv era singurul mod de a controla traficul aerian în orașul pustiit de război.

Pe măsură ce avionul se strecura prin fumul gros provenit de la sondele petroliere, începea treptat să apară imaginea unei țări distruse de război. Zona rurală care înconjura cândva aeroportul din Kuwait City era acum acoperită de rămășițele războiului. Tancuri, camioane și alte vehicule incendiate, cutii goale de muniții și trupurile neînsuflețite ale soldaților, dar și ale nefericitelor animale care s-au nimerit să fie prinse între focuri formau peisajul dezolant.

La bordul avionului se afla președintele companiei Evergreen, Delford M. Smith, care avea la vremea aceea 60 de ani. El se afla aici pentru că firma lui transportase trupe și provizii către Orientul Mijlociu încă din perioada în care Statele Unite și trupele aliate se pregăteau de război. Piatra de temelie a filozofiei pe care o aplica în muncă era chiar prezența sa la fața locului. El spunea: „Mai întâi, trebuie să te vinzi pe tine însuți. În al doilea rând, trebuie să vinzi nevoia și în al treilea rând să vinzi soluția, pe care trebuie s-o ai întotdeauna la îndemână. Noi vindem soluții adevărate la probleme adevărate."

El credea cu tărie că dacă Evergreen își servește clienții așa cum se cuvine, angajații companiei — inclusiv președintele — trebuie să se afle acolo unde este nevoie. Această regulă se aplica ori de câte ori compania sa transporta corespondență guvernamentală sau stropea recoltele, se lupta cu incendiile de pădure, transporta rezerve petroliere pentru locurile izolate din Alaska ori trupe către zonele de război.

De îndată ce avionul Gulfstream II a ajuns în Kuwait City, Smith și echipa sa s-au apucat de treabă, pentru a-și da cât mai repede seama de ce este nevoie și unde pot fi de ajutor. În oraș era o lipsă acută de apă potabilă, de medicamente și de curent electric. Fără nici o ezitare, Smith a scos scaunele din avionul său luxos și a început să transporte apă îmbuteliată, medicamente și generatoare. Săptămâni întregi, el și echipa sa, comandantul navei, Fletcher, copilotul, Steve Lilley, în vârstă de 23 de ani, și asistenta personală a dlui Smith, Mary Simmons, în vârstă de 24 de ani, au făcut câte patru drumuri pe zi din Arabia Saudită în Kuwait City, aducând proviziile atât de necesare.

Era una dintre multele ironii ale sorții în vreme de război, și anume că era mai simplu să aduci provizii cu avionul în Kuwait City decât să le transporți terestru. Accesul la graniță era încă sub controlul trupelor armate, în vreme ce la aeroport întreaga infrastructură — inclusiv vama și controlul pașapoartelor — erau neoperaționale. Drumul cel mai bun și cel mai sigur spre oraș era prin aer.

N-a existat accident la care Smith să nu fie prezent cu compania sa pentru a face față nevoilor. El și-a făcut o carieră din faptul că a știut întotdeauna să fie prezent acolo unde clienții aveau nevoie de el. Evergreen s-a luptat cu furia apelor în Africa, dar și cu foametea în Etiopia, ajutând la explorările de petrol în toate zonele din lumea liberă.

Deși fusese anunțat doar cu șase ore înainte de la Washington, Compania Evergreen l-a transportat pe șahul Iranului din Panama la Cairo și în vreme ce ajuta guvernul din El Salvador să repare liniile electrice distruse de luptătorii de guerilă, a transportat-o într-un loc sigur pe fiica fostului președinte al Salvadorului, Jose Napoleon Duarte, după ce a fost eliberată de rebelii de stânga. La câteva zile după ce ultimul avion militar american a plecat din Vietnam în 1975, Evergreen a rămas acolo pentru a-i transporta pe angajații de la Royal Dutch Shell cu familiile lor, care se aflau încă în zonă.

Tragerea de inimă cu care compania Evergreen își asuma misiunile dificile pentru guvern a dus chiar la speculații mediatice, potrivit cărora această companie ar fi de fapt un paravan pentru CIA, zvon care a urmărit ani de zile această companie. Smith nu vorbește niciodată despre clienții săi; se ocupă doar de nevoile lor în modul cel mai eficient și cât mai puțin costisitor. Stilul său de conducere îi încurajează pe angajați să procedeze la fel. Este un lucru unanim recunoscut în interiorul companiei că el nu roagă niciodată pe cineva să facă ceva ce el însuși nu ar putea face sau nu a făcut vreodată.

Tim Walhberg, un angajat care lucrează deja de 22 de ani la companie și care este în prezent președintele Liniilor Aeriene Evergreen International, spune că riscurile cele mai mari pe care și le-a asumat compania de-a lungul anilor sunt cele ale lui Smith. „El crede în sine și în structura pe care a creat-o; știe că noi putem face orice. Odată ce ne angajăm la ceva, mergem până la capăt orice-ar fi.

În ultimii ani, am fost implicați în câteva proiecte foarte importante, cum ar fi stropirea cu substanțe chimice în scopul distrugerii recoltelor de heroină și marijuana din Mexic. Uneori, s-a întâmplat să se deschidă focul asupra noastră și o parte din aparatură a fost incendiată de traficanții de droguri, cărora nu le-a plăcut că le-am distrus recoltele, dar pentru noi datoria e datorie. Noi facem ceea ce trebuie făcut. Suntem o companie care execută comanda fără a face mofturi. Această atitudine începe de la Del și continuă la nivelul conducerii și până la ultimul angajat", spune Walhberg.

„Del ne dă ocazia să dovedim de ce suntem în stare și nu l-am abandona pentru nimic în lume. Am susținut cu el interviul pentru obținerea slujbei. Eu aveam ceva experiență în privința elicopterelor armatei și tocmai de asta avea el nevoie la începutul afacerilor. A fost o combinație perfectă: eu căutam aventura, iar el căuta o echipă. M-a întrebat dacă vreau să merg cât mai departe sau doresc să stau să bat pasul pe loc.

De atunci am străbătut lumea în lung și în lat. Am muncit în Alaska, Australia, Africa, în jungla amazoniană și într-o mulțime de alte locuri. Del ne învață să credem în noi înșine și să reacționăm rapid. Dacă Del spune «Mergem în Pakistan», ne strângem repede catrafusele și o luăm din loc. De la bun început am oferit calitate și promptitudine.

N-a fost niciodată loc pentru birocrație și nici n-am acceptat pur și simplu o situație. Am fost dintotdeauna o companie care a respectat o anumită etică, dar care s-a și implicat total, având ca scop profitul de ambele părți. Știam că dacă vrem să ne dezvoltăm și să prosperăm, trebuie să vindem un produs de calitate la un preț de calitate. Del obișnuia să spună: «Dacă vi se pare că este scump un lucru de calitate, încercați alternativa — să plătiți de două ori pentru acel lucru.» Clientul este întotdeauna pe primul loc, indiferent despre ce ar fi vorba."

Curajul extraordinar al lui Smith de a prelua misiuni care pe alții i-ar îngrozi își are rădăcina în începuturile sale. În copilărie, nu a avut deloc siguranța zilei de mâine, de care are nevoie orice copil. A rămas orfan de foarte de mic. Părinții lui au murit într-un accident de mașină; el a fost înfiat când avea un an și ceva, dar mica familie a fost curând abandonată de tatăl adoptiv.

Mabel Smith s-a luptat cu sărăcia și cu o sănătate precară și s-a străduit din greu să-l crească singură pe micul Del. Când n-a mai putut avea grijă de el, Mabel l-a dus înapoi la orfelinat și ulterior la familia surorii ei, până ce și-a mai revenit cu sănătatea. Dar în tot acest timp au rămas apropiați; Smith mergea la ea zilnic până ce și-a revenit suficient încât el să poată să se întoarcă acasă. Când vremurile au fost atât de grele încât nu-și puteau permite să-și cumpere nici măcar cărbuni pentru încălzit, micul Smith arunca cu balegă în locomotive, pentru a-i determina pe mecanici să arunce cu cărbuni după el. După aceea, îi aduna și îi ducea acasă.

În copilărie a făcut muncă de salahor, cărând greutăți care i-ar fi cocoșat și pe adulți. Nu-și amintește să fi fost vreo vreme în care să nu fi muncit. Vindea ziare cât să trăiască de azi pe mâine. La 10 ani, adunase destui bani cât să plătească avansul pentru o căsuță amărâtă în Centralia, Washington, unde locuia cu „Mama Smith".

La orfelinat, Smith a găsit un exemplar din cartea lui Napoleon Hill, *De la idee la bani*, carte care a avut o profundă influență asupra dezvoltării sale. Pe măsură ce studia cartea, își dădea seama că Hill exprima acolo exact sentimentele lui. Cartea i-a clarificat propriile dorințe și l-a ajutat să se concentreze asupra scopurilor sale. Pentru prima dată a înțeles ce dorea să obțină de la viață și cum să reușească. Formula îi fusese furnizată chiar de paginile cărții.

Un succes atrage alt succes și așa i s-a întâmplat și lui Smith, pe măsură ce a aplicat principiile reușitei așa cum au fost ele descrise de Napoleon Hill. El a înțeles că studiile sunt esențiale dacă vrea să-și atingă scopurile propuse și și-a sădit dorința arzătoare de a-și lua o diplomă. Muncea nopțile și verile într-o fabrică de cherestea pentru a se întreține și pentru a-și plăti studiile, iar ziua mergea la școală. Smith și-a luat diploma la Universitatea din Washington, în 1953.

Ca adolescent, s-a îndrăgostit de aparatele de zbor și nu i-a mai trecut toată viața. În 1949, și-a luat licența de zbor, la vârsta de 18 ani, iar în 1957 și-a luat și brevetul de pilot de elicopter, chiar la începuturile acestei invenții. A obținut o slujbă ca pilot de elicopter alături de Dean Johnson, care avea un serviciu local de elicoptere, cu speranța de a transforma în sursă de venit dragostea sa pentru zbor.

A învățat repede meserie și, în ciuda riscurilor din acea perioadă de pionierat a elicopterului și a multelor ore de muncă, i-a plăcut foarte mult. Făcea zboruri în care transporta diverse lucruri, se lupta cu incendiile forestiere din zona Pacificului de Nord-Vest, ducea provizii sau muncitori de la sondele petroliere din Alaska ori din Orientul Mijlociu. În 1960, era devorat de dorința de a munci pe cont propriu, de a-și face o companie a lui, care să-i permită să-și pună în slujba propriei afaceri întregul său devotament și dorința imensă de succes. A cumpărat două elicoptere fără să plătească nimic în avans; reputația sa și înclinația spre o muncă susținută au fost principalele sale garanții. Firma Evergreen Helicopters a fost înființată la McMinnville, Oregon, pe 1 iulie 1960. Mottoul acestei companii era „Calitate fără compromisuri". Smith avea o imagine clară asupra acestei companii, pe care a împărtășit-o și echipei sale:

1. Performanța este singurul lucru care contează!
2. Satisfacerea clienților este principala rațiune a existenței.
3. Tot ceea ce fac trebuie să fie în avantajul omenirii.

Hotărârea sa și implicarea totală și-au arătat curând roadele. Clienții i-au admirat această înclinație aproape fanatică spre detalii și spre satisfacerea nevoilor și a cererilor lor. Cuvântul lui era mai mult decât o promisiune; era un jurământ sfânt. Dacă Del Smith spunea că va face ceva până la o anumită dată, puteai fi sigur că așa va fi. Indiferent de sacrificiul personal sau de dificultățile întâlnite pe parcurs, el rezolva problema cu siguranță.

În acea perioadă de început, exista obiceiul ca Smith și echipa sa să călătorească toată noaptea într-o caravană de camioane cu paturi suprapuse, care remorcau elicopterele, cisternele cu carburanți și substanțe chimice, precum și tot felul de aparatură, de care erau nedespărțiți. La un moment dat, se opreau pe drum, parcau, dormeau câteva ore și de cum se lumina, începea iar munca. Smith nu s-a mai despărțit niciodată de aceste obiceiuri; după 30 de ani de afaceri, el își păstrează același program, care îi istovește până și pe bărbații care n-au decât jumătate din vârsta lui.

La sfârșitul primului an de afaceri, Evergreen Helicopters avea deja șapte aparate de zbor. În perioada de început a companiei, Smith a fost nevoit să se ocupe atât de management, cât și de contabilitate, dar la un moment dat a angajat-o pe Phoebe Hocken ca să se ocupe de contabilitate și administrație. Spiritul de echipă și sistemul managerial instaurate de Smith în acea perioadă de început continuă să fie aceleași. Sigur că sistemele sunt mai sofisticate acum, dar elementele de bază rămân identice.

Practic, fiecare aparat de zbor este tratat ca o sursă de profit separată. Veniturile și costurile sunt calculate fără să fie denaturate și utilizarea aparatului precum și costul pe oră al operațiilor sunt atent monitorizate. Elicopterul este și el o aparatură, cel puțin așa crede Smith — un fel de tractor zburător, o binefacere — căruia trebuie să i se găsească veșnic o ocupație. Un elicopter care stă înghite bani. Chiar dacă actualmente compania lui Smith are 165 de aparate de zbor, el continuă să acorde o atenție surprinzătoare tuturor amănuntelor afacerii. Smith poate spune pe dinafară tot felul de statistici până la cel mai mic amănunt și permanent se angajează într-o muncă neobosită de a-și îmbunătăți performanțele.

John Carnemolla, vicepreședinte al Evergreen Aircraft Sales & Leasing, o companie de comerț, care cumpără și vinde orice, de la piese de schimb pentru elicoptere la avioane Boeing 747, a fuzionat cu Evergreen în 1975. El își amintește: „Del era întotdeauna foarte implicat în tot ceea ce se întâmpla în companie. Când am început aici, aveam vreo 13 baze de elicoptere și 130 de aparate de zbor. El era în stare să se ridice la orice ședință și să spună din memorie toate datele referitoare la fiecare aparat în parte, inclusiv numărul de serie, ce face fiecare elicopter — câte ore a zburat și ce venit se obține de pe urma sa. De atunci ne-am dezvoltat foarte mult, dar pun pariu că și acum poate face la fel. Stăpânește fantastic afacerea."

Mike Clark, președinte al Evergreen Helicopters, spune că Smith are o minte extraordinară, deține acel tip de intelect care îi permite să se concentreze asupra mai multor lucruri deodată. „La un moment dat, l-am adus pe vărul soției mele, care este avocat, să lucreze cu mine. Aveam ședință în fiecare luni dimineață la ora 7 și adesea invitam și oaspeți la aceste întruniri, drept pentru care l-am adus și pe el.

După cum era obiceiul, compania și-a prezentat rapoartele, atât compania-mamă cât și filialele, anunțându-și totodată prioritățile pe săptămâna respectivă. Ceva mai târziu peste zi, am avut vreo două întrevederi la care a participat și dl Smith, astfel încât avocatul a putut vedea mai îndeaproape cum lucrează acesta.

În timp ce mergeam spre casă, l-am întrebat ce l-a impresionat cel mai mult la Del Smith. El mi-a spus: «Este la fel de deștept ca și alți oameni pe care i-am cunoscut. Mi-a fost dat să întâlnesc câteva persoane extrem de inteligente, dar am fost surprins de capacitatea lui de a se concentra asupra mai multor lucruri deodată. Am fost uluit de profunda cunoaștere a fiecărui aspect al unei afaceri atât de diversificate.»"

„Del știe să fie mereu implicat", spune Carnemolla. „Aceasta este metoda lui. Sistemul pe care și l-a format aduce reușite, dar și eșecuri la vârf, așa încât acestea trebuie analizate sau reparate dacă este cazul, iar el știe să acorde încredere celor care merită sau să ia măsuri corective dacă este cazul."

În anii '60, majoritatea afacerilor companiei Evergreen s-au concentrat pe domeniul forestier și agricol. Cele mai multe contracte ale lui Smith erau în special pentru însămânțarea și stropirea copacilor, stingerea incendiilor și exploatarea forestieră. În primul an de afaceri, a semnat un contract cu Biroul American de Management al Terenurilor, pentru a reînsămânța 30 000 de pogoane de pădure, ce fuseseră devastate de incendii. Biroul a ajuns la concluzia că Del Smith și echipa sa ar putea rezolva problema cu ajutorul elicopterelor la doar o treime din costul pe care l-ar reprezenta replantarea manuală a zonelor incendiate, compania putând să ajungă chiar și în locurile cele mai izolate, în zonele muntoase inaccesibile oamenilor. Zvonul despre marele succes al lui Smith s-a răspândit rapid și în felul acesta i-a crescut și reputația. În primii ani de funcționare, compania Evergreen a fost trimisă în diverse misiuni, cum ar fi numărarea elanilor de pe malul râului Ruby, transportarea sângelui pentru operațiile pe cord deschis și instalarea stâlpilor utilitari.

Terenurile accidentate în care avea acces compania Evergreen aveau să-i transforme și pe oamenii care lucrau acolo; nu se temeau să ducă la bun sfârșit misiunile dificile. O făceau însă cu prudență. Se luau toate precauțiile pentru a reduce riscurile, iar Smith nu s-a abătut niciodată de la principiul său de a pune siguranța pe primul loc. Echipamentul era permanent în cea mai bună stare, indiferent de costurile pe care le presupunea acest lucru.

Riscurile erau asumate doar în momentul în care erau vieți omenești în joc. În 1966, Smith a primit mai multe recunoașteri oficiale pentru îndrăzneața sa misiune de salvare din 27 decembrie 1965, când a venit în ajutorul unei tinere ce rămăsese izolată pe o mică insulă în mijlocul unui fluviu năvalnic.

Ploile din acea perioadă făcuseră ca apele râului Yamhill, lângă McMinnville, să crească, până ce au inundat malurile și fermele din apropiere. Într-o după-amiază, doi tineri, David Hughes, pe atunci de 19 ani, și Mary Lou Boyers, de 18 ani, au plecat pe râu într-o ambarcațiune gonflabilă, pentru a vedea cât de mari sunt dezastrele produse de inundații. Ambarcațiunea lor s-a răsturnat, aruncându-i pe o insuliță care aparținuse fermei inundate.

Cum cei doi nu au reușit să atragă atenția, deși strigaseră după ajutor, au decis ca Hughes să încerce să înoate până la mal pentru a veni cu ajutoare. Acesta a reușit să străbată distanța de aproape un kilometru prin acele ape învolburate, după care a alergat până la cea mai apropiată fermă pentru a cere ajutor, dar era înghețat, ud, extenuat și aproape incoerent.

Conform relatărilor din ziarele vremii, Smith era acasă, avea gripă și cele opt elicoptere Evergreen erau la sol din pricina condițiilor meteo nefavorabile. A primit un telefon de la un oficial local, care i-a cerut ajutorul. „Nu puteam să trimitem oamenii cu bărcile pe râu noaptea", i-a spus șeriful W. L. „Bud" Mekkers reporterului de la *News-Register* din McMinnville. „Erau numai curenți rapizi și bușteni care avansau foarte repede pe cursul apei, iar imediat sub nivelul apei se ascundeau garduri din sârmă ghimpată. Fiind eu însumi pilot", spune Mekkers, „știam exact ce îi cer lui Del. Fără nici o ezitare a pornit la treabă, dându-și seama că nu există altă ieșire; altfel fata ar fi fost luată de curenți și ar fi putut să moară." Conform povestirii șerifului, Smith nici măcar nu și-a luat o vestă de salvare și s-a repezit direct în elicopter. A demontat ușile elicopterului și și-a luat imediat zborul.

Zburând lateral pentru a avea o vizibilitate mai bună, Smith a făcut câteva operațiuni de ridicare și coborâre, în încercarea de a o repera pe tânăra de pe insulă. Când a localizat-o, a fost nevoit să aterizeze pe „un loc care nu era mai mare decât diametrul rotorului elicopterului — aproximativ 10 de metri — în vreme ce apa care avea o viteză de aproximativ 200 km/h amenința elicopterul".

Când în sfârșit fata a fost salvată, insula mai avea doar câțiva centimetri până să se scufunde. În general reticent față de reușitele sale, Smith i-a spus ziaristului de la *New-Register*: „A fost cam la limită."

Pentru faptul că nu s-a gândit la propria lui persoană în momentul în care a plecat s-o salveze pe acea fată, Smith a fost nominalizat de către Asociația Piloților Americani de Elicopter drept „pilotul anului" și a fost primit la Washington pentru a i se acorda distincția ce poartă numele lui Frederick L. Feinberg. În același an, compania Evergreen a fost remarcată de Agenția Federală de Aviație pentru meritul de a lucra întotdeauna într-o siguranță absolută.

Povestea vieții lui Smith este strâns legată de istoria elicopterelor comerciale. El a inventat sistemul de stropire a recoltelor agricole cu ajutorul elicopterului și a fost pionier în ce privește utilizarea acestuia în multe direcții nebănuite. Piloții de la Evergreen au reușit să instaleze linii de înaltă tensiune în zonele cele mai izolate și au fost primii care au folosit elicopterele pentru a instala sisteme foarte sofisticate de aer condiționat deasupra zgârie-norilor.

Niciodată mulțumit de situația în care se afla, la jumătatea anilor '60, Smith a investit masiv în cercetarea și dezvoltarea aplicațiilor comerciale pe care le-ar putea avea serviciile de elicoptere. În 1966, compania a prezentat pe piață propriul sistem brevetat de instalare a antenelor în întreaga țară.

La sfârșitul anilor '60, lui Smith i s-au recunoscut meritele și în alte direcții. Precizia cu care elicopterele companiei Evergreen au zburat pe cea mai cumplită vreme înregistrată vreodată în luna iulie pentru a stopa invazia de carii care se abătuse asupra Washingtonului a făcut ca acea operațiune de pulverizare a unor substanțe contra insectelor să fie considerată cea mai mare reușită pe teritoriul Statelor Unite. Acest lucru i-a adus lui Smith nu numai recunoașterea, ci și mai multe afaceri.

În 1968, compania a cumpărat primul elicopter comercial cu turbină produs de Bell, ocazie cu care Smith a extins din nou orizonturile firmei. Elicopterul Bell 205 a devenit un „cal de povară" pentru construcții și operațiuni de ridicare a unor obiecte extrem de grele. Smith a intrat în atenția revistei *Men of Action,* care a schițat un portret al aventurilor sale în jurul lumii: stropirea bananelor din America Centrală, participarea la expedițiile de cercetare a balenelor din Antarctica sau la operațiunile de minerit din Alaska.

Pentru a se asigura că are oamenii cei mai potriviți pentru slujbele pe care le oferea compania sa, Smith a continuat să se implice direct în recrutarea angajaților, în ciuda faptului că firma crescuse substanțial și-și făcuse o bună reputație în cercurile de aviație comercială. Wage Green, în prezent șeful operațiunilor de zbor ale companiei de elicoptere, își amintește de prima întâlnire cu Smith.

„Tocmai terminasem armata, perioadă în care fusesem pilot de elicoptere în Vietnam, și depusesem mai multe cereri de angajare. Una dintre ele a fost la Evergreen. Conform unei înțelegeri prealabile, m-am întâlnit cu un tip la motelul Fort Worth din Texas, pentru a discuta în legătură cu posibilitatea de a lucra ca pilot la Evergreen.

M-am adresat foarte direct. Mai aveam și alte opțiuni și nu voiam să mă opresc la prima dintre ele, așa încât l-am întrebat tot ce se putea despre companie, avantaje, probleme și orice altceva mi-a trecut prin cap. Am fost franc. Credeam că discut cu unul dintre piloți, așa încât l-am întrebat tot ceea ce voiam să știu.

Am discutat despre posibilitatea de a merge în Alaska și i-am zis că mă interesează ce am eu de câștigat în aceste condiții. Aceasta însemna să lipsesc perioade lungi de acasă și știam amândoi că munca era grea. A fost sincer cu mine și n-a încercat nici un moment să îndulcească situația. La el totul era ori albă, ori neagră.

După interviu, l-am însoțit până la mașină. Încă mai discutam, când deodată mi-am dat seama că am vorbit cu Del Smith, proprietarul companiei. M-a impresionat nu numai pentru că era foarte realist, dar și pentru că părea să aibă un excelent fler în legătură cu viitorul acestui domeniu.

Reflectând ulterior la acel interviu, m-am gândit că probabil am ratat ocazia din cauza faptului că fusesem atât de franc. N-am încercat să-l impresionez, pentru că m-am gândit că e doar unul dintre piloți. Până la urmă, mi-am zis că pare un om foarte direct, așa încât, dacă mă vrea, probabil că voi intra la compania Evergreen și voi pleca în Alaska.

Bănuiesc că lui Del îi place să-i spui totul verde în față, pentru că trei zile mai târziu m-a sunat și mi-a oferit slujba: am acceptat-o pe loc, iar a doua zi mă aflam deja în Prudhoe Bay, Alaska, lucrând la o conductă. A fost o perioadă palpitantă. Eram încă la începuturi și încercam să realizăm tot ceea ce era cu putință cu ajutorul elicopterului. Am fertilizat pădurile, am folosit primele mașini mari pentru stropit, ne-am ocupat de fabricile de cherestea și de materiale de construcții, am lucrat la clădiri și linii de înaltă tensiune.

Încă de la început, Del a exersat principiile reușitei — în special existența unui scop precis. El știa exact încotro se îndreaptă, dar știa și cum să facă pentru a ajunge acolo. El știa că noi construim împreună ceva de valoare, ceva din care toată lumea va avea de câștigat cândva. Del își urmărește cu o asemenea încrâncenare scopurile, încât nu permite să-i stea nimic în cale. Nu cunoaște înțelesul cuvântului *oprire*. În acea perioadă de început, muncea toată ziua, apoi conducea mașina toată noaptea, ca să ajungă la următoarea lucrare. La un moment dat, n-a mai fost nevoie să conducă toată noaptea pentru a ajunge în următorul loc, dar el continua să muncească după același program, în același ritm ca la începuturile noastre.

Del crede cu tărie în munca în echipă. Lucrăm într-un domeniu în care este nevoie de cooperare; fiecare trebuie să-și facă treaba bine, altfel operațiunea eșuează, numai că Del întotdeauna reușește să meargă mai departe decât ar fi de așteptat în mod normal."

În cadrul companiei, este bine cunoscut faptul că Green este unul dintre beneficiarii implicării lui Smith în formarea oamenilor săi, precum și ai respectării muncii în echipă. Pe vremea când Green și Walhberg făceau parte din echipa Evergreen care a lucrat la conductele din Alaska, din pricina condițiilor meteo nefavorabile și a unor probleme de navigație, au rămas cu elicopter cu tot pe un aisberg, fără carburant. Green a adormit, iar Walhberg a început să-și facă probleme, dar amândoi știau că Smith îi va găsi până la urmă.

Au activat transmițătorul pentru situații de urgență, aflat la bord, pentru ca avioanele de patrulă să îi poată localiza. În ciuda încrederii pe care o aveau în faptul că Smith și ceilalți colegi îi vor găsi, știau că situația este pe muchie de cuțit. Se aflau pe un aisberg plutitor, departe de traiectoria inițială. Chiar dacă semnalele lor de alarmă erau recepționate și vremea avea să se îndrepte, până să fie trimis cineva să îi recupereze, locația lor s-ar fi modificat deja.

Petrecuseră deja 24 de ore pe aisberg când au fost observați de un avion de patrulă și au mai trecut câteva ore până ce un avion Evergreen a putut ajunge la ei. Au fost duși la o bază unde au fost hrăniți, li s-a dat carburant și au fost transportați înapoi, ca să-și recupereze elicopterul. S-au apucat imediat de treabă. Încă o dată, Smith și echipa Evergreen au acționat admirabil — fără mult tam-tam.

Faptul că Smith era dispus să depășească norma când era vorba să satisfacă cerințele clienților și angajaților l-a ajutat să-și facă reputația unui lider al unei companii de calitate, numai că el voia și mai mult. Voia o companie de talie internațională, un adevărat lider în domeniu. În vreme ce muncea fără odihnă pentru a duce compania mai departe, continua să-și facă și planuri de viitor.

În mare parte, dezvoltarea spectaculoasă a companiei Evergreen se datorează și faptului că Smith este un vizionar cu bătaie lungă. El are calitatea de a gândi foarte corect, este capabil să își controleze atenția și să se concentreze asupra unei afaceri, având atât o privire de ansamblu, cât și una în perspectivă. „Del este un vizionar", spunea Richard Nelson, director de resurse umane la Evergreen International Aviation. „El crede cu tărie în filozofia lui Napoleon Hill și în faptul că «orice concepem sau credem poate fi dobândit». El se axează pe un anumit scop, își fixează obiective importante pentru el și pentru companie și reușește să le atingă printr-o practică perseverentă. El îi învață aceste principii și pe tinerii din companie, dar și pe oricine altcineva. Ideea sa de a-și atinge țelul îi cuprinde pe toți cei din companie."

Absolvent al Universității de Stat din Oregon, Nelson a intrat în armată în 1965 ca sublocotenent și a satisfăcut două stagii militare în Vietnam, a doua oară ca aviator. S-a retras 20 de ani mai târziu și a intrat la Evergreen ca director de resurse umane.

„Del este un extraordinar lider, format după modelul militar", consideră Nelson. „Pentru el, performanța este totul. Nimic altceva nu contează. El îi răsplătește pe cei care își demonstrează performanțele în materie; ceilalți nu supraviețuiesc, dar măcar au de câștigat în formarea lor din faptul că au lucrat la Evergreen."

„Unii oameni nu sunt făcuți pentru acest stil de muncă", spune el. „N-au stofă de Evergreen. Indiferent dacă fac bine sau rău, Del nu îi ia niciodată pe ocolite. El este un tip onest și integru, care spune deschis tot ceea ce are de zis. Nu are nimic de ascuns. Ce-i în gușă-i și-n căpușă.

Cuvintele *nu pot* nu intră în vocabularul lui Del. El are o extraordinară capacitate de a aprecia exact ceea ce e de făcut și de a spune pe loc dacă va fi sau nu profitabil. Dacă da, ne-am și prezentat la treabă. Ne place să facem bani. Este important pentru creditorii noștri, pentru vânzătorii noștri, pentru angajați și pentru prosperitatea noastră. Noi suntem convinși că, dacă facem ceea ce trebuie, orice acțiune va fi profitabilă.

De-a lungul anilor, Del a învățat ce merge și ce nu. Și el și noi învățăm din greșeli. După ce terminăm o treabă, se face un bilanț, pentru a vedea ce s-ar fi putut executa mai bine. De exemplu, am descoperit recent într-o misiune în Africa faptul că aici elicele rezistă doar jumătate din timpul pentru care au fost concepute din pricina prafului și a nisipului. În următorul contract, vom prevedea acest lucru.

Avem standarde foarte înalte și le menținem. Del are mereu grijă ca ele să nu se erodeze. Aplicăm aceleași principii în cazul tuturor contractelor. Contractul-model pentru noi este cel care nu mai poate fi îmbunătățit, pentru că presupunem că în timpul negocierilor fiecare trebuie să mai lase de la el. Pornim de la standarde foarte înalte, pentru a putea menține calitatea promisiunii noastre.

Aș putea spune că Del Smith este un conducător înnăscut, cu calități egale celor ale lui Eisenhower sau MacArthur", spune Nelson. „Principiile pe care le-a învățat studiind scrierile lui Napoleon Hill l-au însoțit de-a lungul întregii cariere și le-a transmis și altor persoane, aflate în poziții-cheie la compania Evergreen.

El este o sursă de inspirație pentru ceilalți, pentru că are încredere în ei. Una dintre calitățile lui este omenia. Mai presus de toate, el se gândește că prin îndeplinirea contractelor noastre poate că îmbunătățim, într-o cât de mică măsură, viața pe pământ. Dacă nu crede acest lucru, nu acceptă contractul."

Privind mereu spre viitor, pe măsură ce afacerea cu elicopterele a prosperat, Smith a început să anticipeze momentul în care Evergreen va trebui să achiziționeze și alte aparate de zbor, mai performante. În companie, nu toată lumea a fost de acord cu acest lucru. Tim Walhberg își amintește: „Ca adept al elicopterelor vechi, nu vedeam care-ar fi logica. Nu mi se părea necesar să intrăm în domeniul afacerilor cu avioane, numai că Del a perceput mult mai bine realitatea." Pentru a intra în asemenea afaceri pe vremea când nu exista o reglementare a industriei aeriene, se presupunea să parcurgi kilometri de birocrație și să obții aprobarea Comisiei de Aeronautică Civilă, lucru care era aproape o minune. Totuși, Smith s-a pus pe treabă, a cumpărat compania Missoula, filiala din Montana a firmei Johnson Flying Service, un certificat ce putea fi aprobat de Comisia de Aeronautică Civilă. Această achiziție îi dădea companiei Evergreen dreptul să opereze pe întreg teritoriul Statelor Unite.

Prietenii și clienții pe care i-a sprijinit de-a lungul anilor i-au dat o mână de ajutor. Conform unui portret al lui Smith apărut pe 10 decembrie 1990 în revista *Forbes*, George Doole, care a pus bazele Serviciului American de Aviație al CIA, s-a interesat direct de această poveste. „Cu puțin timp înainte, Comisia de Aeronautică Civilă refuzase asemenea cereri mai întâi celor de la compania U.S. Steel, ulterior firmei General Curtis LeMay, și mai apoi actorului și omului de afaceri

Jimmy Stewart, care a vrut să cumpere firma Johnson", continua *Forbes*. „Cam în aceeași perioadă, CIA a fost somată de Congresul american să scape de liniile aeriene pe care le deținea, cum ar fi Air America și Intermountain Airlines, vânzând licența și baza aeriană din Marana, Arizona, companiei Evergreen."

Ziaristul Richard L. Stern de la *Forbes* continuă speculația în legătură cu relațiile la nivel de guvern de care se bucura Smith, dar încheie astfel: „Sigur că există mulți care vor susține că Smith a profitat de «anumite agenții guvernamentale», dar sunt puțini cei care sunt gata să nege faptul că Evergreen este minunată în tot ceea ce face."

După 18 luni de audieri și o bătălie judiciară prin tribunale, Comisia de Aeronautică Civilă a acceptat decizia inițială și anume că Johnson Flying Service ar avea de câștigat dacă ar fi achiziționată de Evergreen — și nu numai compania, ci și angajații și opinia publică.

Evergreen Helicopters a plătit 5 milioane de dolari pentru autorizația firmei Johnson. Această companie inițiatoare în aviație, Johnson Flying Service, exista din 1924, ceea ce însemna chiar începutul aviației în Statele Unite. Jurnalul de bord al lui Bob Johnson purta semnătura lui Orville Wright. Cu un gest istoric, în 1975, președintele Gerald Ford a răsplătit compania Johnson, oferindu-i Certificatul nr. 1, care i-a revenit lui Evergreen, menționând că această firmă și-a „dovedit" locul în istoria aviației. Acest premiu al „drepturilor strămoșilor" i-a oferit companiei un avans de cinci ani față de concurența care avea să apară ulterior pe piață. A fost marea lovitură care i-a permis lui Smith și companiei Evergreen să se dezvolte în direcția liniilor aeriene și care a determinat nașterea companiei Evergreen International Airlines.

Evergreen Airlines a preluat rapid sediul din Marana, Arizona, rebotezat actualmente Evergreen Air Center, iar Smith, care a învățat multe din experiența nefastă, plină de intrigi pe care o cunoscuse lucrând în Washington, a deschis un birou de legătură cu guvernul chiar acolo. Misiunea sa era să obțină și mai multe autorizații pentru Evergreen din partea autorităților.

Anul 1975 a adus și alte succese companiei Evergreen. Acoperișul stadionului Detroit Lions a fost instalat cu ajutorul unui elicopter Sikorsky S 64, reducând perioada de instalare cu 90%, conform declarațiilor date de specialiștii în domeniul construcțiilor. De asemenea, compania a fost lăudată la nivel național pentru faptul că l-a salvat pe cântărețul de muzică country Hank Williams, Jr., după ce s-a rănit în timpul unei căderi de pe munte în Montana.

Compania s-a extins și mai serios în luna septembrie a anului următor prin achiziționarea unui aparat de zbor DC–9, pe care Evergreen l-a angajat într-un contract cu Forțele de Aviație Americane pentru programul lor de logistică. Contractul prevedea zboruri interne și continuă să existe și acum. El reprezintă un motiv serios de mândrie pentru Smith și compania sa, pentru că acest program reprezintă una dintre cele mai lungi operațiuni ale companiei.

Evergreen a intrat în epoca avioanelor cu reacție în 1976, achiziționând două DC–8, și s-a extins în zona curselor charter internaționale. Lui Smith îi plăcea ceea ce numea „o schimbare rapidă" a aparatelor de zbor, care permitea o trecere rapidă de la transportul de mărfuri la cel de pasageri, în funcție de nevoile clienților.

Evergreen Airlines organiza curse charter și asigura avioane pentru liniile aeriene importante, atunci când se iveau probleme, fie de întreținere, fie de muncă.

Printre clienții săi se numărau firmele Emery, United Parcel Service, operatori turistici, firme de transport de mărfuri și chiar guvernul american. Compania Evergreen a fost aleasă pentru călătoria lui Frank Sinatra spre Las Vegas, cu ocazia aniversării sale din 1981.

Condițiile de întreținere și servicii de la baza aeriană din Marana, Arizona, au creat reputația unei calități desăvârșite și mai ales o încredere recunoscută în întreaga industrie de profil. Alte linii aeriene și proprietari de aparate de zbor private — inclusiv formația de muzică pop Bee Gees — au apreciat calitatea serviciilor oferite de baza din Marana, astfel că și-au dus avioanele la Evergreen Center pentru a fi întreținute, așa cum procedează NASA în prezent cu navetele de transport.

Mereu pe fază pentru a sesiza orice ocazie ce s-ar putea ivi, la un moment dat Smith a fost dezamăgit de felul în care erau organizate transportul și serviciile oferite la sol în cadrul celor mai multe aeroporturi americane; drept urmare, a organizat el acest tip de servicii. L-a intitulat E.A.G.L.E. (Evergreen Aviation Ground Logistics Enterprises). Acest nou serviciu i-a dat companiei posibilitatea să se ocupe de operațiunile la sol. Foarte curând, a preluat serviciile de acest tip în majoritatea aeroporturilor din țară.

În privința asigurării serviciului de reparații, Smith este de-a dreptul fanatic. Pardoselile din hangare sunt vopsite impecabil și lustruite, uneltele sunt foarte atent îngrijite, toată aparatura e fără pată și într-o ordine desăvârșită. Hangarele lui sunt mai degrabă ca niște săli de operație din spitale, neavând nimic de-a face cu acele ateliere pline de pete de ulei și transformate în magazii.

Dotarea de la sol este tratată în mod similar. Camioanele sunt proaspăt vopsite, spălate la date fixe și parcate într-o ordine perfectă. Dacă Smith observă că ceva nu este în regulă când vine pe teren, cu siguranță șefii bazelor sunt chemați la președintele firmei, care le cere să îndrepte neajunsurile, indiferent dacă ele apar în timpul zilei de muncă, seara sau în weekend. Având în vedere că din opt în opt minute un avion își ia zborul spre o destinație de undeva din lumea largă, Evergreen funcționează non-stop.

Angajații Evergreen trebuie să se comporte cu același profesionalism luni dimineața la ora 7 și duminică după-amiaza, când Smith își ia rareori câte o zi liberă pentru a-l vedea pe Mark, fiul său de 24 de ani (care a fost recent declarat „Bobocul anului" în cadrul curselor americane de mașini), cum își conduce mașina de curse sponsorizată de Evergreen.

Pentru Smith, participarea la curse a devenit o prioritate absolută de când Mark și fratele său mai mare, Mike, în vârstă de 25 de ani, actualmente pilot pe un aparat de zbor F–15 în cadrul Gărzii Naționale de Aviație, au intrat în competiție — și au intrat încă de pe vremea când erau puști.

„Nici nu ne dădeam noi seama ce efort făcea tata ca să vină la cursele noastre", își amintește Mike. „Când eram puști, ni se părea normal ca tații să vină acasă tocmai din Alaska sau din America de Sud, unde aveau serios de lucru, doar ca să ne vadă pe noi în cursă. Tatăl nostru era aproape întotdeauna prezent."

Actualmente, Smith vine la curse cu un aparat Gulfstream II, însoțit de oaspeți, demnitari, angajați și copii ai acestora, în funcție de spațiul disponibil. Este o mare cinste să fii invitat la curse de președintele companiei Evergreen. Toată lumea aflată la bord este tratată de către echipaj ca înscriindu-se în categoria VIP, iar cei care sunt la datorie trebuie să respecte cele mai înalte standarde, indiferent dacă asigură cursa sau mesele pentru invitați.

Odată, șoferul autobuzului Evergreen, care trebuia să-i transporte pe Smith și pe musafirii săi de la aeroport la terenul unde se desfășurau cursele de mașini, a făcut o mare ispravă, pentru că n-a știut drumul; aceasta este o greșeală inacceptabilă la nivelul companiei. Se presupunea că trebuia să parcurgă traseul cel puțin o dată înainte de cursa propriu-zisă, pentru a se asigura că știe care este drumul cel mai indicat spre pista de curse. Toată lumea știa că va fi aspru dojenit.

Când grupul a ajuns la locul de desfășurare a curselor, șoferul s-a apropiat de dl Smith și și-a cerut scuze. „M-am oferit să fiu șoferul autobuzului pentru că doream să vă cunosc", i-a spus el lui Smith. „Cum am muncit toată săptămâna, n-am avut timp să verific traseul. Acum îmi dau seama că ar fi trebuit să-mi găsesc timpul necesar."

„Ai învățat ceva din această experiență?", a întrebat Smith.

„Da", a răspuns șoferul. „N-am să mai fac niciodată o asemenea greșeală."

„Așa te vreau", a spus Smith. „Faci o treabă bună. Greșeala nu e greșeală decât dacă nu înveți nimic din ea. Sunt sigur că data viitoare vei fi mult mai bine pregătit."

Mare parte din popularitatea lui Smith la nivelul angajaților derivă și din felul său de a se preocupa sincer de binele lor. El călătorește fără odihnă, chiar și în locurile cele mai îndepărtate unde se desfășoară operațiuni ale firmei, și-și găsește timp să stea de vorbă cu lucrătorii, începând cu cei de la platforma de descărcare a mărfurilor până la cei din fruntea firmei.

Prima întrebare este întotdeauna aceeași: „Cum se descurcă superiorii tăi?"

Acest tip de evaluare inversată, de jos în sus, în care lucrătorii sunt întrebați de prestația șefilor lor, creează mediul necesar scoaterii rapide la iveală a incompetenților. La Evergreen există puține secrete. Fiecare știe că obiectivul este satisfacerea deplină a clientului; nimeni nu poate să se culce mult pe laurii victoriei.

A doua întrebare este: „Cum ai putea găsi pe cineva care să-ți țină locul?" Smith consideră că cei pricepuți știu să găsească alți oameni pricepuți, astfel că el îi încurajează să-și găsească un înlocuitor pentru a fi avansați. John Irwin, în vârstă de 35 de ani, care se ocupă de asigurări în cadrul companiei Evergreen International Aviation, consideră că mare parte din reușita companiei este dată de încrederea lui Smith în tineri.

„Lui Del îi place să le ofere oamenilor o șansă. El e dispus să ne lase să încercăm în felul nostru și să facem propriile greșeli. Pe mulți îi recrutează încă de pe băncile colegiului și apoi îi formează în stilul său. Adesea, le oferă un an sau doi de specializare în management, după care li se dă un post cu responsabilitate, mai mult decât au visat vreodată la acea vârstă.

Mary Simmons este un foarte bun exemplu. De la douăzeci și ceva de ani este unul dintre apropiații lui Del. Are încredere absolută în ea, considerând-o mâna lui dreaptă, și îi încredințează o mulțime de răspunderi. Când Del nu reușește să meargă undeva, adesea o trimite pe Mary în locul lui."

„Dl Smith mă folosește adesea ca pe o cutie de rezonanță", spune Simmons. „Mă întreabă ce cred și eu îi spun. Nu-i place să aibă lingușitori în jurul său, dintre aceia care aprobă tot ceea ce zice el. El vrea un răspuns cinstit. Crede că fiecare are de învățat de la ceilalți. Și cum toți învățăm unii de la alții, el îmi cere părerea. Discuția însă nu ia locul faptelor. Toată lumea știe că pentru el rezultatele sunt singurul lucru care contează. El insistă asupra performanței și a asumării răspunderii. Dacă vrei să-i ceri un sfat, îți stă întotdeauna la dispoziție. El are o politică a ușii deschise, dar dacă te angajezi să rezolvi ceva, se așteaptă să-ți duci la capăt angajamentul.

Este foarte receptiv, drept pentru care evaluează foarte bine oamenii. E sensibil la sentimentele lor și ascultă atât ceea ce *nu* spun, cât și ceea ce *spun*. Și el, la rândul lui, este perfect demn de încredere, iar în relația cu el nu este loc de prefăcătorie. Este exact așa cum pare. Întotdeauna. Este foarte consecvent, nu este într-o zi într-un fel și a doua zi într-altul", spune Simmons.

Îi plac termenele precise de execuție. Dacă răspunsul la o problemă este vag, discută cu angajatul până când se fixează o dată exactă de predare. Scopul nu mai este scop atâta vreme cât nu are și o dată la care trebuie atins.

Smith are câteva case pe terenul destul de întins pe care îl posedă în jurul atelierelor McMinnville. Aici sunt cazați angajații care așteaptă misiuni în altă zonă sau cei care sunt în perioada de cursuri pregătitoare, care se țin la sediu. Evergreen le asigură servicii de curățenie și masă, iar casele respective sunt mult mai prietenoase decât un hotel impersonal. Președintele vine deseori să stea de vorbă sau să-i întâmpine pe nou-sosiții în familia Evergreen.

„Avem de învățat de la voi", le spune el nou-sosiților. „Dacă vi se pare că există o soluție mai bună, spuneți-i superiorului vostru sau sunați-mă pe mine. Uneori, nu avem distanța necesară pentru o imagine de perspectivă și nu observăm anumite ocazii. Voi puteți fi mai obiectivi. Ne interesează să aflăm tot ce se poate de la voi."

Când un angajat nou a oferit o sugestie în legătură cu computerizarea unei părți din activitate, în timpul unei discuții lejere, din jurul mesei din bucătărie, Smith a analizat atent soluția. Încântat că nou-venitul știa despre ce vorbește, Smith i-a zis: „Sună-mă luni la birou și o să fixez o întâlnire cu cine trebuie să discuți mai departe. Spune-i secretarei că eu am zis să suni și că deci poate să-ți facă legătura la mine în birou."

Este clar că în cadrul companiei există oameni care se identifică cu Evergreen, dar există și din cei care nu se identifică. Descrierea acestor categorii nu poate fi expusă într-un manual, dar în general este acceptată ideea că o persoană ce se identifică cu Evergreen este cea care împărtășește punctele de vedere ale lui Smith. Cei din această categorie sunt cei care muncesc serios, se bucură de misiunile complicate și sunt foarte motivați.

„Conform filozofiei noastre, nu trebuie să te autolimitezi niciodată și nici să nu limitezi capacitățile companiei", spune Joe Sharp, președintele Evergreen Holding Company, în vârstă de 41 de ani. Sharp a fost doi ani profesor de engleză și apoi a lucrat câțiva ani la o companie de publicitate, înainte de a veni la Evergreen ca director de investiții agricole în 1984. După trei ani de dezvoltare, în care a fost depășit procentajul de 30% anual, Smith l-a propus pentru postul de vicepreședinte al gestiunii de materiale în cadrul companiei Evergreen Airlines. Curând după aceea, a fost numit vicepreședinte executiv al liniilor aeriene, înainte de a ajunge chiar președintele holdingului, în 1989.

„Del este un extraordinar profesor și mentor", spune el. „El preferă să te învețe decât să-ți tragă scatoalce. Într-o zi, când am mers împreună cu mașina să vedem ferma companiei, ne-a venit ideea să construim acolo un complex sportiv. Anul următor, va fi gata și îl vom dota cu toată aparatura de întreținere necesară. Vom construi și un muzeu al aviației, tot pe terenurile ce aparțin companiei Evergreen, și analizăm posibilitatea de a face unele reprezentații cu colecția de avioane vechi a lui Del, reprezentații care se pot desfășura oriunde în țară. Dacă e o idee bună, Del o va susține. El e hotărât să reușească în tot ceea ce întreprinde și vrea ca și noi să facem la fel. El consideră că, dacă muncim serios, ne facem treaba temeinic și credem în noi înșine, nu avem cum să dăm greș. Nu există scuze pentru neîndeplinirea a ceea ce ți-ai propus. În loc să se prefacă bolnavi ca să nu meargă la școală, copiii lui se prefăceau că sunt sănătoși tocmai ca să meargă la școală. El nu era dispus să accepte nici un fel de scuze pentru incapacitatea de a duce la bun sfârșit ceva.

În ciuda standardelor foarte stricte de performanță pentru el și pentru cei din jur, Del este o persoană foarte amabilă și generoasă. A ajutat mulți oameni, care nici măcar nu știu cine le este binefăcătorul", spune Sharp.

Așa cum spunea Mary Simmons, „el este ca un tată de care oricine ar fi mândru. Când am fost la Washington pentru câteva zile, am cunoscut pe câțiva dintre angajații hotelului. Una dintre chelnerițele de la restaurantul hotelului era o tânără africancă. Ea ne-a povestit că lucra acolo pentru a câștiga bani ca să-și aducă familia în America. Dl Smith n-a spus nimic, dar când am plecat din hotel, i-a lăsat un plic cu 1 000 de dolari, ca să plătească toate cheltuielile de transport ale familiei. Așa e el; este convins că Dumnezeu vrea ca el să-i ajute pe ceilalți".

Când o bancă din McMinnville la care Smith era director a avut probleme din pricina unor persoane care împrumutaseră niște sume pe care nu le-au putut plăti la timp, mai mulți dintre ceilalți directori s-au gândit că soluția cea mai bună ar fi să se declare falimentul băncii.

„Del nici n-a vrut să se gândească la așa ceva", își amintește Joe Sharp. „«Doar n-o să ne abandonăm investitorii și cetățenii care au depus bani aici», a spus el. A asigurat numerarul necesar pentru ca banca să rămână pe linia de plutire și a introdus în consiliul de administrație doi sau trei oameni-cheie pentru a asigura un management care să nu mai îngăduie să se ajungă la o astfel de situație.

Este un capitalist absolut. Dar crede sincer că în cele din urmă cu toții vom fi apreciați în funcție de ceea ce am dat și nu de ceea ce am luat. Este un om de acțiune. El spune: «Hai să ne facem treaba și să nu ne mai gândim la felicitări și la alte ifose. Datoria noastră este să ne ocupăm de clienți și nu să ne facem prea multe griji referitor la cine va fi lăudat pentru calitatea muncii. Dacă firma este în câștig, cu toții suntem în câștig.»

Del crede întru totul în principiile lui Napoleon Hill în privința reușitei și ne vorbește adesea despre ele. Știu că le pune în practică pe toate, dar cel mai bine se pricepe la Credința Aplicată și Munca în Echipă. El ne învață să credem în noi înșine. Uneori, putem fi dezamăgiți de semenii noștri, dar știm că putem conta oricând pe noi înșine, pe membrii echipei noastre și în special pe Del. El trage mai tare decât noi toți.

Este atât de entuziasmat de posibilitățile ce ni se oferă, încât e de-a dreptul molipsitor. Se implică trup și suflet pentru a obține calitate, cunoaște fiecare amănunt în parte, în fiecare clipă. Se concentrează total asupra scopurilor sale și ne încurajează să procedăm la fel. Deși uneori este acuzat că ar fi dependent de muncă (cum suntem majoritatea celor de la Evergreen), el înțelege și apreciază valorile familiei. Chiar dacă muncim multe ore, ne dă totuși ocazia să călătorim și să ne ducem copiii în locuri unde altfel nu am fi reușit să-i ducem." Ca tată, Smith și-a încurajat băieții să exploreze lumea și să se pună la încercare. Când nu participau la cursele de mașini, puteau lua o cursă aeriană Evergreen chiar și până în Alaska, pentru un weekend la pescuit de somoni sau la vânătoare, îndeletniciri care îi plăceau în mod special lui Mike. „Mergeam peste tot", spune el. „Dormeam prin avioane în drum spre casă, pentru ca luni dimineața să fim la școală."

Cu un tată pilot comercial de profesie și instructor, ambii băieți au învățat repede să piloteze. Mark a învățat într-o singură zi. Prima lecție a început la ora 8 dimineața și în aceeași zi zbura deja singur. În prezent, are brevet de pilot atât de avion, cât și de elicopter. Mike are brevet de pilot pe liniile comerciale. Când fratele lui participă la curse prin zonă, Mike vine cu biplanul lui străvechi, ca să-l vadă pe Mark în competiție.

Bătrânul Smith a făcut toate eforturile ca fiii lui să nu fie niște băieți de bani gata. I-a înscris în organizația de cercetași și i-a considerat realizările sale, pentru că ei s-au evidențiat în acest context. Del chiar și-a găsit timp pentru activitățile lor de cercetași și, de exemplu, după o excursie a băieților cu caiacul, îl puteai întâlni și pe bătrânul Smith zburând cu elicopterul deasupra râului și aruncându-le în apă pepeni verzi băieților obosiți și flămânzi.

Smith încă locuiește în casa în care au crescut băieții și se laudă cu faptul că ei au construit un centru de recreere pentru adolescenți. El le-a furnizat materialele de construcții, dar Mike și Mark au contribuit cu munca. Ca urmare, a fost construită o sală de sport și o piscină acoperită, unde mulți băieți pot să-și consume excesul de energie.

Adesea ei glumesc pe seama tatălui lor, care este ca un „tiran", dar de fapt îi împărtășesc principiile de muncă și implicarea totală în ajutorarea altora. Mark donează jumătate din câștigurile sale din cursele de mașini fundației The Seeing Eye și Societății Naționale de Prevenire a Orbirii. Într-un interviu publicat pe 7 aprilie 1991, apărut în revista *Parade*, se scrie: „«Stăteam într-o zi cu tata și cu câteva persoane care ne asigură sponsorizarea», își amintește Smith. «Am remarcat cât de norocos sunt pentru că pot face ceea ce fac și dintr-odată conversația s-a orientat spre ideea că trebuie făcut ceva pentru alții. Ne-am hotărât ca în loc să vorbim doar, să trecem și la fapte.»"

Amintindu-și de tratamentul la care a fost supus pentru a-și depăși „sindromul ochiului leneș", Mark s-a gândit să-i ajute pe nevăzători. Și *Parade* continuă:

„Era, de fapt, o hotărâre firească. Tatăl tânărului pilot de curse este Delford Smith, un milionar ajuns astfel prin propria lui muncă, un om care a fondat una dintre cele mai mari firme de aviație, care include închirieri și întreținere. Bătrânul Smith și compania sa Evergreen Aviation de mult donează timp, bani și aparatură pentru lupta împotriva orbirii celor care locuiesc pe malul apelor; acești oameni suferă de o boală parazitară devastatoare, care a dus la orbirea a milioane de oameni din vestul Africii. De asemenea, a trimis mai multe elicoptere unei organizații medicale care luptă împotriva orbirii prin cataractă, cauzată de altitudinea mare, cum se întâmplă în Nepal. Tânărul Smith era nerăbdător să calce pe urmele tatălui său. «Tata este un tip uimitor», spunea el. «Îl admir sincer.»"

Expresia *un tip uimitor* a fost deseori folosită pentru a-l descrie pe Smith. Este, într-adevăr, un tip foarte hotărât — în cel mai bun sens al cuvântului. Este un obsedat, dar numai în sensul bun. El face bani nu numai de dragul de a face bani, ci și de dragul de a reuși ceva. El ajută multe societăți de caritate și face donații generoase celor necăjiți, dar, asemeni lui Napoleon Hill, pune mai mult preț pe a-i ajuta pe alții să se ajute singuri prin descoperirea adevăratului lor potențial. Orice discuție cu o persoană care a lucrat „pe vremuri" la compania Evergreen duce invariabil la o conversație referitoare la numărul mare de persoane care au plecat de la companie pentru a face afaceri pe cont propriu. Este o modalitate de a conduce, cred ei, aceea prin care le permiți celorlalți să se dezvolte, știind că se vor dezvolta în direcții imprevizibile inițial.

„N-aveam de unde să știu câți vor fi cei pe care îi vom ajuta să ne devină concurenți", spune Smith. Într-un mediu în care informațiile sunt gratuite și toată lumea este încurajată să se dezvolte la întregul potențial, consecința inevitabilă a acestor fapte este că unii pleacă și se angajează la concurență sau își încep propriile afaceri. Dar este o mândrie faptul că le merge bine; Smith știe că Evergreen-ul de azi va fi altfel mâine. Compania trebuie să inoveze permanent pentru a rămâne în fruntea competiției. El este convins că nu contează atât de mult ceea ce faci, ci cât de bine faci.

Directorilor de la companie li se repetă mereu că nu pot să existe secrete între ei. Ei își împărtășesc informațiile pentru a pune bazele unei competențe și unei încrederi absolute. Smith distribuie liste cu obiectivele companiei, astfel încât să fie convins că toți angajații știu care sunt scopurile președintelui. Pe lista de la sfârșitul anului fiscal 1992, apăreau următoarele:

- Definirea clară a scopului
- Calitate fără compromis
- Costuri competitive și avantaje în servicii pe fiecare piață de desfacere
- Spirit dinamic de conducere și de responsabilitate
- Muncă exclusiv în echipă, cu o tot mai mare motivație și tot mai mult entuziasm
- Evaluarea săptămânală a implicării în ce privește îmbunătățirea conducerii și a formării
- O revizuire permanentă și serioasă a rezultatelor de pe toate piețele
- Măsurarea constantă a eficienței productivității operaționale
- Implicarea echipei în respectarea unei discipline a bugetului
- Alianțe internaționale de calitate
- Recrutarea membrilor echipei după criterii de capacitate și caracter excepționale
- Extinderea creatoare și prudentă a piețelor
- 500 de milioane de dolari venituri
- 10% profit înainte de impozitare, printr-o metodă mai bună de calculare, costuri și prin reducerea datoriilor
- Reacție promptă față de ocaziile la nivel global și față de situațiile de criză
- Promovarea păcii universale, a bunelor intenții și a libertăților

Smith consideră că printre atribuțiile oricărui lider se numără și dezvoltarea propriului caracter, nu numai a capacităților profesionale. „Una fără alta este inacceptabilă", spune el.

Cei pe care îi admiră cel mai mult sunt Isus, Gandhi, Mohammed, Churchill, W. Clement Stone și președinții Lincoln și Eisenhower. El consideră că vizionari precum Howard Hughes și Bill Boeing au fost adevărații lideri în domeniul aviației, iar antrenorul de fotbal Vince Lombardi este unul dintre liderii din vremurile noastre, ce ar trebui remarcat, subliniind faptul că el întotdeauna s-a concentrat asupra lucrurilor fundamentale, o caracteristică importantă pentru un bun conducător. „Atenția acordată lucrurilor fundamentale stă la baza reușitei în orice direcție", spunea el. „Indiferent de domeniu, nu poți reuși dacă nu ești bun în chestiunile fundamentale."

Implicarea totală a lui Smith în dezvoltarea companiei Evergreen poate fi corelată și cu dorința sa de a crea noi locuri de muncă și de a spori șansele celor care merită, ceea ce nu ar fi cu putință dacă nu ar exista întreprinzători asemenea lui. Aceste promisiuni stau la baza hotărârii sale și îl determină să respecte un program de lucru fără odihnă, ceea ce presupune până la 16 ore de muncă pe zi, șase și uneori chiar șapte zile pe săptămână, pe parcursul întregului an.

Vicepreședintele consiliului de administrație de la Evergreen, Donna Nelson, a condus vreme de 17 ani afacerile firmei și continuă să fie uimită de hotărârea neclintită a lui Smith și de capacitatea lui de a munci.

„Cel mai măreț principiu pe care Smith îl rostește ades este următorul: «Dumnezeu ne-a dat viață, noi suntem datori să o folosim cât mai bine!» Aceasta este o afirmație care transmite multă forță și care explică de ce este esențial pentru noi să ne enunțăm crezul cu claritate, să fim echilibrați și să menținem spiritul de familie. Să aparții familiei Evergreen este o adevărată onoare, dar onoarea presupune și răspundere și implicare.

Avem o filozofie atât de pertinentă în ce privește spiritul de conducere și gestionarea celor șase M (*management, money, man, machines, material and market* = management, bani, oameni, mașini, materii și piață) încât putem spune că formarea acestei discipline echivalează cu cel mai grozav colegiu din America", declară ea.

Este o atmosferă de respect reciproc. Dacă este întrebat despre Donna Nelson, Smith răspunde: „Îmi fac griji pentru ea. Muncește prea mult. Ea se ocupă singură de familie și stă prea mult la birou. Uneori trebuie s-o obligăm să plece acasă."

Donna a lucrat îndeaproape cu Smith atâta vreme, încât știe instinctiv ce reacție va avea în orice situație. Ea este liantul „familiei Evergreen" atunci când el este plecat, reușind să mențină ordinea într-un haos ce caracterizează de obicei un imperiu mobil, care merge în mai multe direcții deodată.

Ea spune despre Smith că muncește peste normă mult mai mult decât angajații săi.

„Suntem atât de hotărâți să facem o lume mai bună, încât munca noastră e o adevărată plăcere — lupta împotriva orbirii (inclusiv faptul că le cerem tuturor șefilor de state cu care ne întâlnim să accepte faptul că vederea este unul dintre drepturile fundamentale ale omului), lupta împotriva drogurilor, promovarea și încurajarea sistemului de liberă inițiativă — toate acestea contează enorm pentru noi. Del ne susține în aceste direcții fără nici o ezitare."

Donna a devenit la rândul ei profesor și „încurajator" precum Smith. „Principiile sunt ferme", spune ea apăsat. „Alianțele noastre cu cei menționați în acest capitol, precum și cu Ron Lane, vicepreședintele Liniilor Aeriene, dar și cu John Kiesler, care conduce operațiunile pe elicopter, se bazează pe aceleași principii pe care le practicam atunci când aveam doar compania de elicoptere. Respectăm siguranța, calitatea, stabilitatea financiară, seriozitatea, rapiditatea și compatibilitatea totală — cu profitul pe care îl implică."

„W. Clement Stone ne-a spus: «Acționează acum!»", își amintește ea, „iar Maica Tereza ne-a spus atunci când am început primul nostru program de reabilitare a drogaților din India: «Un lucru trebuie să fie clar: acum este momentul!» Del i-a încurajat pe tinerii noștri directori — și pe noi — să fim cu băgare de seamă la tot ceea ce ne înconjoară. Aceasta este cea mai importantă lecție, de fapt."

În ciuda implicării sale neobosite în „familia" Evergreen și în misiunile în scopuri caritabile, Smith reușește să-și găsească timp și pentru a se ocupa de industria aviației. A fost președintele consiliului de administrație și chiar președintele Asociației Internaționale a Elicopterelor și a fondat Comitetul Economic. Este director al Asociației Airlift și membru al Asociației de Transporturi a Apărării Naționale, precum și al Asociației Transportului Național Aerian.

Când unul dintre elicopterele sale Bell–205 și-a pierdut un rotor, el nu doar că a remediat situația și și-a văzut de treabă, ci a căutat problemele similare, descoperind care este cauza acestei defecțiuni — ea era o problemă a procesului de fabricație al piesei de schimb, care se desfășura la o temperatură nepotrivită. Perseverența lui în a detecta problema și cauzele acesteia a făcut ca întreaga industrie a aviației să fie mai sigură. În 1991, s-a estimat că averea lui Smith se situează la 600 de milioane de dolari. În acel an, Evergreen a avut venituri de 477 de milioane de dolari și deținea aparate de zbor în valoare de 900 de milioane — 1 miliard de dolari. Flota sa aeriană cuprindea 16 aparate 747,

11 aparate DC–8 și DC–9, 11 aparate 727, 100 de elicoptere și o mulțime de alte aparate de zbor. De asemenea, mai deține și 23 de avioane vechi, inclusiv un B–17 în perfectă stare din cel de-al Doilea Război Mondial, acel bombardier-fortăreață zburător, și un Ford cu trei motoare — toate în stare de funcționare. El intenționează să le expună într-o „colecție de epocă", împreună cu niște tunuri și tancuri rusești din cel de-al Doilea Război Mondial, muzeu pe care intenționează să-l construiască în McMinnville.

Del Smith a avut o influență pozitivă asupra a nenumărate persoane, cu al căror destin s-a intersectat. Crezând în ei, i-a ajutat să creadă în ei înșiși și i-a încurajat să reușească în viață. El a acumulat o mare avere, dar a descoperit și adevăratele bogății ale vieții: respectul familiei sale, al prietenilor și al partenerilor de afaceri. A făcut o lume mai bună pur și simplu pentru că a existat în ea.

Epilog

Pe 25 octombrie 1986, la hotelul Fairmont din Dallas, W. Clement Stone, președintele consiliului de administrație al Fundației Napoleon Hill și fondatorul și președintele corporației Combined International, i-a înmânat lui Delford M. Smith medalia de aur a fundației pentru reușita în afaceri.

În distinsa sa carieră, Smith a primit sute de premii și diplome onorifice, dar nici una parcă n-a fost mai potrivită. El a fost un susținător neabătut al principiilor lui Napoleon Hill și al valorilor pe care le-a reprezentat. În avionul personal al lui Smith, pe scaune există huse ce conțin imagini ale unui aparat de zbor înconjurat de cele 17 principii ale reușitei și adesea sponsorizează cursuri de știința succesului pentru angajații săi.

Reușita nu l-a schimbat prea mult pe Smith. El continuă să muncească mai mult decât majoritatea angajaților săi și nu cere niciodată celorlalți ceva ce n-ar face el însuși. Se simte la fel de bine în prezența senatorilor și celebrităților, ca și în prezența unui tânăr absolvent, care abia a intrat în firma sa. El iubește oamenii cu adevărat. Atunci când Fundația Napoleon Hill a căutat o persoană al cărei exemplu să fie o sursă de inspirație și pentru alții în ce privește reușitele excepționale, a fost ales Del Smith. S-a considerat că viața lui este un excelent model de urmat.

S-a spus că adevărata măsură a omului nu este dată de felul cum face față eșecului, ci de cum face față reușitei. Cei mai mulți dintre noi avem mai degrabă experiența eșecului; am învățat din greșelile noastre, ne-am scuturat și ne-am apucat iar de treabă. Dar oare ce s-ar întâmpla dacă am atinge acel nivel de succes care să ne permită să facem tot ce ne-am dori?

Smith continuă să respecte valorile care i-au adus reușita. Principiile pe care le-a învățat cu mulți ani în urmă, atunci când a găsit un exemplar din volumul *De la idee la bani* la orfelinat, continuă să îl ajute și acum. El face acte de generozitate fără multă vâlvă, împărțindu-și averea pe care a câștigat-o și ajutându-i pe alții să reușească lucruri la care nici măcar nu au visat vreodată.

Atunci când îi studiați viața, nu citiți cu invidie, ci cu bucurie și cu simțul perspectivei. Principiile pe care le-a aplicat, atributele reușitei pe care le-a cultivat vă stau la dispoziție. Secretul succesului lui — și al multor altora — se află în paginile acestei cărți.

Este suficient să le preluați și să le aplicați în propria voastră existență.

Putere plus motivație: vorbe de duh

În această carte sunt incluse și multe vorbe de duh, ce vă vor ajuta să vă formați o puternică gândire pozitivă. Ele vă vor spori autodisciplina, vă vor motiva și vor reaprinde dorința arzătoare din viața voastră. Aceste rânduri au fost denumite în multe feluri: vitaminele succesului, înțelepciune concentrată, vorbe de duh, proverbe. Indiferent de numele pe care îl alegem, categoric că vă veți putea spori forța de a obține succesul cu ajutorul principiului autosugestiei. O parte dintre aceste formulări au fost culese din volumele *Golden Rule Magazine (Catalogul Regulii de Aur), The Science of Personal Achievement (Știința Reușitei Personale)*, manuscrise vechi și mai ales din memoria computerului. La un moment dat, dr. Hill a scris peste 6 000 de asemenea cugetări ce pot fi utilizate într-un program de formare a relațiilor interumane dintr-o companie.

Aceste proverbe se bazează pe experiența a peste 500 de lideri importanți care au contribuit la dezvoltarea stilului de viață american.

Ele s-au dovedit sănătoase și practice pentru că au funcționat cu succes în cazul celor care le-au folosit. Le-am redus la cât mai puține cuvinte spre binele tuturor celor care doresc sincer să-și găsească locul potrivit în această lume.

Această colecție a fost pregătită cu speranța ca fiecare dintre cei care le vor citi să-și îmbogățească trupul, mintea și spiritul; căci așa cum spunea marele filozof Socrate: „Înțelepciunea întărește averea și scade sărăcia."

Aceste proverbe ajută la o determinare mentală. Citiți-le cu atenție și încercați să vi le însușiți, după care veți constata cu surprindere că în scurt timp veți putea beneficia de colaborarea deplină a celor din jurul vostru.

Cum această carte se apropie de final, Fundația Napoleon Hill vrea să vă întindă o mână prietenească. Prin cuvântul scris, dorim să vă dăm curaj, liniște și credință. Dacă le aveți pe acestea, toate celelalte vor veni de la sine, atunci când veți avea nevoie.

Gândirea corectă

Cum îi poți judeca în mod corect pe alții dacă nu ai învățat să te judeci corect pe tine însuți?

L-ai înșelat pe celălalt sau pe tine însuți? Gândește-te bine înainte să răspunzi.

Persoana care gândește înainte să acționeze rareori e nevoită să-și ceară mai apoi scuze pentru actele sale.

A încerca să convingi un om care nu gândește este ca și cum ai fi privat de chinurile dragostei.

O analiză concretă a modului în care trebuie să-ți rezolvi problemele este mult mai bună decât dorința de a trece peste probleme.

Cel care gândește că toată lumea greșește ar fi foarte mirat să afle ce gândește lumea despre el.

Mulți dintre cei care cred că au reușit sunt surprinși să afle că au mers în sens invers.

Dacă nu gândești, n-are rost să mai asculți.

Nu te pune cu cel care gândește înainte să treacă la fapte.

Fapta

Urmărește-l cu atenție pe cel care este înaintea ta și-ți vei da seama cum a ajuns acolo. Apoi încearcă să-l întreci.

Dacă vrei ca treaba ta să fie făcută bine și rapid, adresează-te unui om foarte ocupat. Cel care n-are ce face știe tot felul de matrapazlâcuri și scurtături.

Cel care nu este capabil să ia rapid hotărâri atunci când are la îndemână toate datele necesare nu poate fi creditat că și-ar duce la bun sfârșit deciziile.

Cel care muncește doar cât „să se facă" treaba rareori reușește să și „facă" ceva.

Bunele intenții sunt inutile atâta vreme cât nu sunt traduse în fapte pe măsură.

Nu e de ajuns doar să mergi la biserică pentru a fi creștin.

Convingerea

Poți să faci un lucru dacă într-adevăr crezi că poți.

În final, omul ajunge să creadă ceea ce-și spune lui însuși suficient de des, chiar și dacă nu este adevărat.

Dacă nu crezi în tine însuți, nu cere altcuiva să creadă în tine.

Puterea este de partea celor care cred în bine.

„Omul fără căpătâi" muncește mai mult și plătește mai mult pe ceea ce obține de la viață decât oricine altcineva, dar se amăgește crezând că obține ceva pe degeaba.

Prudența

Ferește-te de omul de care se tem câinii și copiii.

Prudența exagerată este la fel de rea ca imprudența. Îi face pe ceilalți bănuitori.

Ai grijă dacă ți se pare că iarba de dincolo de gardul tău este mai verde. S-ar putea să fie plină de scaieți.

Când cineva spune „Ei mi-au spus că...", întreabă-l care „ei" și vei vedea cum brusc intră în panică, jenat.

Când un străin pare prea nerăbdător să facă ceva pentru tine, vezi să nu-ți facă ceva rău.

Privește-l cu prudență pe cel care încearcă să-ți vândă stilul lui de viață; asigură-te mai întâi că al lui este mai bun decât al tău.

Ferește-te de cel care încearcă să te facă să crezi că se descurcă mult mai bine decât tine.

Imboldul

Dacă vrei să fii avansat, fă servicii mai multe și mai bune decât se așteaptă de la tine, cât mai rapid și cât mai des.

De câte ori ai ceva de făcut, încearcă să te depășești pe tine însuți și foarte curând îi vei depăși pe cei din jur.

Acela care ți-a spus că tu nu poți să realizezi ceva să-ți spună și care îi sunt performanțele și calificările care îi dau dreptul să-ți stabilească ție limite.

Se spune că Henry Ford ar fi fost dispus să ofere 25 000 de dolari oricui i-ar fi demonstrat că poate să economisească un singur șurub sau o piuliță la automobilul făcut de el.

Arată-mi cum se poate economisi un bănuț cât de mic din costurile de producție dintr-o fabrică și am să-ți arăt cum poți să fii avansat rapid.

Unde te vei afla și ce vei face peste zece ani, dacă continui să mergi pe drumul pe care ești acum?

Nu dărâma niciodată nimic atâta vreme cât nu ești pregătit să construiești ceva mai bun în loc.

Într-un moment de înfrângere, mulți au descoperit că adevărata măreție stă în acceptarea înfrângerii ca pe un imbold pentru a o lua de la capăt.

Țelul sau scopul principal

Ce vrei de la viață și ce ai de dat în schimb ca să meriți?

Cel ce reușește se concentrează asupra a ceea ce-și dorește de la viață — și nu asupra a ceea ce nu-și dorește.

Peggy Joyce Hopkins s-a măritat cu patru milionari, unul după altul, pentru că știa ce vrea și refuza să accepte surogatele.

Nu contează ce ai făcut în trecut. Ce vei face pe viitor?

Singurul lucru veșnic în univers este ceea ce-și pune cineva în minte.

Dacă nu știi ce vrei de la viață, cu ce crezi că o să te alegi?

Fii sigur în legătură cu ceea ce-ți dorești de la viață, dar fii și mai sigur în legătură cu ceea ce ai să dai în schimb.

Examinează cu mare atenție ce-ți dorești cel mai tare.

Înțelepciunea constă în a ști în mod egal ce să nu-ți dorești și ce să-ți dorești.

Preocupă-te de ceea ce-ți dorești într-atât încât să nu mai ai vreme să te temi de ceea ce nu-ți dorești.

Nu trebuie să-ți fie frică să țintești sus atunci când îți alegi scopul în viață, căci indiferent cât de sus ar fi ținta, reușita poate fi la un nivel mai mic.

Dacă nu știi ce vrei, să nu spui că n-ai avut nici o șansă.

Colaborarea

În afara cazului în care ești ofițer în armată, cu siguranță că vei obține rezultate mai bune cerând și nu dând ordine.

Nimeni nu este capabil să dea ordine dacă nu știe și să le primească și să le execute.

Colaborarea de bunăvoie generează o forță însoțită de înțelegere, în vreme ce colaborarea forțată duce la eșec.

Încearcă să îi spui șefului tău lucrurile care-ți plac și vei vedea cu surprindere cât de dispus va fi să le îndepărteze pe cele care nu îți plac.

O colaborare în condiții de prietenie duce adesea la o mai mare agitație.

Nimeni nu poate reuși și nu-și poate menține succesul fără colaborarea prietenoasă a celorlalți.

Colaborarea trebuie să înceapă de la conducere, dacă este dorită la nivelul angajaților. Este imperios necesar pentru eficiență.

Colaborarea pe bază de prietenie nu este niciodată lucrătura diavolului. El muncește în cealaltă tabără.

Majoritatea oamenilor reacționează mult mai bine la o cerere amabilă decât la un ordin.

Cine nu știe să primească un ordin cu amabilitate n-are cum să dea ordine.

Nu uita că nimeni nu te poate jigni fără ajutorul și acordul tău.

Curajul

Dacă nu știi, ai curajul și recunoaște și deja se poate spune că te afli pe drumul cel bun al învățăturii.

Curajul se află adesea doar la un pas de frică.

Cel ce se plânge mereu că nu a avut niciodată vreo șansă probabil că n-a avut curajul să riște.

Critica

O modalitate de a scăpa de critici este să nu faci nimic sau să fii un nimeni. Atunci lumea nu te va deranja.

Nu te teme niciodată de criticile nedrepte, dar asigură-te că sunt nedrepte.

Nu critica niciodată pe cineva pe care nu-l înțelegi. Încearcă mai întâi să pricepi câte ceva despre el și atunci poate că nu va mai fi nevoie să-l critici.

Dacă inventatorii s-ar fi temut de critici, am merge tot cu carul tras de boi și am umbla îmbrăcați în haine țesute în casă.

Nu te teme de critici, dar fii pregătit să le accepți dacă ai o nouă idee de oferit.

Nu critica niciodată nevoile altuia, dacă nu știi de ce le are. S-ar putea ca și tu să fi reacționat la fel într-o situație similară.

Dacă nu suporți criticile, n-ai dreptul să-i critici pe alții.

Dacă nu suporți criticile, nu te apuca de ceva inedit.

Înainte de a blama cafeaua, adu-ți aminte că s-ar putea ca din când în când să te simți și tu slăbit și obosit.

Dacă n-ai ajuns prea departe împrăștiind critici exagerate la adresa altora, n-ar fi rău să îți schimbi filozofia, întorcând-o pe dos și împărțind laude în stânga și în dreapta.

Înainte să începi cu criticile, ar fi bine să netezești puțin calea cu o laudă.

Laudă mai des decât critici, dacă vrei să fii îndrăgit.

Faptele

Dacă ești într-adevăr măreț, le vei da ocazia celorlalți să descopere asta din faptele tale.

Ziua în care soarele apune și n-ai făcut nici o faptă bună este o zi pierdută.

Medaliile și titlurile nu mai contează când ajungi la ceruri, în schimb vei fi cercetat atent pentru faptele tale.

Singurul mod de a te lăuda este prin fapte constructive și nu prin vorbe.

După ce te-ai decis ce-ți dorești, oprește-te și apucă-te de fapte.

Lauda de sine este o garanție doar când constă în fapte utile celorlalți și nu în simple vorbe.

Faptele, nu vorbele, sunt cea mai bună laudă de sine.

Dacă într-adevăr ești mai deștept decât alții, îi vei lăsa pe aceștia să-ți descopere inteligența din faptele tale.

Cea mai bună și sigură cale de a-l pedepsi pe cel care ți-a făcut o nedreptate este să faci pentru el o faptă bună în schimb.

N-are rost să-ți irosești vorbele pe cineva care te antipatizează. Faptele îl vor impresiona mai mult.

Spune lumii cât de bun ești — dar mai întâi arată.

Cel care crede că poate ajunge în rai pe bani va regreta amarnic că nu i-a schimbat în fapte bune.

Se prea poate să te pricepi la vorbe, dar faptele se uită mai greu.

Nu epitaful de pe piatra de mormânt îți va duce numele mai departe, ci faptele pe care le-ai făcut.

Nu uita: lumea nu-ți pune medalii în piept pentru ceea ce știi, dar te poate încorona cu glorie și averi pentru ceea ce faci.

Credința este o combinație de gânduri și fapte.

Dacă prețuiești bunătatea altora față de tine, arată-le-o cu fapte, nu doar cu vorbe.

Ceea ce faci este mai impresionant decât tot ceea ce ai fi putut spune vreodată.

Faptele bune nu au nevoie de vorbe frumoase.

Precizarea scopului

Lumea în care trăim este minunată pentru cel care știe exact ce vrea de la viață și se apucă de treabă.

Un om fără un scop precis este la fel de neajutorat ca o corabie fără busolă.

Averea constă în obiceiul de a gândi limpede. Dacă nu ai un scop major în viață, scopurile minore te vor face să duci o existență măruntă.

Voința stă la baza unui scop precis exprimat prin fapte și bazat pe inițiativă personală.

Corabia fără cârmă și omul fără scop sfârșesc în deșert.

Munca serioasă și cinstită este o trăsătură de caracter foarte bună, dar nu va fi de ajuns pentru reușită dacă nu există un scop major precis.

A trăi fără un scop major precis duce la o existență neînsemnată.

Dacă n-ai un scop major, te îndrepți spre un eșec sigur.

Consecvența scopului este primul principiu al reușitei.

Educația sau învățătura

Educația înseamnă dezvoltarea minții din interior, astfel încât să te ajute să discerni problemele și să le faci să fie în favoarea ta, și nu împotriva ta. Această educație o poți dobândi doar de unul singur, pentru că nimeni nu-l poate educa pe altul în acest sens.

Ceea ce poți învăța din slujba ta poate fi în final mai prețios decât plata ce ți se acordă.

Dacă nu înveți în timp ce câștigi, înseamnă că te înșeli singur, lipsindu-te de o parte din compensația ce ți se cuvine.

Omul învață ascultând și nu vorbind. Ca să-ți treacă ceva prin minte, trebuie mai întâi să existe ceva acolo.

Nimeni nu a învățat cum se cuvine atâta vreme cât nu a citit eseurile lui Emerson și nu le-a înțeles.

Un bun profesor este întotdeauna și un bun student.

O persoană educată nu este neapărat cea care știe multe, ci aceea care știe de unde să ia când are nevoie de ceva.

A cerceta pe cineva pentru a găsi idei constructive este o activitate mai valoroasă decât a-i căuta nod în papură.

Cunoașterea nu înseamnă putere; este doar o putere potențială, care devine reală prin utilizare.

Poți învăța multe studiind atent o albină, cu condiția să n-o înveți cum să-și facă treaba.

Învață să faci un singur lucru mai bine decât oricine altcineva și nu vei mai avea probleme financiare.

Dacă nu încerci să afli cât mai multe despre ceea ce face șeful tău, înseamnă că îți ratezi toate șansele de avansare în orice fel.

Oare de unde a învățat filozoful atât de multe despre greșelile pe care le fac oamenii? De la cei care le fac!

Capacitatea de a pune întrebări inteligente l-a făcut pe Socrate omul cel mai învățat al timpurilor sale.

Cunoașterea inteligent folosită atrage o și mai mare cunoaștere.

Cu cât înveți mai multe despre slujba ta, cu atât poți câștiga mai mult de pe urma ei.

Cel ce învață în timp ce câștigă bani este plătit să meargă la școală.

Cunoștințele sunt inutile atâta vreme cât nu sunt transformate prin fapte în avantaje.

Vorbirea eficientă

Nu uita, fiecare cuvânt pe care îl spui îi dă cuiva șansa să constate cât de mult — sau cât de puțin — știi.

Nu întotdeauna contează ceea ce spui, ci cum o spui.

Ai observat cât de ușor le este oamenilor să-și schimbe tonul într-unul plăcut atunci când cer o favoare?

Vorbește cu blândețe și nu va mai fi nevoie să-ți cântărești cuvintele.

Cel ce vorbește blând este auzit mai bine.

Vorbele aruncate la întâmplare se întorc adesea înapoi.

Nimic nu e mai dureros ca o limbă ascuțită.

Ți-L poți imagina de Dumnezeu calomniind pe cineva?
Gândește ce ceri și ai grijă cum îți exprimi gândurile.

Entuziasmul

Atunci când *entuziasmul* a devenit un *obicei,* frica și îngrijorarea nu mai au ce căuta.
Fără entuziasm nu poți avea un scop major precis.
Entuziasmul face să se învârtească rotițele imaginației.
Omul lipsit de entuziasm e ca un automobil fără benzină.
Cei mai fericiți oameni sunt cei care au învățat să facă o combinație din muncă și joacă — astfel totul le pare mai entuziasmant.
Entuziasmul face adesea ca până și conversațiile plicticoase să pară mai interesante.

Depășirea normei

Un împăciuitor o duce întotdeauna mai bine decât un agitator.
Nu uita că de câte ori depășești norma, cineva îți rămâne dator.
La capătul curcubeului nu poți ajunge decât dacă îți depășești norma.
Numai cine depășește norma ajunge la capătul curcubeului.
De câte ori îndemni pe cineva să facă treabă mai bună, are și el de câștigat, dar și tu.
Un bun pescar pune ca momeală ceea ce-i place mai mult peștelui, principiu care nu e rău de știut pentru cei care vor să reușească în relațiile interumane.
Nu se poate ca toată lumea să te placă, dar îi poți face să nu te mai antipatizeze.
Lucrul cel mai important este să înveți să negociezi cu ceilalți fără neînțelegeri.

Taurul Ferdinand, personajul din desenele animate, avea calități extraordinare, dar nu puteau fi puse în valoare agitându-i o pânză roșie în fața ochilor. Același lucru este valabil și la oameni.

Nu uita, poți îndatora pe oricine cu condiția să-l faci să *accepte favoruri* din partea ta.

Cel ce face mai mult decât este plătit mai devreme sau mai târziu va fi plătit mai mult decât pentru ce face.

Muncește peste normă și ocaziile vor începe să curgă.

Nu-i împinge pe alții de la spate când ție nu-ți convine ceva.

Cel mai bogat e cel ce știe să vină în ajutorul altora.

Drumul spre orașul fericirii este șoseaua faptelor bune.

Eșecul

Edison a cunoscut eșecul de 10 000 de ori înainte de a-și perfecționa becul electric. Deci nu te speria dacă dai greș o dată.

Să bântui fără un scop precis este prima dintre cele 30 de cauze principale ale eșecului.

Edison a dat greș de 10 000 de ori înainte să-și perfecționeze becul. Omul obișnuit s-ar fi dat bătut după prima nereușită. De aceea sunt atât de mulți oameni „obișnuiți" și un singur Edison.

Oamenii au descoperit tot felul de ocazii în eșecuri și în dezavantaje, pe care în condiții mai bune nu le-ar fi băgat de seamă.

Atunci când le facem copiilor viața „mai ușoară", de fapt le-o facem „mai grea" la vârsta adultă.

Oamenii nu se supără dacă li se spune ce defecte au, cu condiția să fie însoțite de câteva virtuți.

Succesul nu are nevoie de explicații — numai eșecul necesită alibiuri.

Există o mare diferență între un eșec și o înfrângere temporară.

Nimeni nu reușește câtă vreme nu recunoaște această diferență.

Nimeni nu e niciodată ratat atâta vreme cât nu acceptă înfrângerea ca fiind definitivă și continuă să încerce.

Majoritatea eșecurilor ar fi putut fi transformate în reușite, dacă cineva ar mai fi rezistat un minut sau ar mai fi făcut un efort.

Succesul la succes trage și eșecul la eșec, pentru că există legea atracției în concordanță.

Cine încearcă să obțină ceva fără să facă nimic de obicei se alege cu nimic pentru ceea ce face.

Cel ce joacă pe bani este un potențial trișor, pentru că încearcă să obțină ceva pe de pomană.

Oare nu este ciudat că omul este adesea atât de deștept când e vorba de a-și crea scuze și atât de nepriceput în a face treaba pentru care scuzele n-ar mai fi fost necesare?

Greșeala celuilalt este o scuză foarte proastă pentru propria greșeală.

Eșecul nu este o rușine, dacă într-adevăr ai făcut tot posibilul.

Dacă nu ai un scop precis, te îndrepți spre un eșec sigur.

Nu da vina pe copiii răi, dă vina pe cei care n-au știut să-i disciplineze.

Greșelile umane sunt asemeni buruienilor. Ele cresc fără să fie cultivate și curând invadează tot locul dacă nu sunt smulse la timp.

Nu uita că greșelile sunt egal distribuite între oameni.

Autocompătimirea este un drog.

Omul înțelept este mai atent la greșelile sale decât la virtuțile sale; alții inversează ordinea.

Eșecul este o binecuvântare atunci când îl împinge pe om de pe scaunul satisfacției de sine și îl obligă să se facă util.

Eșecul pare să fie un fel de pregătire a oamenilor pentru a-și asuma răspunderi mai mari.

Eșecul poate fi un bun de preț, cu condiția să știi de ce ai dat greș.

Dacă nu ți-ai dat seama de ce ai greșit, nu ești cu nimic mai înțelept ca la început.

Corectitudinea

Nu ignora detaliile. Nu uita că universul, cu tot ce se află în el, este făcut din atomi, cele mai mici particule ale materiei.

Cea mai bună cale de a ți se face favoruri este să faci favoruri.

Credința

Credința nu poate fi creată, ci *însușită* de către cei ce și-au pregătit gândirea s-o primească.

Credința nu se uzează niciodată prin folosință, ci sporește.

Nimeni nu-ți poate distruge credința atâta vreme cât nu consimți.

Cea mai mare minune dintre toate este puterea simplei credințe.

Arareori nefericirea ajunge în preajma celor ce au drept gardă de corp *speranța* și *credința*.

Credința are nevoie de o bază pe care să se bizuie. Frica există și fără așa ceva.

Credința se naște din *precizarea scopului* ce acționează conform unei atitudini mentale pozitive.

Credința este o stare de spirit care adesea face inutil cuvântul „imposibil".

Credința nu-ți va aduce ceea ce-ți dorești, dar îți va arăta calea pe care s-o apuci pentru a obține ceea ce dorești.

Frica

Amenințările puternice ascund adesea o frică profundă.
Înfrângerea te va respecta mai mult dacă vei învăța s-o accepți fără frică.
Nu opri lucrurile din cauza fricii. Ucide-o și gata.
Nu uita că polițistul este singurul care obține rezultate satisfăcătoare prin frică și forță. Ceilalți se descurcă mai bine prin puterea de convingere.
Frica este cea mai grozavă armă a diavolului și cel mai cumplit dușman al omului.
Frica este cel mai costisitor sentiment uman, deși majoritatea temerilor nu au o bază în fapte.
Oamenii cu conștiința curată rareori se tem de ceva.
Orice afacere bazată pe frică sau pe forță este o afacere proastă pentru cel care o face.
Culcă-te rugându-te și trezește-te cântând și ai să observi ce zi minunată te așteaptă.
Nici câinele, nici măgarul n-au pic de respect pentru cel ce se teme.
Preocupă-te într-atât de ceea ce vrei încât să nu mai ai vreme să te temi de ceea ce nu vrei.
Închide ușa fricii după tine și ai să vezi cât de repede se va deschide ușa credinței în fața ta.
Spune-mi de ce se teme cel mai tare cineva și-ți voi spune cum poate fi învins.
Libertatea și frica nu pot coexista în viața nimănui.
Frica este bombastică, credința face totul în liniște, dar funcționează. Când cele două se întâlnesc față în față, întotdeauna credința stăpânește frica.
Ghinionul se pare că-i preferă pe cei care se tem.
Nu-ți mărturisi temerile. Și celălalt le are pe ale lui.

Speranța și frica *nu* pleacă la drum împreună.
Cel ce se *teme* de sărăcie nu se va îmbogăți niciodată.
Frica a omorât mai mulți oameni decât majoritatea lucrurilor de care oamenii se tem.
Nu trebuie să te temi de cel ce se teme de el însuși decât dacă acela ești chiar tu.
Credința are nevoie de o bază pe care să se bizuie. Frica există și fără așa ceva.

Prietenii

Cel ce apelează la prieteni doar când urmărește ceva anume se va trezi curând fără prieteni.
Prietenii trebuie cultivați — și nu să se creadă că ei există de la sine.
Dacă dorești să ai „relații", fii bogat. Dacă dorești prieteni, fii prieten.
Dacă trebuie să abandonezi pe cineva, ai grijă să nu fie prietenul care te-a ajutat când tu erai la pământ.
Prietenul este cel care știe totul despre tine și totuși te respectă.
Prietenia are nevoie de dovezi pentru a rămâne în viață.
Prietenul recunoaște defectele celor dragi, dar nu vorbește despre ele.

A te plânge

Unii oameni „se plâng" atunci când au un motiv, alții se plâng pur și simplu.
E mai bine să câștigi o avansare decât să „te plângi" pentru ea.
Dacă ești fericit numai atunci când te plângi, pentru numele lui Dumnezeu, fă-o în liniște și fără să-i deranjezi pe alții.
Nu fi prea aspru cu cel care se vaită întotdeauna, pentru că și așa își face singur viața grea.

Dacă trebuie să te plângi pentru ceva, măcar să fie pentru o ocazie importantă și utilă și pentru alții.

Dacă te vei plânge pentru nenorocirile tale, acestea se vor înmulți. Dacă nu le vei da atenție, vor muri de foame și vor pieri.

Dă-i celui ce se vaită destulă funie și se va spânzura singur, fără ajutorul tău.

Sănătatea ca obicei

Când te simți apatic, încearcă doctorul care este mama-natură. Nu mai mânca până când nu ți-e foame din nou.

Momentul ideal ca să te „doctoricești" ar fi înainte să te îmbolnăvești.

Dacă vrei să fii sănătos, oprește-te din mâncat înainte de a te simți sătul.

Dacă te vei gândi mereu la problemele de sănătate, vei fi tot timpul bolnav.

Unii sportivi acceptă să facă reclamă țigărilor contra unei sume de bani, dar n-ar fuma cu nici un preț.

Fructele coapte și legumele crude reprezintă un regim sănătos, la care niciodată nu poți să întreci măsura.

Știi cu ce trebuie să-ți „hrănești" automobilul ca să meargă bine; acum ar trebui să înveți cum să te hrănești pe tine ca să fii sănătos.

Nu încerca să vindeci o durere de cap. Vindecă mai bine ceea ce a pricinuit-o.

O poftă de mâncare prea mare nu înseamnă neapărat sănătate.

Ai obiceiul de a fuma din când în când sau țigara a ajuns stăpânul tău?

Nu medicamentele vindecă intoxicația, ci apa cât mai multă.

Un regim adecvat și renunțările cuvenite sunt mai eficiente decât un măr pe zi împotriva vizitelor prea dese ale medicului.

Fii atent la ceea ce mănânci și n-o să dai bani la doctor.

Handicapuri

Un băiat orb a reușit să-și plătească studiile pentru a-și lua diploma la Universitatea de Nord-Vest stenografiind notițele de la cursuri în metoda Braille, apoi bătându-le la mașină și vânzând copiile colegilor de an care aveau ochi mai buni, dar mai puțină ambiție.

Dacă te simți descurajat, gândește-te la Helen Keller, care, deși era surdo-mută și oarbă, a dus-o bine scriind cărți care să-i inspire pe mulți oameni mai norocoși decât ea.

Cel care începe din vârf are un mare handicap, pentru că nu poate merge decât într-o singură direcție — în jos.

Fericirea

Unii oameni adună bani pentru a-i transforma în fericire, dar înțelepții adună fericire pentru a o da mai departe, lor rămânându-le totodată din belșug.

Fericirea poate fi înmulțită împărtășind-o și altora, fără ca izvorul ei să scadă. Acesta este singurul bun care sporește atunci când este dat mai departe.

Un zâmbet este o nimica toată, dar poate da *rezultate mari.*

Fericirea constă în fapte — nu în ceea ce ai.

Nu poți găsi fericirea furând-o de la alții. Același lucru este valabil și pentru partea financiară.

Un zâmbet este o îmbunătățire pentru aspectul oricui și te face să te simți mai bine, fără să te coste nimic.

Oricine poate fi cucerit mai ușor prin afecțiune decât prin ură.

Cel ce dăruiește de bunăvoie fericirea are întotdeauna o rezervă mare la îndemână.

Poți râde de grijile de care nu poți scăpa încruntându-te.

Armonia

Ordinea lumii bazată pe legile firii arată că totul este sub un control absolut, conform unui plan universal.

În univers, există armonie în toate, în afară de relațiile interumane.

Frecările din orice mașinărie costă bani. În relațiile umane, fricțiunile sărăcesc atât spiritul, cât și buzunarul omului.

Dacă nu vă puteți înțelege cu cineva asupra unui subiect, măcar nu vă certați din cauza asta.

Există trei variante în majoritatea neînțelegerilor cu ceilalți: varianta ta, varianta celuilalt și varianta corectă, care se află undeva între primele două.

Cel ce inspiră armonie în relațiile interumane ajunge departe, cel ce stârnește neînțelegeri se duce la fund. Niciodată această ordine nu poate fi inversată.

Dacă ar putea fi prevenită pierderea pricinuită de neînțelegerile dintre oameni, s-ar ajunge ca nimeni să nu mai plătească impozite și într-un singur an să se adune bani cât pentru toate războaiele la un loc.

Cel mai important lucru este să înveți cum să negociezi cu ceilalți fără neînțelegeri.

Nu uita că pentru o ceartă trebuie să fie doi.

Puteri nelimitate ies la iveală atunci când doi sau mai mulți oameni își coordonează gândurile și faptele în spiritul unei perfecte armonii pentru atingerea unui scop precis.

Încrederea reciprocă stă la baza oricărei relații umane mulțumitoare.

Un bun pescar pune ca momeală ceea ce-i place mai mult peștelui, principiu care nu e rău de știut pentru cei ce vor să reușească în relațiile interumane.

Cel care creează relații bune între oameni nu va fi niciodată lipsit de prieteni.

Cel care iubește armonia de obicei știe s-o și păstreze.

Orice succes care durează se bazează pe relații armonioase cu oamenii.

Dacă trebuie să intermediezi o relație interumană, încearcă să împaci oamenii și nu vei avea prea mare concurență.

Orice lucru care strică armonia dintre oameni își are originea la cei care au avut de profitat de pe urma acestei neîncrederi.

Speranța și încurajarea

Dacă te vei uita în jur, vei constata că întotdeauna există cineva care o duce mai rău decât tine. Bucură-te că nu ești în pielea lui.

Timpul este cel mai bun vindecător. Dacă i se dă șansa, poate vindeca majoritatea bolilor de care se plâng oamenii.

Când lucrurile s-au înrăutățit atât de tare încât mai rău nu se poate, singura schimbare va fi în mai bine.

Nefericirea rareori stă alături de cel păzit de speranță și credință.

Speranța și frica nu fac casă bună împreună. Când speranța moare, rareori vine vreo șansă la înmormântarea ei.

Speranța și credința sunt slujitorii devotați ai celor ce reușesc în viață.

Bogăția fără efort e ca o speranță fără împlinire.

Relațiile interumane

Gelozia este o formă temporară de *nebunie*.
Nu poți fi perfect, dar poți fi cinstit.
Hainele nu-l fac pe om, dar îi pot da un start favorabil.
Nu e de ajuns doar un titlu și un birou de mahon ca să fii director.
Cel care *construiește* o casă este mult mai răsplătit decât cel care o *dărâmă*.
Armonia în relațiile umane este cel mai de preț bun al omului. Nu îngădui nimănui să îți fure partea ta.
Ceea ce îl întărâtă cel mai tare pe un om furios este un zâmbet când el se așteaptă să te încrunți.
Dacă tot nu poți câștiga, măcar aruncă un *zâmbet larg*.
Slujba pe care o ai nu va face mai multe pentru tine decât faci tu pentru ea.
Răzbunarea este o caracteristică a omului *primitiv*.
Dacă îți cauți necazuri cu lumânarea, cineva o să te ajute să le găsești.
Căutând simptomele bolii, s-ar putea să te trezești chiar cu boala.
Un obicei prost strică adesea altele 12 bune.
Reputația îți este făcută de *ceilalți*, *caracterul* ți-l formezi *singur*.
Să nu-ți pese de ceea ce ai făcut în trecut. Ce vei face însă în viitor?
Nu uita că greșelile umane sunt împărțite în mod egal între noi.
Lipsa de politețe față de un subaltern este un semn clar de complex de inferioritate.
Să presupunem că stârnești „mânia" cuiva. La ce-ți folosește?
Capacitatea unui om este mai importantă decât banii, pentru că nu poate fi nici *pierdută*, nici *furată*.
Ura și dreptatea nu pot avea loc într-o minte în același timp.

Imaginația

Cel care a înmuiat o înghețată într-o glazură de ciocolată și i-a spus „înghețată pe băț" a făcut avere, deși nu i-au fost necesare decât cinci secunde ca să-și închipuie această invenție.

Clarence Saunders a câștigat 4 milioane de dolari în patru ani deschizând un local care era o combinație între o autoservire și o băcănie. Merită să ai imaginație!

Imaginația este atelierul sufletului, unde se nasc planurile pentru realizarea personală.

Niciodată nu vei avea o slujbă mai importantă decât cea pe care ți-o imaginezi.

Ideile

Lasă părerile și oferă-mi fapte, ca să-mi fac propriile păreri și în felul acesta îmi vei fi mai de ajutor.

Părerea nu e niciodată mai sănătoasă decât judecata celui care și-o exprimă.

Dacă știi o cale mai bună de a face lucrurile, s-ar putea ca ideea ta să valoreze o avere.

Asigurarea personală

Nu trebuie să faci mai mult decât ești plătit, dar poți să-ți deschizi singur calea pentru a ajunge mai departe, oferindu-te *voluntar*.

Asigurarea de viață te ajută să îți omori temerile de sărăcie la vârsta senectuții.

Iubirea cuiva față de familia sa poate fi bine măsurată prin suma asigurării de viață pe care o face pentru a o proteja.

Cel care cheltuiește tot ceea ce câștigă va muri sărac, dacă nu-și face asigurare de viață.

Nimeni n-ar trebui să se îndatoreze pentru altceva pe lumea asta decât pentru o asigurare de viață.

Judecata

Nu judeca o întreagă biserică după cel mai rău enoriaș al său. Orice lan de grâu are în el și neghină.

Ți-ai asuma oare riscul să fii judecat în ceruri așa cum îți judeci tu semenii acum?

Dreptatea

Dreptatea ține socoteala exactă a datoriilor și creditelor, făcând bilanțul cu regularitate, chiar dacă nu cu rapiditate.

Dreptatea are obiceiul de a-i ajunge din urmă pe oameni atunci când aceștia se așteaptă mai puțin.

Legea compensației

Cel care nu face mai mult decât este plătit nu are de ce să ceară mai mult, pentru că deja obține tot ceea ce merită.

Cel ce face mai mult decât este plătit va fi mai devreme sau mai târziu plătit pentru mai mult decât face.

Dacă îți cauți necazuri cu lumânarea, cineva o să te ajute să le găsești.

Unii oameni par să fie „alergici" la munca cinstită, dar și șansele vor fi alergice la ei.

Cel care își face treaba corect, ca și când ar fi afacerea lui, va trăi și ziua în care va avea o afacere a sa cel puțin la fel de bună.

Nu uita că majoritatea problemelor apar atunci când suntem într-o companie nefastă sau într-un loc în care n-ar trebui să fim.

Columb nu știa încotro se îndreaptă când a pornit la drum, nu știa unde se află când a ajuns acolo și nici unde a fost când s-a întors. Drept pentru care apropiații lui l-au băgat în lanțuri, în închisoare, suspectându-l de lucruri necurate.

Cel care în mod deliberat stă în calea norocului, rămânând mai mult decât trebuie la serviciu, mai devreme sau mai târziu va fi încoronat de noroc.

Henry Ford s-a îmbogățit nu din vânzarea mașinilor Ford, ci din serviciile pe care le-a adus prin intermediul mașinilor sale.

De câte ori îndemni pe cineva să facă o treabă bună, aveți amândoi de câștigat.

Fă-ți treaba ca și cum tu ai fi propriul tău stăpân și mai devreme sau mai târziu chiar vei deveni!

Cel ce aduce o bună reputație șefului său va avea o bună reputație în fața acestuia.

Nu te mulțumi să fii doar bun la slujbă. Fii cel mai bun și curând vei fi indispensabil.

Legea compensației nu este întotdeauna rapidă, dar este la fel de sigură precum apusul soarelui.

Pune-ți banii să muncească pentru tine și nu va mai trebui să muncești atâta pentru ei.

Mai întâi, omul se apucă de băutură sau de țigări de bunăvoie; apoi, acestea pun stăpânire pe el fără să-l întrebe.

Să strici reputația cuiva nu-ți ajută la nimic, așa încât ce rost are să te deranjezi degeaba? Cu cât ți se promite mai mult pentru nimic, cu atât vei primi mai puțin pentru ceva.

Nenorocirea pe care o dorești altora poate deveni un tipar al existenței tale.

Nu fi prea aspru cu cineva care-ți este subaltern, pentru că niciodată nu știi când se întoarce roata.

De îndată ce începi să dai, vei începe să primești.

Eterna lege a compensației echilibrează totul în univers prin forța egală a contrariilor.

Dacă ai ceva ce nu-ți trebuie, dă cui îi trebuie. Ți se va întoarce sub altă formă.

Cum să înveți din lucruri potrivnice

Înainte ca norocul să încoroneze pe cineva cu o mare reușită, de obicei îl încearcă prin lucruri potrivnice, spre a vedea din ce aluat e făcut.

Dacă nu vrei ca viața ta să devină „un haos", nu te însoți cu cei care au deja un haos în viață.

Atunci când ți se întâmplă ceva rău, fii mulțumit că n-a fost mai rău și nu te apleca prea mult asupra nenorocirii tale.

Niciodată nu știi care-ți sunt adevărații prieteni până ce nu ți se întâmplă ceva rău și ai nevoie de sprijinul lor financiar.

Dacă viața îți întinde o lămâie, nu te plânge, fă o limonadă și vinde-o celor însetați de acaparare.

Libertatea

Nimeni nu este liber atâta vreme cât nu învață să gândească liber și să aibă curajul să acționeze în funcție de inițiativa proprie.

Gândirea corectă și nimic altceva îl face pe om liber.

Nimeni nu e liber atâta vreme cât poartă pică altcuiva, căci este robul sentimentelor sale. Nu fi prea aspru cu „șeful" tău, căci s-ar putea cândva să devii propriul tău „șef".

Impozitele mari și multă libertate sunt oricând preferabile lipsei de impozite și lipsei de libertate.

Libertatea și frica nu pot coexista în aceeași viață.

Un om liber nu se teme de nimic.

Nimeni nu poate fi complet liber atâta vreme cât nu este cu adevărat sincer cu sine.

Iubirea

Pentru un holtei bătrân iubirea e doar un joc, dar este un tonic pentru o fată bătrână.

Există un lucru bun pentru orice om care este iubit de câinele și de familia sa, pentru că aceștia îl cunosc așa cum e.

Iubirea nu e atrasă decât de iubire.

Iubirea, politețea și prietenia sunt trei bunuri neprețuite, ce nu pot fi cumpărate pe bani și *trebuie date* înainte de a expira.

Poeții pot să se dea în vânt după „iubirea într-un bordei", dar ceilalți știu că iubirea pleacă pe ușa din spate atunci când sărăcia bate la ușa din față.

Loialitatea

Sunt două lucruri pe care nu le poți cumpăra cu bani: iubirea și prietenia. Acestea sunt daruri de la zei și nu au preț.

De la câine avem de învățat o lecție importantă: *loialitatea veșnică.*

Omul cu adevărat măreț e cel care îi slujește pe alții — și nu cel care îi stăpânește.

Câinele care nu dă din coadă când vine stăpânul lui acasă e cazul să-și caute alt stăpân.

Dacă toți oamenii ar fi loiali asemeni câinilor, lumea ar fi mult mai dreaptă.

Pentru numele lui Dumnezeu, nu mușca mâna care te hrănește.

Cel care are un câine bun nu poate spune niciodată că nu are nici un prieten.

Prietenii trebuie cultivați și nu luați drept ceva ce ți se cuvine.

Spiritul

Mintea se dezvoltă doar utilizând-o și se atrofiază prin nefolosință.

Omul nu e cu nimic mai presus decât gândurile care îl domină.

Adevărul este lesne de observat de către toți cei care îl caută cu un spirit deschis.

O minte îngustă se împiedică de binecuvântările din viață, căci nu-și dă seama de ele.

Stăpânește-ți mintea și în curând viața o să merite trăită.

Mintea lui Henry Ford era asemeni oricărei alteia, dar el și-a folosit-o pentru a gândi și nu pentru a-și cuibări aici frica și a-și impune limite.

Nu uita că mintea se dezvoltă prin utilizare. Lupta dă puterea.

Ferește-te de cel care încearcă să îți otrăvească gândurile, stârnindu-te împotriva altcuiva sub pretext că te ajută. Șansele de a te ajuta cu adevărat sunt de una la o mie.

Mințile cele mai ascuțite sunt cele care au fost încercate de experiențe practice.

O decizie rapidă denotă de obicei o minte vioaie.

Stăpânește-ți propriile gânduri și nu vei fi niciodată stăpânit de altcineva.

Nimeni nu te poate înfuria dacă nu îi deschizi ușa minții.

Progresul în viață al oricărui om începe în propria sa minte și se sfârșește în același loc.

Adevăratul șef este cel care stă sub pălăria ta.

Mintea te servește mult mai bine când este utilizată la maximum.

Mintea nu obosește niciodată, dar uneori „se plictisește" de hrana pe care o tot primește.

Cunoaște-ți gândurile și vei fi la fel de înțelept ca atotștiutorii.

Gândurile îți aparțin, dar și răspunderea de a le pune în practică.

Dacă știi ce este în mintea ta, știi și cum să păstrezi mereu o atitudine pozitivă.

Atitudinea mentală

Calitatea și cantitatea serviciilor pe care le oferi alături de atitudinea mentală determină plata pe care o primești și slujba pe care o deții.

Cel care are o atitudine mentală negativă atrage necazurile ca un magnet.

Dacă ești îngrijorat sau te temi de ceva, există ceva în mintea ta care trebuie corectat.

Nu uita că nimeni nu este răsplătit sau avansat pentru că e prost dispus sau are o atitudine negativă.

De cele mai multe ori avansările rapide nu sunt și de durată.

A încerca să iei fără a da mai întâi ceva în schimb este la fel de inutil ca atunci când încerci să culegi fără să fi semănat.

Nimeni nu este răsplătit cu o avansare pentru atitudinea sa mentală negativă.

E mai bine să imiți pe cineva care a reușit decât să-l invidiezi.

E bine să vorbești despre alții doar atâta vreme cât scoți în evidență lucrurile pozitive.

În ce privește viața, o poți conduce tu sau te poate conduce ea pe tine. Atitudinea ta mentală determină cine este conducătorul și cine este cel condus.

În loc să te plângi de ceea ce nu-ți place la slujba ta, gândește-te la ceea ce-ți place și ai să vezi cât de repede or să se îmbunătățească lucrurile.

Uneori este mai înțelept să te alături unui adversar decât să te lupți cu el.

Nimeni nu poate călări un cal care și-a descoperit adevărata putere. Același lucru este valabil și în cazul oamenilor.

Cel care are mai mulți dușmani decât prieteni trebuie să-și revizuiască atitudinea mentală.

Atitudinea mentală determină tipul de prieteni pe care ți-i atragi.

Înainte de a încerca să-i stăpânești pe alții, asigură-te că te stăpânești pe tine însuți.

Niciodată nu e vorba de o înfrângere, ci de o atitudine mentală.

Dacă nu ai voința să-ți păstrezi trupul într-o stare bună de funcționare, înseamnă că nu ai nici voința să-ți păstrezi o atitudine mentală pozitivă în alte împrejurări importante ce-ți domină viața.

Cea mai bună recomandare pe care ți-o poți da este să faci servicii importante cu atitudinea mentală corectă.

Caracterul se reflectă cu acuratețe în atitudinea mentală a fiecăruia.

O gândire negativă naște doar idei negative.

Nu câștigi nimic dacă îi privești pe alții printr-o atitudine mentală încețoșată.

O atitudine mentală pozitivă este o forță irezistibilă care nu știe ce înseamnă un corp ce stă pe loc.

Nu uita că limitările mentale ți le stabilești singur.

Dacă ești sigur că ai dreptate, nu trebuie să-ți pese ce gândește lumea.

Majoritatea bolilor pornesc de la o atitudine mentală negativă.

Oamenii cu o atitudine mentală pozitivă nu se află niciodată pe un drum fără ieșire.

Dacă ești cetățean american, nu lăsa pe oricine să-ți spună că ești asuprit.

Atitudinea mentală și gândurile

Corpul este un fel de casă în care locuiește mintea.

Încă nimeni n-a descoperit care sunt limitele puterii *propriei gândiri*.

Bunele maniere încep printr-o atitudine mentală pozitivă.

O atitudine mentală negativă nu atrage niciodată fericirea sau reușita materială, ci doar contrariul lor.

Orice creier este o stație de emisie-recepție pentru undele de gândire.

O minte bine instruită are puține limitări.

Caută ce-i mai bun în alții și ei vor căuta ce e mai bun în tine. Același lucru este valabil și pentru „ce-i mai rău".

Mintea îți aparține în exclusivitate. Stăpânește-o, direcționeaz-o cu un scop precis și viața se va scurge în condițiile impuse de tine.

Ceea ce-i place și îi displace cuiva i se va întoarce *însutit*.

Dacă gândurile te pot îmbolnăvi — și chiar o pot face —, nu uita că tot ele te pot însănătoși.

Un optimist are o influență constructivă mult mai mare decât o mie de pesimiști.

Grijile „nealimentate" mor curând de foame.

Vârsta ta adevărată este determinată de atitudinea mentală, și nu de anii trăiți.

Dacă nu te înțelegi bine cu propria ta conștiință, citește Predica de pe Munte (*Matei* 5–7).

Gândurile sunt singurul lucru pe care îl *controlezi în totalitate*. Nu renunța la acest lucru prea ușor, prin niște argumente fără rost.

Majoritatea bolilor încep cu o *atitudine mentală negativă.*

Viața are obiceiul să ofere fiecăruia ceea ce *crede* că merită.

O proastă dispoziție este asemeni drojdiei: „scârbește" pe oricine se apropie.

Oamenii cu atitudine mentală pozitivă nu se află niciodată pe un drum fără ieșire.

Găinile vin acasă în cuibul lor și la fel și gândurile omului, așa că ai grijă ce gânduri ai.

Șansele sunt de un milion la unu ca grijile pe care le ai să nu poată fi îndepărtate doar prin schimbarea atitudinii mentale.

Este mult mai probabil ca creierul unui om să „ruginească" din cauza nefolosirii lui decât să se „tocească" din cauza unei utilizări prea intense.

O minte tânără face ca trupul în care există să fie tânăr.

Când se naște un gânditor liber, diavolul tremură de frică.

O minte bine instruită lucrează și când trupul doarme.

Atitudinea mentală este *adevăratul tău stăpân.*

Numai o minte deschisă se poate dezvolta.

Lauda de sine este, de obicei, un indiciu al unui complex de inferioritate.

Mintea îți aparține, dar și răspunderea de a o folosi.

O minte bolnavă este mai periculoasă decât un trup bolnav, pentru că este o boală *întotdeauna contagioasă.*

Unii oameni nu scapă niciodată de necazuri, pentru că se concentrează asupra lor. Gândurile lor atrag lucrurile care îi preocupă.

Concentrează-te asupra a ceea ce vrei de la viață, nu asupra a ceea ce nu vrei.

Schimbă-ți atitudinea mentală și lumea din jurul tău se va schimba în egală măsură.

O minte pozitivă găsește o cale *de rezolvare*. O minte negativă caută toate căile *de nerezolvare*.

Dacă nu-ți poți stăpâni atitudinea mentală, de ce crezi că ai putea să-i stăpânești pe alții?

Mintea e plină de dinamită mentală. Ai grijă ce faci cu ea.

Când închizi ușa *gândurilor negative*, deschizi ușa șanselor pozitive.

Atitudinea mentală este cheia cea mai sigură a *personalității* tale.

Nu poți controla ceea ce fac alții, dar îți poți controla reacțiile mentale față de ceea ce fac și asta contează cel mai mult.

Poți să găsești o cale aproape în orice situație. Ea poate fi bună sau rea.

Cele mai multe obstacole sunt zămislite de gândirea *negativă*.

Întotdeauna poți găsi în alții trăsăturile de caracter pe care le cauți.

Întotdeauna a fost o lipsă acută de oameni care să-și facă treaba la timp, *fără scuze sau mormăieli*.

Ocaziile știu un drum sigur ca să ajungă în preajma omului care are o atitudine mentală pozitivă.

Înțelepții gândesc de două ori înainte de a vorbi o dată.

Viața nu e niciodată dulce cu cel care este acru cu toată lumea.

Nu uita, necazurile ajung de obicei acolo unde sunt poftite.

Cel mai cumplit lucru este că grijile își adună în jur toate rudele apropiate.

Entuziasmul pornește rotițele imaginației.

Ocaziile

Ocaziile au un mod ciudat de a se îmbulzi în jurul celui care le recunoaște și este dispus să profite de ele.

Cel care își vede cu ușurință limitările de obicei nu observă ocaziile.

Greșelile altora pot fi ocazii pentru tine, dacă știi ce anume le-a produs.

Să vorbești când nu e cazul îți poate gâdila orgoliul, dar poate alunga ocaziile.

Dacă ești un om adevărat, să nu admiți niciodată să nu ți se dea nici o șansă.

Nu e treaba ta să faci asta, dar poate că e o șansă pentru tine.

Șanselor le displac egoiștii care monopolizează totul.

Având cât mai multe speranțe, vei ajuta șansele să vină la tine.

Ocaziile te vor părăsi repede, dacă nu știi să le oprești.

Dacă ai reuși să observi ocaziile tot atât de ușor pe cât observi defectele altora, te-ai îmbogăți imediat.

O limbă ascuțită poate tăia calea de comunicare cu oportunitatea.

Când închizi ușa gândurilor negative, se deschide ușa șanselor.

Ocaziile bat adesea la ușă, dar nu găsesc pe nimeni.

O persoană inventivă va face în așa fel încât șansele să corespundă nevoilor sale.

Șansele nu își pierd vremea căutându-i pe cei care își irosesc timpul lenevind sau distrugându-se.

Ocaziile nu apar la cei care nu sunt interesați.

Opiniile

Majoritatea opiniilor sunt doar dorințe și nu rezultatul unor analize atente ale faptelor.

Nu-ți exprima niciodată o părere, dacă nu poți explica felul în care ai ajuns la ea.

E mai avantajos să pui întrebări inteligente decât să oferi păreri nesolicitate.

Dacă opiniile tale valorează ceva, de ce să le dai pe gratis? Relatează faptele și omite părerile.

Părerea ta poate fi mai sigură dacă nu ți-o exprimi.

Gândirea organizată

Reflectează la faptul că nu deținem controlul absolut decât asupra unui singur lucru și acesta este puterea propriilor gânduri.

Te afli acolo unde te afli și ești ceea ce ești din cauza sau datorită a ceea ce ai mâncat și ai gândit.

Uneori, un grăunte de gândire valorează mai mult decât un grăunte de aur.

N-ajută prea mult doar să „te oprești, să privești și să asculți" dacă pe deasupra nu mai și gândești.

Dacă ești cu adevărat deștept, atunci știi când trebuie să taci și să asculți.

Mai întâi gândește — și apoi pune-ți corpul în mișcare.

Liniștea sufletească

Nu te lua prea în serios, dacă vrei să profiți de toate bucuriile vieții.

Nimic din ceea ce-i aduce îngrijorare omului nu merită să fie plătit cu liniștea sa sufletească și cu sănătatea trupească.

Cine este împăcat cu sine este împăcat și cu lumea.

Dacă n-ai liniște sufletească, nu ești liber.

Împacă-te cu tine însuți și o să vezi cât de repede te împaci și cu ceilalți.

Dacă nu ești împăcat cu tine însuți, nu poți să te împaci nici cu ceilalți.

Dacă ești într-adevăr împăcat cu tine însuți, nu vei mai fi niciodată în război cu ceilalți.

Inițiativa personală

Cele mai bune slujbe le capătă cei care își pot îndeplini sarcinile fără să transfere răspunderea asupra altora sau să vină cu justificări.

Acționează conform propriei inițiative, dar fii pregătit să-ți asumi întreaga răspundere a faptelor tale.

Cel care sufocă inițiativa personală este categoric un dușman al reușitei personale.

O personalitate plăcută

Oamenii te îndrăgesc mai mult când îi întâmpini cu un zâmbet, și nu încruntându-te.

O mare forță și un farmec surprinzător conțin aceste vorbe simple, care sunt o adevărată formulă magică: „te rog".

Întotdeauna vei fi bine-venit dacă aduci un zâmbet cu tine și lași grijile acasă.

I-am auzit pe mulți spunând că întotdeauna sunt încrezători în cel care fluieră sau cântă când muncește.

Viața nu e niciodată dulce pentru cel acru cu toată lumea.

Nimic nu-i înfurie mai mult pe cei furioși decât un zâmbet în loc de o încruntare.

Dacă nu poți câștiga, poți măcar să zâmbești.

Rugăciunea

Cele mai mărețe și mai de preț rugăciuni sunt cele de recunoștință pentru ceea ce ni s-a dăruit deja.

Este mai bine să mulțumim pentru ceea ce ni s-a dat deja decât să cerem și mai mult.

Rugăciunile spuse cu teamă sau cu îndoială au întotdeauna numai rezultate negative.

Arta de a fi recunoscător pentru ceea ce ți s-a dăruit deja este în sine o formă de venerare, o nepreţuită nestemată a rugăciunii.

Amânarea

Amânarea este un obicei prost de a lăsa pe mâine ceea ce poți face azi sau ceea ce ar fi trebuit făcut mai demult.

Cel obișnuit să amâne este expert în a-și crea alibiuri.

A lăsa lucrurile neterminate este o acțiune din aceeași familie cu nehotărârea și cu amânarea. Dar este și „animalul de companie" care îi ține pe mulți în sărăcie.

Realitățile

Cele cinci realități ale întregului univers sunt timpul, spațiul, materia, energia și inteligența care le ordonează.

Visurile de astăzi sunt realitățile de mâine. Nu minimalizați puterea visătorului, căci el este înainte-mergătorul civilizației.

În realitate, nu există noroc și ghinion. Totul are o cauză, care produce efectul adecvat.

Nu există credință pasivă. În credință trebuie să existe fapte. Doar vorbele nu ajută.

Singurul lucru permanent în univers este schimbarea. Nimic nu este asemeni două zile la rând.

Respectul

Respectul de sine este cel mai bun mijloc de a obține respectul celorlalți.

Un caracter solid începe cu un profund respect de sine.

Nu e de ajuns un glas răspicat pentru a câștiga respectul acordat autorității.

Responsabilitatea

Lefurile mari și capacitatea de asumare a răspunderilor sunt două lucruri care merg întotdeauna mână în mână.

Dacă faci o treabă după cum îți spune altcineva, el își asumă răspunderea. Dacă o faci după capul tău, atunci tu îți asumi răspunderea.

Salariile mari și răspunderile mici rareori fac casă bună.

Privilegiul de a aduce copii pe lume presupune și responsabilitatea de a-i învăța care sunt elementele fundamentale ale unui caracter solid.

Să nu râvnești niciodată la munca altcuiva, dacă nu ești pregătit să accepți și răspunderea pe care o presupune postul respectiv.

Încrederea în sine

Încrederea în sine poate fi confundată cu îngâmfarea, dacă nu este însoțită de umilință sufletească.

Prea multă încredere în sine inspiră adesea prea puțină prudență.

Autocontrolul

O persoană educată este cel care a învățat să obțină ceea ce vrea fără să încalce drepturile celorlalți.

Înainte de a încerca să îi stăpânești pe alții, asigură-te că ești în stare să te stăpânești pe tine.

Nimeni nu este liber atâta vreme cât nu învață să gândească singur și nu are curajul să acționeze conform propriei inițiative.

Dezvoltă-ți eul, dar ține-l bine în banca lui.
Când simți că te aprinzi, e bine să te răcorești.
Dacă ai limite, ține-ți-le pentru tine, căci dușmanii au obiceiul să-ți devină stăpâni folosindu-se de slăbiciunile tale.
Independența începe cu dependența de sine.
Mințile aprinse nu pot niciodată gândi la rece.
Ura s-ar putea să nu le facă prea mult rău altora, dar cel care urăște este *fără scăpare*.
Când deții *controlul absolut* asupra ta, poți fi propriul tău șef.

Autodisciplina

Autodisciplina este regula numărul unu a unui spirit de conducere de succes.
Când ești furios, fluieră trei minute înainte să vorbești și ai să vezi cum mânia se va transforma în rațiune.
Ai încercat vreodată să fii furios zâmbind? Încearcă!
Nu poți controla faptele altora, dar poți controla reacțiile tale mentale la faptele lor și asta contează cel mai mult.
Adevărata înțelepciune începe cu înțelegerea de sine bazată pe autodisciplină.
Autodisciplina face ca disciplina venită din exterior să fie inutilă.
Când te controlezi total, poți fi propriul tău șef.

Tăcerea

Uneori, cel pe care ai impresia că l-ai întrecut vorbind, te-a depășit prin tăcerea sa.
Tăcerea constituie un avantaj major. Nimeni nu știe care va fi următoarea ta mișcare.
Gândirea în tăcere este mai puternică decât vorbele spuse.

Somnul

Când nu știi ce să mai faci cu o problemă, încearcă să dormi măcar o noapte. E un sfetnic bun.

O conștiință împăcată este cel mai bun leac pentru insomnii.

Dacă nu poți dormi, vezi cum stai cu stomacul sau încearcă să ai o discuție confidențială cu conștiința ta.

Sănătatea trupească

Mănâncă ce trebuie, gândește ce trebuie, dormi cum trebuie și acționează cum trebuie, iar în felul acesta nu vei mai da banii la doctor, ci îi vei strânge pentru o vacanță.

Dacă te gândești că ești bolnav, chiar ești.

Dacă vei căuta simptomele bolii, în curând va apărea boala.

Adesea căutarea simptomelor duce la o boală fizică și mentală.

Încăpățânarea

Opiniile hotărâte, care nu lasă loc de toleranță, de obicei, se dovedesc a fi simplă încăpățânare.

Simpla încăpățânare este adesea confundată cu „orgoliul".

Subconștientul

Înregistrarea completă a existenței oricărei persoane rămâne înmagazinată definitiv la nivelul subconștientului.

De multe ori, subconștientul rezolvă cele mai mari probleme în vreme ce conștientul doarme.

Concentrați-vă conștiența asupra a ceea ce doriți și subconștientul vă va ghida într-acolo.

Succesul

Omul este cu adevărat bogat atunci când are mai mulți prieteni decât dușmani, nu se teme de nimeni și este atât de ocupat să construiască ce are în gând, încât nu apucă să distrugă speranțele și planurile altcuiva.

E bine ca din când în când să stai pe margine, să vezi cum te văd ceilalți.

Cea mai mare școală este cunoscută în general ca fiind „universitatea marilor lovituri".

Două categorii de oameni nu reușesc niciodată — cei care fac doar ceea ce li se spune și cei care nu fac niciodată ceea ce li se spune.

Banii s-ar putea să nu însemne neapărat succesul, dar îi pot da omului o bună reputație.

Cea mai importantă dintre regulile succesului este următoarea: ce ție nu-ți place altora nu face.

Nimeni nu a reușit chiar într-atât încât să nu se bucure de o vorbă bună pentru munca bine făcută.

Calea cea mai sigură de a avansa este să-i ajutați și pe alții să meargă mai departe.

Nu vă grăbiți prea tare să ajungeți în vârf, pentru că de acolo nu mai există altă cale decât în jos.

Omul de succes poate să ia rapid hotărâri, dar le poate schimba domol, dacă este cazul.

Cei care au reușit cu adevărat n-au dat lovitura înainte de 40 de ani.

Cel care își face timp doar pentru bârfe și calomnii n-are timp să reușească.

Oricine rezistă la sărăcie, dar puțini rezistă succesului și averilor.

Descoperă cum poți să crești productivitatea și vei căpăta o leafă mai mare.

Fă economii pentru companie și compania va pune bani deoparte pentru tine în egală măsură.

Dacă cineva muncește pentru ceea ce își dorește în aceeași măsură ca și pentru ceea ce trebuie să facă poate ajunge departe.

Într-o afacere bine condusă, orice avansare și-o face omul cu mâna lui.

Patronul nu are altă treabă decât să verifice cu grijă în ce măsură și-a câștigat fiecare avansarea.

Dacă ți-ai fi propriul patron, ai fi pe deplin mulțumit de ceea ce ai făcut astăzi?

Cel care încearcă să fie avansat distrugându-i pe alții nu reușește să stea prea mult timp în funcție.

Cel mai bun leac împotriva singurătății, descurajării și nemulțumirii este munca sănătoasă și plină de sudoare.

Un politician „de succes" este cel care face multe promisiuni, dar nu le ține.

Reușita la reușită trage, așa cum se dovedește prin faptul că poți obține ceea ce vrei atunci când nu ai nevoie, mult mai ușor decât atunci când este o necesitate absolută.

Rareori cineva reușește în viață înainte să împlinească 40 de ani, mai ales pentru că la început trebuie să scape de lucrurile neadevărate pe care le-a învățat.

Unii oameni sunt „isteți", alții sunt „înțelepți". Diferența este următoarea: „istețul" poate face bani, „înțeleptul" îi poate face și îi poate folosi cu înțelepciune.

Dacă poți demonstra faptul că se pot economisi timp și materie primă pentru firma la care lucrezi, îți poți mări salariul cu ușurință.

Nu uita că ușa oportunităților este și intrare și ieșire.

Tu ești singura persoană care te poate ține la pământ.

Înfrângerea nu-l descurajează pe cel care *știe* că are dreptate.

Cel care se plânge că n-a avut niciodată nici o șansă probabil că n-a avut curajul s-o accepte.

Succesul care vine ușor pleacă la fel de ușor.

Atunci când înveți să iei viața așa cum este, de obicei ea devine așa cum îți dorești.

În mod sigur nu poți termina ceva ce n-ai început.

Dacă îți pui toate ouăle într-un singur coș, ai grijă să nu îl lovească cineva.

Să nu-ți pese de ceea ce n-a făcut altul. Nu contează decât *ceea ce faci tu*.

Dacă ești păstor, fii *cel mai bun* și vei ajunge ca turma să fie a ta.

Întotdeauna poți deveni ceea ce ți-ai dorit să fii.

Mai devreme sau mai târziu, lumea va descoperi și te va răsplăti sau te va pedepsi *exact pentru ceea ce ești*.

Dacă ți s-ar oferi cea mai bună slujbă din întreprindere, ești sigur că ai fi gata să ți-o asumi? Aștepți ca reușita să vină la tine sau o cauți, să vezi pe unde se ascunde?

Nu uita, nu trebuie ca ceilalți să dea greș pentru ca tu să reușești.

Viața sună cam așa: „Fă bine sau fă-ți loc, dar nu-ți găsi justificări."

Când se găsește o slujbă în plus, de obicei este pentru cineva care are deja una.

Dacă nu este treaba ta să faci un anumit lucru, poate că este *șansa* ta.

Concentrează-ți conștiența asupra a ceea ce dorești și subconștientul te va călăuzi.

Lumea se dă deoparte și îi face loc celui care știe încotro se îndreaptă și este deja pe drumul său.

E mai ușor de urcat, dacă nu ești de unul singur.

Pentru un om perseverent nu există drumuri blocate, cu condiția să știe ce vrea și unde se află ceea ce-și dorește.

Înainte de a te gândi cum să fii mai bine plătit, încearcă să vezi cum ai putea munci mai bine și nu mai trebuie să-ți faci probleme.

Nu uita, zmeul zboară împotriva vântului și nu în direcția lui.

Cel ce nu riscă niciodată rareori reușește.

E mai bine să îl *depășești* pe un altul decât să-ți pierzi vremea invidiindu-l.

Nimeni nu poate face ca viața să fie în favoarea sa atâta vreme cât nu știe exact *ce vrea*!

Scara succesului nu e niciodată prea plină la vârf.

Șansa este ceva care îi permite oricui să facă un pas pe ușa succesului, dar nu scoate ușa din țâțâni.

Natura își descoperă tainele sale cele mai ascunse celui *hotărât* să le găsească.

Nimeni nu poate obține și păstra succesul dacă n-are sprijinul de bunăvoie al celorlalți.

Șansa nu apare niciodată la cel nehotărât.

Dacă te aștepți să obții ceva pe degeaba, ești sortit dezamăgirilor.

Nu intra în dispute niciodată pentru amănuntele neimportante, căci chiar dacă ai câștig de cauză nu obții nici un avantaj.

Nu te vei alege cu prea multe de la viață dacă le îngădui altora s-o trăiască în locul tău.

Marile reușite se nasc din luptă acerbă.

Consecvența scopului este întâiul principiu al reușitei.

Cea mai bună cale pentru a fi transferat dintr-o slujbă care nu-ți place într-una care-ți place este s-o faci așa de bine pe cea pe care o ai acum, încât conducerea să dorească să-ți folosească talentul într-o alta, mai importantă.

Slujba care nu-ți convine îți poate furniza experiența necesară pentru avansarea într-una mai bună.

Mulți părinți le-au făcut copiilor viața amară încercând cu prea mult zel să le-o facă mai ușoară.

Când simți că îți este greu să ții pasul și să mergi mai departe, cel mai bun lucru este să te străduiești totuși să continui, căci vei vedea că ai ajuns unde trebuie mai repede decât cel care a găsit deja calea ușoară.

Sărăcia nu este o rușine, dar nici o recomandare călduroasă.

Nu privi spre stele, căci nu ele sunt cauza nefericirii tale. Privește-te în oglindă și vei avea un răspuns mai clar.

Cel care muncește mai temeinic atunci când șeful nu e în preajmă va căpăta cu siguranță o slujbă mai bună.

Munca trebuie socotită o binecuvântare, având în vedere că fiecare are de ales între a munci și a privi.

Este mai ușor să mergi în ritm constant decât să încerci să recuperezi întârzierile.

Ai observat că cea mai eficientă persoană este de obicei și cea mai ocupată?

Bucură-te pentru cel care a reușit și poate că-ți va spune care este secretul succesului său.

Aștepți ca succesul să vină de la sine sau te duci să-l cauți? Nu contează cât știi, important este ceea ce poți face cu ceea ce știi.

Nu poți face prea multe pentru cel care nu încearcă singur să facă ceva.

Când cineva obține ceva pe degeaba, de obicei se dovedește că îl costă chiar mai mult.

Cel care nu pune deoparte sistematic un procent din tot ceea ce câștigă nu va avea niciodată o siguranță financiară.

O slujbă măruntă, dar bine făcută, este primul pas spre o slujbă mai importantă.

Nu te entuziasma prea tare pentru o reușită temporară, căci poate fi doar o momeală pentru a vedea cum te descurci.

Nu vei reuși niciodată atâta vreme cât nu-ți formezi mintea pentru a avea o conștiință a succesului.

Nimeni n-ajunge prea departe atâta vreme cât nu este propriul său „ghicitor în stele".

Calitatea și cantitatea serviciului făcut dă mărimea plății pe care o primești și determină tipul de experiență pe care îl vei avea.

S-ar putea ca slujba pe care o ai să te placă tot atât pe cât o placi tu și în mod sigur nu mai mult.

Trândăvia la locul de muncă îi dăunează nu numai patronului, dar și angajatului.

Nu îți întreba patronul de ce n-ai fost avansat. Întreabă persoana care știe cel mai bine — întreabă-te pe tine.

Dacă ai mai mulți dușmani decât prieteni, șansele sunt de o mie la unu că tu ți i-ai făcut.

Nu contează atât de mult cât câștigi, ci cât pui deoparte pe termen lung.

Calitatea și cantitatea serviciilor făcute sunt unicul standard care determină leafa ta.

Cea mai mare dintre toate bogățiile este bunul-simț.

Sistemul de liberă concurență nu numai că te ajută să te îmbogățești, dar și să ajungi un lider în domeniu.

Conștiința succesului

Dacă nu ai o aprobare totală din partea conștiinței și a rațiunii tale, e mai bine să nu te apuci de ceea ce ai vrea.

A-ți cere scuze este un indiciu sănătos că încă ești în termeni buni cu propria conștiință.

Dacă n-ai conștiința curată, e cazul să te apuci să faci curățenie generală.

Conștiința nu vorbește cu glas tare, ci cu vocea interioară.

Tactul

Cineva cu adevărat impozant nu încearcă niciodată să-i impresioneze pe ceilalți prin măreția sa și nici nu încearcă să „țină pasul cu gloata".

Nu e nici un rău să vorbești despre alții, cu condiția să-i vorbești de bine.

E mai bine să îi ceri cuiva un serviciu decât să îi dai un ordin.

Când chipul celuilalt denotă suferință, e momentul să taci sau să schimbi subiectul conversației.

Când nu știi ce să spui de bine despre cineva, mai bine trage-ți fermoarul peste gură și o să te simți mai confortabil.

Te poți apropia de oricine arătându-ți interesul sincer față de ceea ce face.

Laudele meritate vor câștiga întotdeauna interesul oricărui om.

Dacă trebuie neapărat să vorbești despre calitățile tale, măcar fă-o pe scurt.

Munca în echipă

Succesul unei echipe de fotbal constă într-o coordonare armonioasă a eforturilor, și nu în talentul individual.

Când vrei să rogi pe cineva să facă ceva, ar fi în avantajul ambelor părți dacă-i spui — ce să facă
de ce să facă
când să facă
unde să facă
și cum ar putea face mai bine treaba respectivă.

Temperamentul

E bine să ai temperament, cu condiția să nu încerci să te descarci pe altcineva.

Temperamentul este o stare de spirit care este constituită din nouă zecimi „temperament" și o zecime „energie mentală".

Când îți ieși din fire, e mai bine să nu o iei de la capăt.

Mințile înfierbântate nu pot gândi la rece.

Când te înfurii într-atât încât nu mai știi ce să faci, e mai bine să nu faci nimic.

Stăpânirea gândurilor

Dacă cineva și-ar rosti cu glas tare toate gândurile care îi trec prin minte, n-ar mai avea prieteni.

Gândurile sunt contagioase, așa că ai grijă ce pronunți.

Timpul

Spune-mi cum îți petreci timpul „liber" și-ți voi spune ce și unde vei fi peste zece ani.

3
Pătrunderea credinței

Faceți cunoștință cu voi înșivă

Cea mai importantă persoană pe care o cunoști ești tu însuți. Secretul unei relații excelente cu ceilalți se află în interiorul fiecăruia.

Cunoașterea de sine — măsura în care vă înțelegeți propriile forțe fizice, intelectuale și spirituale, precum și disciplina cu care vă folosiți aceste forțe — reprezintă cheia unei vieți aducătoare de satisfacții, utile și profitabile.

Având în vedere că majoritatea părem a fi formați din două (și uneori din mai multe) persoane, la nivel mental, se întâmplă deseori ca mulți dintre noi să fim dezorientați în unele momente, neștiind prea bine cine sau ce SUNTEM — și în ce măsură. Descoperirea adevăratului sine este o realizare neprețuită. Este tragic dacă nu ne putem descoperi. Să facem cunoștință cu ființa cea mai grozavă, cea mai puternică din noi este o adevărată provocare, însă una palpitantă și plină de satisfacții. Dacă reușiți să vă descoperiți și să vă urmați sinele, lumea vă aparține. Cea mai bună parte din sinele fiecăruia ne poate ajuta să ne depășim teama, grijile, nehotărârile. Ne poate îndrepta spre o înțelegere mai bună a puterii profunde a vieții, furnizându-ne cele necesare pentru a reuși în orice ne propunem. Partea bună a sinelui unui om este de fapt cel mai puternic aliat al său.

Pentru a reuși să cunoașteți cine sunteți de fapt, să acumulați cât mai multe date despre propria voastră personalitate, este nevoie de concentrare și meditație.

Găsiți un loc cât mai liniștit și începeți să vă gândiți cu cea mai mare sinceritate la voi înșivă. Faceți o selecție a diverselor lucruri din viața voastră și evaluați situația actuală, precum și împrejurările. Nu uitați că trebuie să fiți extrem de sinceri cu voi înșivă. Nu vă găsiți justificări și nu dați vina pe alții dacă simțiți că nu este chiar totul în regulă. Fiți obiectivi. Încercați să discerneți ce vă doriți cel mai mult de la viață, de la slujbă, de la ziua de azi. Luați hotărâri în privința unor lucruri precise, bine definite. Acestea trebuie să devină scopurile voastre imediate și pe termen lung. Acordați-vă răgazul de care aveți nevoie pentru a rămâne cu adevărat singuri și a vă pune ordine în gânduri, analizând și evaluând ceea ce vă doriți, ambițiile și dorințele voastre. Trebuie să ajungeți la concluzia că prin sprijinirea a ceea ce este mai bun în personalitatea voastră veți reuși să vă atingeți scopul dorit. Singurătatea este o bună sursă de putere, un teren ideal de întâlnire cu partea cea mai bună din voi.

Dar oare cum este cu putință ca în mijlocul acestei lumi trepidante și zgomotoase să ne putem respecta promisiunile și chemările puternice? E nevoie de încă un element — de ingredientul de bază numit credință.

Timpul este cel mai bun leac. El încearcă să echilibreze binele și răul, să îndrepte lucrurile nedrepte din această lume.

Ai putea descoperi cum să faci economie de timp și de materii prime la slujba ta și astfel ți s-ar mări leafa sau ți s-ar da o slujbă mai bună. De ce nu încerci?

Dacă ți-ai organiza mai bine timpul, ai avea suficient cât să-ți satisfaci toate nevoile.

Cel mai profitabil timp pentru cineva este cel pentru care nu este plătit direct.

Cel care își irosește timpul este în aceeași măsură hoț ca și cel care fură bunurile altora.

În final, timpul le vindecă pe toate, bune și rele. Nimic nu este imposibil câtă vreme ai timpul de partea ta.

Întotdeauna au fost puțini oamenii care să termine treaba la timp și fără să-și găsească tot felul de justificări.

Timpul pe care și-l petrec unii ca să creeze o proastă reputație altora ar putea fi mai bine investit reparându-și-o pe a lor.

Timpul pe care îl petrece cineva la slujbă este o măsură destul de exactă a încrederii pe care o inspiră.

Nu-ți pierde timpul cu cel care își face o părere înainte de a examina faptele.

Cel care se ceartă cu nevasta în timpul mesei de obicei se ceartă cu colegii în restul timpului.

Cel mai bun moment pentru a vinde ceva unui om este imediat după cină. (Doamnelor, vă rog luați notă!)

Grăbește-te, frate, grăbește-te: nisipul din clepsidră se scurge tot mai repede cu fiecare secundă care trece și n-ai cum s-o umpli la loc.

Timpul este prea prețios ca să ți-l irosești cu certuri prostești sau cu nemulțumiri.

Timpul este raționalizat pentru toată lumea și nu există o piață neagră unde să se vândă timp, la nici un preț.

Ce anume aștepți și de ce?

Nehotărârea și lipsa unui scop major sunt ceea ce mănâncă cel mai mult timp.

Dacă timpul nu contează pentru tine, poate îl poți valorifica pentru alții.

Nimeni nu este plătit pentru timpul său, ci pentru felul în care îl folosește. Doar timpul folosit e valoros.

De felul în care cineva își folosește timpul depinde locul pe care îl ocupă în lume.

De câte ori te gândești la avantajele patronului, ești cu un pas mai aproape de propriile tale avantaje.

Dacă nu poți ierta, nu cere nici tu iertare, căci va fi pierdere de vreme.

Timpul vindecă grijile care n-au alt leac.

Trăiește fiecare zi ca și cum ar fi cea de pe urmă și vei învăța să respecți mult mai bine timpul.

Când te copleșește o înfrângere, nu-ți pierde timpul socotindu-ți paguba. Mai bine folosește o parte din el pentru a căuta un câștig cât de mic în ceea ce ți se întâmplă și vei avea surpriza să constați că ceea ce ai câștigat este mai mult decât ceea ce ai pierdut.

Unele greșeli pot fi corectate, dar nu și pierderea de vreme. Timpul, când s-a dus, s-a dus pentru totdeauna.

Poetul strigă „Înapoi, întoarce-te înapoi! O, timpule, oprește-ți zborul!" Dar strigă degeaba. Căci timpul zboară mereu.

Modul cel mai benefic de a-ți folosi timpul este meditația, atunci când cauți călăuzire din interior.

Timpul petrecut în tăcere și meditație poate zămisli averi nemăsurate prin crearea unor idei sănătoase.

Când nu ești ocupat cu o muncă fizică, pune-ți mintea să lucreze astfel încât să nu pierzi o secundă.

Fiecare minut câștigat din orice treabă este un pas înainte spre o avansare.

Nu e de ajuns doar să ajungi la destinație. Trebuie să ajungi la timp.

Majoritatea nefericirilor sunt rezultatul folosirii greșite a timpului.

Cel care irosește cel mai tare timpul este un „nenorocit", numai că uneori el se află într-o companie destul de bună.

Timpul, vraciul universal, poate vindeca orice boală, marea majoritate chiar foarte repede.

Nu uita că întotdeauna există un sfârșit în afară de timp și spațiu.

Tonul vocii

Nu uita că tonul vocii adesea poate transmite ceea ce gândești cu mai mare fidelitate decât cuvintele.

Voința

Cel mai interesant lucru la un timbru poștal este încăpățânarea cu care se lipește pe scrisoare.

Oricine poate abandona când lucrurile merg prost, dar cel care are voință nu se lasă până nu învinge.

Victoria este întotdeauna posibilă pentru cel care refuză să iasă din luptă.

Natura își descoperă tainele sale cele mai ascunse celui *hotărât* să le găsească.

Dorințele

Dacă ar fi să mi se împlinească o unică dorință, aceea ar fi să am mai multă înțelepciune cu care să mă bucur de binecuvântările ce mi-au fost hărăzite de guvernul nostru american.

Dacă ar fi să mi se împlinească o unică dorință, aș cere să fiu mai înțelept.

Omul de știință este singura categorie care nu își pune în minte tot felul de dorințe și acceptă faptele așa cum sunt.

Trăsăturile de caracter

Încrederea pe care o inspirăm este fundamentală pentru un caracter cu adevărat bun.

Îți poți da seama după cei cu care se însoțește un om ce fel de caracter are acesta.

Reputația este ceea ce crede lumea despre tine, iar caracterul este ceea ce ești de fapt.

Orice gând exprimat de cineva devine parte componentă a caracterului său.

Un caracter solid este bunul cel mai de preț al omului, pentru că îi dă puterea cu care să poată depăși momentele de criză din viață fără a se lăsa doborât de ele.

Unii oameni seamănă cu un ceas de doi bani. Nu poți pune bază pe el.

Alege pe cineva pe care îl admiri și imită-l cât mai bine. Aceasta este o modalitate de a-ți îmbunătăți caracterul prin venerarea unui erou.

Lauda de sine este de obicei recunoașterea unui complex de inferioritate.

Vulgaritatea înseamnă un vocabular inadecvat sau o judecată nesănătoasă, sau și una și alta.

Dacă trebuie neapărat să înșeli pe cineva, măcar nu-ți înșela cel mai bun prieten — adică pe tine însuți.

Banii au o bună sau o proastă influență, în funcție de caracterul pe care-l are cel care îi deține.

Nimeni nu este atât de bun încât să nu aibă și ceva rău și nimeni nu este atât de rău încât să nu aibă și ceva bun.

Cel care este cinstit doar dacă este „plătit" înseamnă că, de fapt, e necinstit.

Omul leneș fie e bolnav, fie nu și-a găsit munca pe care să o îndrăgească.

Un om cu un caracter solid de obicei nu-și face griji în privința reputației sale.

Ai grijă de caracterul tău și reputația o să aibă singură grijă de ea.

Falsitatea iese întotdeauna la iveală.

Omul este fie cinstit, fie necinstit. Nu există nuanțe între cele două.

Bancherii împrumută adesea bani în funcție de caracter, dar rareori în funcție de reputație, pentru că și-au dat seama că nu orice reputație bună este meritată.

Onestitatea este o calitate spirituală ce nu poate fi evaluată în bani.

E foarte ușor ca cineva să-și justifice necinstea când din asta trăiește.

Prea multă sinceritate îi poate supăra mai tare pe unii decât prea puțină.

Politețea se învață de obicei de-acasă sau deloc.

Grijile

Nu te opri să te gândești la grijile tale, pentru că oricum te vor ajunge din urmă dacă nu le alungi definitiv.

Conștiința succesului este o condamnare la moarte pentru orice îngrijorare.

Grijile și succesul nu fac casă bună împreună.

Mai bine râzi să te prăpădești de grijile tale, căci altfel n-ai cum să scapi de ele. Grijile nealimentate mor curând de foame.

Înainte să-ți faci griji pentru cum ai putea fi plătit mai bine, încearcă să te gândești cum ai putea să-ți faci treaba mai bine și astfel nu va trebui să-ți faci griji.

Când entuziasmul intră pe ușa din față, grijile fug pe ușa din spate.

Grijile de azi pot deveni experiențele neprețuite de mâine.

Grijile omoară mai repede decât munca.

Nu-l asculta niciodată pe Toma Necredinciosul dacă nu vrei să ajungi la fel, căci îndoiala e molipsitoare.

Stăpânește-ți gândurile și grijile vor fi nevoite să-și caute alt cămin.

Rudele apropiate ale grijilor sunt: frica, boala, furia, indiferența, amânarea, gelozia, invidia, ura, egoismul, judecata greșită, sărăcia, îmbătrânirea prematură și descurajarea. *Ce adunătură de nenorociri!*

Lasă-l pe *celălalt* să se îngrijoreze dacă n-are altceva mai bun de făcut.

Grijile te fac să-ți plângi de milă.

Nu trebuie să deschizi ușa de câte ori ciocănesc grijile.

Îngrijorările nu sunt de obicei nici pe jumătate atât de grave pe cât ni le imaginăm.

Dacă ai timp să-ți faci griji, înseamnă că nu mai ai timp să reușești în munca ta.

Dacă ai prea multă treabă și grijile n-au loc, se vor descuraja și te vor părăsi.

Grijile se duc de obicei acolo unde sunt mai bine primite.

Numai cei slabi inspiră milă!

Uită-ți grijile și curând te vor uita și ele pe tine.

CUPRINS

Editor: Grigore Arsene
CURTEA VECHE PUBLISHING
str. Aurel Vlaicu nr. 35, București, 020091
tel.: 021 260 22 87, 021 222 57 26
redacție: 0744 55 47 63
fax: 021 223 16 88
distribuție: 021 222 25 36
redactie@curteaveche.ro
www.curteaveche.ro

CNI CORESI
Tipărit la C.N.I. „CORESI" S.A.